Klaus Sczyrba

100 Diktate für das 8.–10. Schuljahr
Mit Übungen zur Rechtschreibung und Grammatik

Bange Verlag

5. überarbeitete Auflage 2007
ISBN 978-3-8044-1514-0

Überarbeitet von Andrea Ruf
Satz: imprint, Zusmarshausen
Druck und Weiterverarbeitung: Finidr, s. r. o.,Český Těšín

Inhaltsverzeichnis

1. Zur Einführung

1.1 Auch nach der Rechtschreibreform

Übung macht den Meister! Dieses zeitlose Sprichwort hat sich in allen Lebensbereichen als richtig erwiesen. So kann auch die Sicherheit in der Rechtschreibung nur in vielseitiger Übung erworben werden, denn trotz Schulreformen und vieler erfolgversprechender Lehrmethoden ist die mangelhafte Rechtschreibfertigkeit das leidige Schulkreuz unserer Tage. Es wird niemand behaupten wollen, dass alle Reformpläne der letzten 50 Jahre die Probleme auf dem Gebiet der Rechtschreibung übersehen hätten. Alle Mühen erfahrener, pflichtbewusster Lehrerinnen und Lehrer in ungezählten Stunden geduldiger Kleinarbeit scheinen oft erfolglos geblieben zu sein. Mancher alte Schulmann wird im Vergleich mit seiner Arbeit vor Jahrzehnten resigniert feststellen, dass damals die durchschnittliche Fehlerzahl bei Klassendiktaten niedriger war als heute. Besonders in den Klassen der Hauptschulen wird dies offensichtlich, wenn nach den Übergängen zu weiterführenden Schulen der Prozentsatz der rechtschreibschwachen Schüler in den einzelnen Klassen sprunghaft angestiegen ist. Die Lehrpersonen dieser Jahrgänge haben die schwere Aufgabe, alle bei der Hauptschule verbliebenen Kinder – das sind meist die leistungsmäßig Schwächeren – so auszubilden, dass sie später den immer größer werdenden Anforderungen des öffentlichen Lebens gewachsen sind. Dabei erscheint es oft problematisch, wie die großen Lücken, die sich besonders in der Rechtschreibung noch bei vielen zeigen, in den letzten Schuljahren geschlossen werden sollen.
Die Ursachen für diese Mängel sind zeitbedingt und vielfältig. Lern- und erziehungsfeindlich ist unsere Zeit geworden. Die Turbulenz des heutigen Lebens, das stets zunehmende Verkehrsgewoge, das Überangebot von spannungsgeladener Unterhaltung und Sensationen in Film, Fernsehen und Printmedien, die Unruhe des Alltags, die auch mehr und mehr das Elternhaus erfüllt, die politischen Spannungen des Zeitgeschehens, all das sind Gegebenheiten, die den Schülern die für das Lernen erforderliche Konzentration rauben. Hinzu kommt, dass Kinder vergangener Jahrzehnte in ihrer Freizeit mehr lasen, sodass heute ein zusätzliches, wenn auch unbewusstes Einprägen von Schriftbildern durch das Buch weitgehend entfällt.

Wenn wir auch nicht die für das Lernen ungünstigen Einflüsse abstellen können, so besteht dennoch kein Anlass zur Resignation. Allerdings müssen alle Möglichkeiten genutzt werden, um die gegenwärtigen Leistungen im Rechtschreiben zu verbessern.

1.2 Lebensbezogener Rechtschreibunterricht

Im Laufe der Jahre ändern sich die Anforderungen, die das Leben an die Schule stellt. So muss auch der Rechtschreibunterricht, wenn er lebensnah sein und bleiben soll, immer wieder auf die Bedürfnisse des Lebens abgestimmt werden. In jeder lebenden Sprache ändert und erweitert sich der Wortschatz. Dieser Wandlungsprozess ist in unserer Zeit besonders stark spürbar. Früher galt zum Beispiel der Grundsatz, Fremdwörter von der Volksschule fernzuhalten. Diese Auffassung mag in vergangener Zeit richtig gewesen sein, da Fremdwörter früher nur in der Fachsprache auftauchten oder als Merkmal „höherer Bildung" galten. Ein grundlegender Wandel hat sich hier durch das Näherrücken der Völker und durch die Internationalisierung der verschiedensten Bereiche des öffentlichen Lebens in den letzten Jahren vollzogen. Die Politik, die Entwicklung der Technik, der Sport, ja, das gesamte Zeitgeschehen bringt eine Fülle von Fremdwörtern in unseren Alltag, sodass auch die Heranwachsenden sich mit diesem Wortbereich befassen und ihn – so erfordert es die Lebenstüchtigkeit – schriftlich meistern müssen. Aufgabe besonders des 8. bis 10. Schuljahres wird es sein, die Voraussetzungen dafür zu schaffen.
Außerdem muss in den letzten beiden Schuljahren das Tempo beim Diktieren allmählich, aber erheblich gesteigert werden, denn im Leben kommt es mehr auf schnelle Schreibfertigkeit als auf Schönheit der Schrift an. Diesen Tatsachen müssen wir in der Schule Rechnung tragen, ob uns das gefällt oder nicht. Nur bei erhöhter Schreibsicherheit werden sich bei schnellerem Diktieren keine zusätzlichen Fehler einschleichen. Diese Fertigkeit wird aber nur durch Ausnutzung aller sich bietenden Gelegenheiten zum Üben erreicht werden können. Kaum eine Unterrichtsstunde dürfte vergehen, ohne dass wenigstens einige Zeilen geschrieben werden, die anschließend stichprobenartig überprüft werden. Die dafür verwandte Zeit ist doppelt sinnvoll genutzt, denn nicht nur die Rechtschreibfertigkeit wird verbessert, sondern gleichzeitig der Stoff des Sachunterrichts gefestigt. Je unterschiedlicher die Sachgebiete, die für die Schreibtexte verwendet werden, desto umfassender ist der Wortbereich, der geübt wird.

Lebensbezogene Rechtschreibarbeit verlangt außerdem, dass ganzheitlich geübt wird. Das lebendige Sprachganze muss in jedem Rechtschreibunterricht Ausgang und Abschluss sein. Bei rechtschreibschwachen Schülern ist es ratsam, nach den einzelnen Übungen das vorausgegangene Diktat zu wiederholen, bei den übrigen wird man ein anderes passendes Sprachstück wählen können. Jedoch sollen alle Texte lebensecht und nicht durch hineingepackte Rechtschreibschwierigkeiten zusammengekünstelt sein. Nur in veralteten Rechtschreibbüchern begegnen uns noch derart seltsam anmutende Diktate, die nur geschrieben wurden, um Wörter eines Rechtschreibbereiches gehäuft zu üben. Alle Sprachstücke dürfen nicht nach Rechtschreibregeln konstruiert, sondern müssen vom Leben her gestaltet sein, denn Sprache ist Leben.

2. Diktate und Übungen für das 8. Schuljahr

1. Am Jahresanfang

Diktat

Das neue Jahr ist bereits einige Tage alt. Bekannte und Verwandte haben sich einander Glückwünsche gesandt und, wenn sie sich trafen, „Alles Gute zum neuen Jahr!" zugerufen. Auch wenn am Silvesterabend viele Menschen fröhlich feiern, sind andere zum Jahresschluss recht nachdenklich gestimmt. Wenn auch ein Jahr nur einen kurzen Abschnitt unseres Lebensweges darstellt, so ist es doch für jeden Menschen sehr bedeutungsvoll. Niemand weiß, was das kommende Jahr an Sorgen oder Freuden, an bösen oder frohen Stunden bringen wird. Jeder Tag kann eine lebenswichtige Entscheidung verlangen, Krankheit, Unglück oder Tod bringen. Viele Menschen haben Angst vor Arbeitslosigkeit und einem möglichen Krieg. Daher bitten sie Gott besonders, dass er den Frieden erhalten möge. Trauernde begehren Trost, Kranke erhoffen vom neuen Jahr die Genesung. Die Bauern wünschen sich für ihre Felder Fruchtbarkeit und ertragreiche Ernten. Die Männer von Handel und Industrie erwarten von der Zukunft eine erfolgreiche wirtschaftliche Entwicklung. So hat jeder besondere Wünsche zum Jahreswechsel. (156 Wörter)

Übung

Übung 1

Die Nachsilben -heit und -keit:

Verlegenheit, Krankheit, Ewigkeit, Fruchtbarkeit, Tätigkeit, Lauheit, Gleichgültigkeit, Entschiedenheit, Schnelligkeit, Schwachheit

Ergänze bei folgenden Wörtern die Nachsilben -heit oder -keit:

männlich, kühn,gesund, mutwillig, selten, gemütlich, annehmlich, mühselig, dankbar, reichhaltig, flüssig, trüb, selig, beschränkt, schuldig, wählbar, freundlich, geschwind, hoch, bequem, hell, dunkel, kleinlich, zäh, fröhlich

▶ Lösungsteil Nr. 1!

Übung 2

Zusammengesetzte Eigenschaftswörter (Adjektive) mit „voll" und „reich":

ertragreich, erfolgreich, friedvoll, gemütvoll, wasserreich, arbeitsreich, bedeutungsvoll, gehaltvoll, mühevoll, sinnreich, gefahrvoll, lehrreich

Bilde aus den folgenden Hauptwörtern (Substantiven) durch Anfügen der Wörter „voll" und „reich" Eigenschaftswörter (Adjektive):

Leid, Sieg, Gram, Jammer, Kinder, Ehre, Angst, Unheil, Idee, Geschmack, Pracht, Verlust, Schmach, Wald, Maß, Schwung, Freude, Wild, Zahl, Trost, Klang, Gefühl

► Lösungsteil Nr. 2!

Übung 3

Fremdwörter mit v:

Silvester, Violine, Lokomotive, Konserven, Vase, Sklave, Ventil, Kurve, privat, servieren, November, Vulkan, Brevier, Vatikan, Stativ, Universität, Revolver, Provinz, Olive, Advent, evangelisch, Manöver, Lava, Revolution, aktiv, Vene, Malve, Invalide

Schreibe die Wörter in dein Übungsheft!

Übung 4

Unterscheidung von nf, nft, mpf, mpft:

Zukunft, kämpfen, Hanf, dumpf, sanft, verkrampft, stumpf, verdampft, Senf, Strumpf, Zunft, Sinfonie, geschimpft, Infanterie, Impfung, empfangen, Trumpf, Ankunft, Sänfte, Rumpf, Vernunft, Konferenz, Sumpf

Ordne die Wörter nach ihrer Schreibung (nf, nft, mpf, mpft)! Bilde davon abgeleitete und zusammengesetzte Wörter (zukünftig, Kampfkraft, ...)!

Deutliche Aussprache ist hier besonders wichtig!

2. Karneval

In vielen Städten und Dörfern feiern die Leute Karneval. Alljährlich ziehen in diesen Tagen frohe, maskierte Menschen mit Musik durch die Straßen. Besonders in Köln, Mainz, Düsseldorf und München strömen Unzählige zusammen, um die Karnevalszüge anzuschauen. Millionen Menschen verfolgen stundenlang diese Züge daheim an den Fernsehgeräten. Bereits Monate vorher wird mit der Vorbereitung der vielen Festwagen begonnen. Die Ereignisse des letzten Jahres aus Politik, Sport und anderen Bereichen des öffentlichen Lebens werden dabei in humorvoller Weise wiedergegeben. Am prunkvollsten, mit den höchsten Aufbauten versehen, ist stets der Prinzenwagen, denn er soll bei allen Karnevalszügen den Höhepunkt bilden. Viele Musikkapellen in bunten Uniformen spielen Märsche oder Karnevalslieder, die teilweise von mitmarschierenden Gruppen und karnevalsbegeisterten Zuschauern mitgesungen werden. Oft ist das Gedränge der Menschen so groß, dass der Karnevalszug nur mit Mühe vorwärts kommt. Ähnliche Züge wurden bereits im Mittelalter von Zünften und Patriziern durchgeführt, wobei vielfach hölzerne, kunstvolle Masken und vorgeschriebene Kostüme getragen wurden. Ursprünglich waren diese Fastnachtsbräuche Ausdruck der Freude über den nahenden Frühling. Mit Lärm und furchterregenden Masken sollte der Winter, unter dem die Menschen früher sehr litten, endgültig verjagt werden. (183 Wörter)

Übung 1

Wortreihe „Karneval":

Karnevalszug, -tage, -verein, -maske, -lied, -kostüm, -bräuche, -abend, -versammlung, -schlager, -gesellschaft, -programm, -feier, -fest, -zeit, -musik; karnevalistisch

Schreibe die Wörter vollständig ab!

Übung 2

Fremdwörter mit -ik:

Politik, Musik, Klinik, Gotik, Keramik, Leichtathletik, Plastik, Fabrik, Technik, Akustik, Optik, Mathematik, Mechanik, Klassik, Romantik, Astronautik, Kritik, Botanik, Statistik, Grafik, Tragik, Katholik, Gymnastik, Grammatik

Bilde davon neue Wörter! (Politiker, Musikkapelle, Kinderklinik, ...)

Übung 3

Zusammensetzungen mit -weise:

teilweise, glücklicherweise, leihweise, ratenweise, probeweise, gleicherweise, sprungweise, dankbarerweise, schrittweise, richtigerweise, klugerweise, stundenweise, tageweise, ...

Spielweise, Kampfweise, Arbeitsweise, Lehrweise, Fahrweise, Schreibweise, Zahlungsweise, Singweise, Sprechweise

Aber: in lustiger Weise, in falscher Weise, in segensreicher Weise, …
Übe die Zusammenschreibung der Umstandswörter (Adverbien) auch in Sätzen!

Übung 4
Wortfamilie „Ende“:
endgültig, -lich, -los; enden, be-, ver-; Endkampf, -silbe, -lauf, -station, -spurt, -losigkeit, -punkt, -erfolg, -stand, -runde, -bescheid; Spielende, Kampf-, Jahres-, Wurst-, Zeilen-, Wochen-, Monats-, Lebens-; Achtender; Unendlichkeit; Endung; Beendigung
Schreibe die Wörter ohne Ergänzungsstriche ab und vergleiche sie mit folgenden Wörtern:
entlaufen, entscheiden, enterben, entwickeln, entstehen, entgleiten!

3. Frühlingsboten

Kaum haben die ersten wärmenden Sonnenstrahlen die winterliche Kälte verdrängt, zeigt sich an geschützten Stellen schon zartes Grün. Wer jetzt im März in die Natur hinausspaziert, entdeckt bereits überall die blühenden Vorboten des Frühlings. An Bachrändern, an Wegen und sogar auf Schutthalden öffnet der Huflattich seine kräftigen, gelben Korbblüten, noch bevor sich seine hufeisenförmigen Blätter entfalten. An sonnigen Stellen am Bach oder am Waldrand blüht gelb leuchtend das Scharbockskraut und auf schlanken Blütenstängeln die Schlüsselblumen. Unter Büschen und Hecken, besonders am Boden lichter Buchenwälder, breitet sich das Buschwindröschen mit seinen sternenförmigen, weißen Blüten aus. In nassen Wiesen, an See-, Teich- und Grabenrändern entfaltet die Sumpfdotterblume ihr glänzendes, tiefgrünes Blattwerk. Die goldgelben Blüten locken nahrungssuchende Bienen, Schmetterlinge und andere Insekten an. Alle diese Frühblüher müssen sich mit dem Wachstum beeilen, bevor die Laubbäume ihre Blätter vollends entfalten und solange die Lichtverhältnisse am Waldboden noch günstig sind. (146 Wörter)

Übung 1
Komma zwischen Eigenschaftswörtern:
a) Nur zwischen gleichwertigen Eigenschaftswörtern steht ein Komma. Sie sind aber nur gleichwertig, wenn man ihre Reihenfolge ändern oder sie durch „und“ verbinden kann (weiße, sternförmi-

ge Blüten – sternförmige, weiße Blüten – weiße und sternförmige Blüten).

b) Zwischen ungleichwertigen Eigenschaftswörtern steht kein Komma, da ihre Reihenfolge nicht verändert werden kann (neue saure Gurken).

Prüfe beim Abschreiben, an welchen Stellen ein Komma fehlt!

Eine großartige sportliche Leistung – weiße gelbe und rote Nelken – ein netter freundlicher Herr – die schneebedeckten hohen Berge – ein kleines vierblättriges Kleeblatt – die siegreiche deutsche Mannschaft – feuchtes kaltes Wetter – stark duftender schwarzer Tee – die alte kranke Frau – frische grüne Bohnen

► Lösungsteil Nr. 3

Übung 2

Endbuchstaben bei den Mittelwörtern (Partizipien):

a) Partizipien des Präsens enden auf d: wärmend, leuchtend, nahrungssuchend, entfaltend, ...

b) Partizipien des Perfekt enden auf t (entdeckt, geöffnet, erwärmt, entwickelt, bemüht, gesorgt, ...) oder auf en (gebunden, gestiegen, geholfen, gelesen, gefallen, gerufen, geschwommen, gesungen, ...).

Setze die Reihen fort und bilde Sätze mit den Mittelwörtern!

Übung 3

sst, st und ßt:

fast, fest, vorgestern, bewusst, gefasst, Faust, flüstern, verblasst, Ast, Gast, gegrüßt, Gerüst, Fastnacht, verhasst, verprasst, Belastung, speist, zerreißt, Kleister, Rast, Frist, gesüßt, Lust

Ordne die Wörter nach ihrer Schreibweise!

Übung 4

Schreibweisen des langen a:

Vorjahr, behutsam, Anzahl, paar, Reklame, Haar, madig, Schicksal, Kahn, staatlich, schmal, Maat, Matrose, Saal, Waren, Waage, Schwan, Gemahl, Maar, kahl, Lokal, Stahl, Gefahr, Graf, Salat, Saat, Spaten, Aal, Ahle, zahm, Samen, Limonade, Kanal, Strahl, Paarlauf, Marmelade, Kran, Pfahl, Qual, Schale, Leichnam, herumkramen, namentlich, Annahme, Karfreitag, Marschall, Nachbar, Porzellan, Sahne, Draht, lahm, Saar, Schal, Aas, Schakal, Saale

Ordne die Wörter nach ihrer Schreibweise (ohne Dehnungszeichen, mit Verdoppelung des Selbstlautes, mit Dehnungs-h)!

4. Der Blumengarten

Von den ersten Frühlingstagen bis zum einsetzenden Frost ist ein ständiges Blühen im Garten. Es erscheint uns fast wie ein Wunder, wenn nach der Winterkälte die Schneeglöckchen durch den noch frostharten Boden brechen und mitten im schmelzenden Schnee zu blühen beginnen. Nicht lange danach entfalten die Krokusse ihre zartfarbenen Blütenkelche, die wie bunte Farbkleckse auf dem grünen Rasenteppich aussehen. Es ist, als ob nun ein Wetteifern der Frühblüher im Garten einsetzt. Forsythien, Tulpen, Hyazinthen und Narzissen wollen nicht mehr länger warten, durch ihre kräftig leuchtenden Blüten der Natur schon frühe Farbenpracht zu verleihen. Nicht so auffällig wirken die ebenfalls schon frühzeitig erwachten Veilchen. Man muss sie suchen, wenn man sich an ihrem Blütenduft erfreuen will. Dagegen sind die vielfarbigen, großblütigen Stiefmütterchen nicht zu übersehen. Wenn nun auch noch Flieder- und Obstbäume blühen, ist die Pracht kaum zu überbieten. Doch täglich öffnen sich neue Blütenköpfe und wenden sich der Sonne zu. Eine Vielfalt von Gartenblumen gibt es, die Häuser und Straßen in Städten und Dörfern verschönern. Da sind die verschiedenen Nelkenarten, viele Sorten von Rosen, Gladiolen und Dahlien, die an den Zäunen kletternden Wicken und Kressen, die tellergroßen Sonnenblumen, die herbstlichen Astern und all die andern Blumen in ihren verschiedenen Farben und Formen. (204 Wörter)

Übung 1
Wortfamilie „blühen“:

auf-, er-, ver-, aus-, ab-; blühend; verblüht, er-; Frühblüher; Blüte, Kelch-, Kirsch-, -zeit; Blütenstand, -honig; blütenweiß, -rein; Blume, Garten-, Feld-, Sonnen-; Blumenwiese, -zier, -strauß, -garten; Blümchen, Gänse-; blumig; geblümt; unverblümt

Suche noch andere Zusammensetzungen (Apfelblüte, Blütenblatt, Blumenvase, ...)!

Übung 2
Wörter mit cks und ks (x-Laut):

Klecks, Häcksel, Knicks, schnurstracks, links, klecksen, mucksen, Keks, Knacks, Koks

Bilde verwandte Wörter! (Tintenklecks, häckseln, ...)

Übung 3
Zusammengesetzte Wörter mit Aufeinanderfolge gleicher Mitlaute (Konsonanten):
auffällig, abbauen, Mitteilung, Annahme, verregnet, Aussaat, Strohhalm, unterrichten, Zuckerrübe, Kunststück, Baummarder, überreden, Platzziffer, flügellahm, Stadttheater
Suche ähnliche Wörter!

Übung 4
Zusammengesetzte Eigenschaftswörter (Adjektive) – das Bestimmungswort ist ein Hauptwort (Substantiv):
frosthart, tellergroß, mausgrau, weinrot, turmhoch, stahlhart, gallebitter, essigsauer, todkrank, spiegelglatt, riesengroß, seegrün, jahrealt
Setze die Reihe fort!

5. Die Bedeutung der Familie

Von Geburt an gehören wir alle irgendeiner Familie an. Nur in der Geborgenheit des Elternhauses, im Schutz der Familie können glückliche, gesunde Kinder heranwachsen. Die Familie ist die kleinste, aber auch wichtigste menschliche Gemeinschaft. Daher werden alle demokratischen Staaten und die Kirchen bestrebt sein, der Familie zu helfen. Ohne sie ist weder staatliche noch kirchliche Gemeinschaft möglich. In der Bundesrepublik gibt es ein eigenes Familienministerium, das für das Wohl der Familien zu sorgen hat. Hier werden Vorschläge und Gesetzentwürfe zum Nutzen der Familien ausgearbeitet. Soziale Einrichtungen des Staates und der Kirchen, finanzielle Unterstützungen und Kindergeldzuschüsse sollen besonders kinderreichen Familien helfen. Alle Familienmitglieder müssen aber selbst dafür sorgen, dass das Leben in dieser Gemeinschaft glücklich und reibungslos verläuft. Auch jeder Junge und jedes Mädchen kann entscheidend durch richtiges Verhalten zum Glück der Familie beitragen. Ein Einziger, der sich nicht ein- und unterordnen will, stört das Gemeinschaftsleben der Familie verhängnisvoll. (152 Wörter)

Übung 1

Wörter mit der Nachsilbe -ung:

Einrichtung, Unterstützung, Erhaltung, Unterordnung, Reinigung, Empfehlung, Stellung, Beobachtung, Übertreibung

Trenne die Wörter (Ein-rich-tung, ...)!

Bilde aus folgenden Zeitwörtern mithilfe der Nachsilbe -ung Hauptwörter (Substantive): genehmigen, besorgen, stören, beachten, leisten, bereichern, bemühen, verheiraten, begrüßen, anfertigen, bearbeiten, segnen, bestreben, nähren, kleiden, verzögern, erklären, heilen, erfinden, belohnen!

►Lösungsteil Nr. 4

Übung 2

Unterscheiden der Nachsilben -ig, -isch und -lich bei Eigenschaftswörtern (Adjektiven):

glücklich, demokratisch, wichtig, menschlich, staatlich, kirchlich, mehlig, gefällig, räuberisch, hebräisch, zornig, verräterisch, wollig, regnerisch, herbstlich, bereitwillig

Ordne die Wörter nach ihren Nachsilben!

Bilde aus folgenden Wörtern mithilfe der Nachsilben -lich, -isch und -ig Eigenschaftswörter (Adjektive):

Eigentum, Italien, Ecke, erfinden, sauber, Afrika, sterben, Welle, Frankreich, genießen, barfuß, Wind, Sturm, schmeicheln, Art, Gott, Fleiß, krank, vergeben, Bauer, Nebel, Öl, Teufel, Winkel, Spanien, Kind, Schrift, wohnen

Bei zwei Wörtern findest du jeweils zwei Lösungen.

► Lösungsteil Nr. 5

Bildet ein Eigenschaftswort (Adjektiv) mit der Endsilbe *-ig*, *-isch* oder *-lich* ein Wortgruppe mit einem Verb, wird immer getrennt geschrieben: heilig sprechen, logisch denken, heimlich tun, ...

Übung 3

Wortfeld „Familie“:

Eltern, Ehemann, Ehefrau, Gemahl, Gemahlin, Gatte, Gattin, Kinder, Sohn, Tochter, Geschwister, Bruder, Schwester, Großeltern, Schwiegereltern, Schwager, Schwägerin, Vetter, Base, Braut, Bräutigam, Enkelkinder, Verwandte; verwandt, verschwägert, familiär; verloben, verheiraten, vermählen, verehelichen, sich trauen lassen; Verlobung, Hochzeit, Vermählung, Trauung, Eheschließung, Kindtaufe, Geburtstag, Tod

Ordne die Wörter alphabetisch und erweitere das Wortfeld (Enkelsohn, Schwiegertochter, ...)!

Übung 4

Fremdwörter mit -al am Wortende:

sozial, diagonal, Skandal, Kanal, minimal, maximal, Original, real, Portal, brutal, Kapital, normal, Pokal, national, Lokal, Choral, Korporal, General, Personal, Moral, Signal, Fanal, genial, ideal, Quartal

Bilde davon neue Wörter! (Sozialist, Diagonale, ...)

6. Ein Kinderschicksal in der Dritten Welt

Abseits der verkehrsreichen Prachtstraßen der Millionenstadt Hongkong lebt der achtjährige Wu mit seinen Eltern und drei jüngeren Geschwistern. Vor vier Jahren kamen sie aus ihrer chinesischen Heimatprovinz. Sie wohnen in einer armseligen Bude, die sie aus Blech, Holzabfällen, Pappe und alten Säcken errichtet haben. Der Vater ist eigentlich arbeitslos, doch es gelingt ihm immer wieder, durch kleine Beschäftigungen ein paar Dollars zu verdienen. Das reicht gerade, um das Nötigste einzukaufen. Manchmal findet auch die kränkliche Mutter eine Erwerbsmöglichkeit. Dann ist der kleine Wu den jüngeren Geschwistern Vater und Mutter zugleich.

An manchen Abenden aber läuft Wu flink zwischen den Autos umher, die in fast endloser Reihe an den Landungsbrücken vorfahren. Von dort bringen Fährschiffe vornehm gekleidete Menschen zu den Vergnügungsvierteln oder vorgelagerten Inseln und andere nach Hongkong zurück. Der kleine Wu winkt den Taxis und dirigiert sie zu wartenden Passanten, die sich durch Trinkgelder erkenntlich zeigen, wenn er ihnen die Wagentür aufreißt. Das tut er sechs bis sieben Stunden lang. Es ist eine anstrengende und auch gefährliche Beschäftigung für den Achtjährigen. Wenn es dann in der Riesenstadt still wird, ist Mitternacht längst vorüber. Erst dann kehrt Wu zu seiner Familie zurück und liefert das Geld ab, das er verdient hat. (206 Wörter)

Übung 1

t als Gleitelaut vor der Nachsilbe -lich:

ordentlich, wissentlich, gelegentlich, eigentlich, wöchentlich, namentlich, versehentlich, öffentlich, hoffentlich, flehentlich, erkenntlich, wesentlich

Bilde mit diesen Wörtern Sätze!

Übung 2

ä – e:

Welt, achtjährig, Eltern, Blech, Abfälle, kränklich, Fährschiffe, Erwerb, gefährlich, erkenntlich, längst

Setze in die Wortlücken ä oder e ein:

Gel____nde, w____rtlos, verst____rken, qu____len, T____rpentin,

____hrlich, Getreide____hren, zuverl____ssig, Verl____tzung,

besch____digen, H____ringe, P____chter, m____chtig,

Untersch____nkel, Verschw____ndung, Kniegel____nk, qu____r,

schw____rf____llig, Verst____ndnis, Vertr____tung, Gedr____nge,

Gesch____nk, h____rbstlich, ____rztlich, gl___ _nzend, P____ch,

schw____chlich

Arbeitshilfe: 14 *ä* sind einzusetzen.

▶ Lösungsteil Nr. 6

Übung 3

Paar – paar:

ein Paar Ohrringe – ein paar Dollars

Schreibe ein Paar oder ein paar vor die folgenden Wörter: Kilometer, Fußballschuhe, Briefmarken, Bleistifte, Trauringe, Socken, Kirschen, Steine, Strümpfe, Skier, Aufnahmen, Stiefel, Wochen, Sandalen, Streichhölzer!

▶ Lösungsteil Nr. 7

Übung 4

Komma bei erweiterter Grundform (Infinitiv):

Das Geld reichte gerade, um das Nötigste einzukaufen. – Wu bemühte sich, seinen Geschwistern zu helfen. – Der Vater versuchte, Arbeit zu finden. – Er redete(,) ohne zu überlegen. – Wir schreiben(,) um zu üben.

Infinitivgruppen grenzt man mit Komma ab, wenn eine der folgenden Bedingungen erfüllt ist:

1. Die Infinitivgruppe ist mit *um*, *ohne*, *statt*, *anstatt*, oder *als* eingeleitet.
2. Die Infinitivgruppe hängt von einem Substantiv ab:
   Er wurde beim Versuch, den Tresor zu knacken, vom Nachtwächter erwischt.
   Er fasste den Plan, heimlich abzureisen.
3. Die Infinitivgruppe hängt von einem Verweiswort ab:
   Anita liebt es, lange auszuschlafen
   Markus hat nie bereut, diese Ausbildung gemacht zu haben

Wenn ein bloßer Infinitiv (reine Grundform mit *zu*) vorliegt können bei 2. und 3. die Kommas weggelassen werden, sofern keine Missverständnisse entstehen: Den Plan(,) abzureisen(,) hatte sie schon lange gefasst. Thomas dachte nicht daran (,) zu gehen.

Beispiele: Er glaubte zu träumen. Das Kind rannte ohne auf den Verkehr zu achten auf die Straße. Sie versuchte zu schwimmen. Wir hoffen zu kommen. Die Eltern beabsichtigen zu verreisen. Es gelang ihnen zu siegen. Sie öffnete das Fenster um frische Luft hereinzulassen.

Erweitere die Beispielsätze und setze die Kommas ein!

▶ Lösungsteil Nr. 8

7. Schützt die Nistplätze!

Diktat

Weithin vernehmbar klingt das Lied einer Amsel von der Spitze der höchsten Fichte in den Frühlingsabend. Plötzlich verstummt das Lied und in weitem Bogen schwingt sich der Vogel hinab ins Waldesdunkel. In einem Reisighaufen verborgen, sitzt sein Weibchen auf den am Vortage geschlüpften Jungen und umhegt mit wärmender Mutterliebe die noch ganz Hilfslosen.

Überall unter dem schützenden Blätterdach der Wälder, im undurchdringlichen Dickicht von Sträuchern und Brombeergerank, im Röhricht der Seen, in der Geborgenheit von Erdmulden und in hohlen Baumstämmen befinden sich die mühsam gebauten, kunstvollen Nester der Vögel. Jeder Vogel nistet dort, wo er die günstigsten Lebensbedingungen findet und wo sich sein Federkleid farblich am besten der Umgebung anpasst. Auch die Form des Nestes und das zum Nestbau erforderliche Material sind jeder Vogelart vorgeschrieben. Die Natur gibt ihnen die vielfältigsten Schutzmaßnahmen mit, um jede

Art zu erhalten. Nicht willkürlich werden von den Vögeln die Nistplätze gewählt, nicht wahllos das Baumaterial für das Nest ausgesucht. Der Instinkt leitet die Tierchen zum richtigen Handeln an. Entdecken wir irgendwo ein Vogelnest, sollen wir Ehrfurcht und Achtung haben vor den Leistungen der kleinen Geschöpfe und nicht ihre Ruhe stören. Jeder sollte Schützer der schwachen Kreatur sein! (197 Wörter)

Übung 1

Das lange i in seiner verschiedenartigen Schreibung:

Lied, Wiege, sie gibt, ihnen, vielfältig, ihr, Gefieder, erwidern, Primel, Flieder, Mandoline, Bibel, spazieren, Ventil, Augenlid, Gummi, Batterie, Kilogramm, Schiene, Marine, Sinfonie/Symphonie, Genie, Zierrat, Visite

Ordne die Wörter nach der Schreibweise ihres i-Lautes und erweitere die Reihen!

Übung 2

ä – e:

vernehmbar, vielfältig, Ehrfurcht, Ähre, Lärche (Baum), Schärpe, behände, ätzen, Stängel, sengen, hartnäckig, widerspenstig, Krempe, Schenkel, ausmerzen, März, Gerber, Gebärde, Gelenk, verschwenden, Fräser, Dämon, Schädel, Geländer, kärglich, Bescherung, Terpentin, Schleppe, Scherben, Äcker, Fontäne, ächzen, Sänfte, Senf, spärlich, Sperber, träge, aufsässig, unfähig, Kerker, Pächter, Gräten, quer, Schwemme, Säbel, Äquator, Geständnis

Ordne die Wörter nach ihrer Schreibung!

Übung 3

Eigenschaftswörter (Adjektive) mit den Nachsilben -bar, -haft und -sam:

vernehmbar, mühsam, genügsam, unvorstellbar, gemeinsam, einsam, haltbar, dauerhaft, krankhaft, sonderbar

Bilde aus folgenden Wörtern mithilfe der Nachsilben Eigenschaftswörter (Adjektive):

Furcht, glauben, Scham, essen, Held, Heil, Wunder, arbeiten, haften, flattern, Stand, verschließen, greifen, kosten, böse, hören, kleiden, Gewalt, danken, Frucht, Schaden, wirken, erreichen, schmecken, streben, trinken, lachen, Schuld, Mann, fassen, Greis

Bei fünf Wörtern findest du je zwei Lösungen.

▶ Lösungsteil Nr. 9

Übung 4
Schreibweisen des langen o:
Bogen, hilflos, hohl, Vogel, Boot, Mohn, Alkohol, Frondienst, Moos, Thron, moorig, Zone, Motor, Mohr, Ton, Schote, Brom, Dohle, johlen, Koog, Trog, Bohrer, empor, Person, Bohle, Schonung, Zoo, Telefon, Mole, loten, Monopol, Kanone, Solbad, Fohlen, Rohr, Phosphor, Tor, Rotkohl, Dämon, Chrom, Lohn, Chor, ohnmächtig
Ordne die Wörter nach ihrer Schreibweise (o, oh, oo)!

8. Die abgebrochene Fußballübertragung

Von der Wohnzimmerdecke hing ein neuer, achtarmiger Leuchter. Besonders die Mutter war auf diese Neuerwerbung ordentlich stolz. Nun saßen der dreizehnjährige Tobias und sein Vater im Wohnzimmer und schauten im Fernsehen einem Fußballspiel der deutschen Nationalmannschaft zu. Gespannt verfolgten beide das Spielgeschehen. Da machte plötzlich Tobias voller Begeisterung einen Freudensprung, denn die Deutschen hatten soeben ein Tor erzielt. Doch unglücklicherweise stieß er dabei an die über ihm hängende Lampe. Klirrend zersplitterte eine der Glasschalen auf dem Fußboden. Vater schimpfte nicht, sondern er bremste nur die vom Anstoßen noch pendelnde Lampe. Tobias hob sorgfältig alle Glasscherben vom Teppich auf. Für beide war die Fernsehübertragung beendet. Sie wollten versuchen, noch bevor die Mutter vom Einkaufen heimkehrte, die Bruchstücke zusammenzukleben. Es war ihnen klar, dass das eine mühsame Arbeit sein würde. Stück für Stück fügten sie behutsam aneinander. Doch eins fehlte, daher rutschten Vater und Sohn auf den Knien durchs Zimmer. Endlich war die fehlende Glasscherbe gefunden. Mit einer Pinzette gelang es Vater, das letzte Schalenteilchen in die Lücke einzukleben. Die Reparatur war so gut gelungen, dass man die beschädigte Lampenschale von den übrigen kaum unterscheiden konnte. (187 Wörter)

Übung 1
Mit Zahlwörtern (Numeralien) zusammengesetzte Eigenschaftswörter (Adjektive):
achtarmig, dreizehnjährig, viereckig, zweiflammig, vielstimmig, eintönig, dreistellig, doppelzüngig

Bilde ähnliche Wörter und ordne sie passenden Hauptwörtern (Substantiven) zu (der achtarmige Leuchter, ...)!

Übung 2

Schwierige Eigenschaftswörter (Adjektive) mit der Endung -ig:
knifflig, ölig, wollig, neblig, mehlig, heilig, mutwillig, gefällig, schwindlig, einstellig, drollig, dünnschalig, winklig, eklig, adlig, mollig, billig, hügelig, bucklig, untadelig, eilig, fettig, tranig, aufrichtig, sonnig, holprig
Begründe die Schreibweise der Wörter mit -lig! (knifflig – Kniffelei, ölig – Öl, ... Das i gehört zum Stamm.)

Übung 3

Zusammenschreibungen mit „einander":
aneinander, zu-, mit-, für-, auf-, über-, durch-, aus-, in-, hinter-, nach-, vor-, über-
Man schreibt „aneinander", „durcheinander" und „hintereinander" in der Regel mit dem folgenden Verb zusammen, wenn es den gemeinsamen Hauptakzent trägt.
(aneinanderkleben, durcheinanderlaufen, auseinanderjagen, ...)
Suche weitere Beispiele (zueinander gelangen, ...)!

9. Planungen für das Eigenheim

Lange schon plant Herr Müller, ein eigenes Heim zu bauen, in dem sich seine Familie wohlfühlen kann und er genügend Platz für seine Kinder hat. Bei Besuchen in anderen Wohnungen achtet er genau auf die Zimmereinteilung. Er schätzt die Ausmaße der Räume, Türen und Fenster und erkundigt sich nach Einzelheiten. Da und dort sieht er etwas Schönes und Praktisches, das er für sein Eigenheim auch verwerten möchte. Er bespricht alles eingehend mit seiner Frau und den Kindern. Natürlich bewegt sich das Planen im Bereich des zur Verfügung stehenden Kapitals, und mancher Wunsch muss daher unberücksichtigt bleiben. Eine Zeit lang konnte sich das Ehepaar nicht entscheiden, ob das Haus einen Balkon, eine Veranda oder eine Terrasse erhalten soll. Doch der Architekt weiß Rat. Er empfiehlt, eine Terrasse zu bauen, die teilweise durch einen Balkon überdacht wird. Nun sitzen Müllers oft vor dem Bauplan, den der Architekt entworfen hat. Mit dünnen Bleistiftstrichen zeichnen sie maßstabsgetreu in den Plan ein, wo ihre Möbel den günstigsten Platz finden werden. Noch haben die Bauarbeiten nicht begonnen, dennoch träumen sie alle schon vom neuen Heim. (182 Wörter)

Übung 1

Mittelwörter der Vergangenheit (Partizipien im Perfekt) mit -igt und -licht am Wortende:

unberücksichtigt, begünstigt, ermöglicht, gesündigt, bescheinigt, verehelicht, beglaubigt, verdächtigt, verweichlicht, geheiligt, verängstigt, gereinigt, verherrlicht, beruhigt, berichtigt, verständigt, verdeutlicht, gewürdigt, verwirklicht, entschuldigt, erniedrigt, verweltlicht

Ordne die Wörter nach ihrer Schreibung (-igt, -licht)!

Übung 2

Wörter mit tzt:

geschätzt, jetzt, gehetzt, besetzt, verletzt, geritzt, geblitzt, angespitzt, gewitzt, verdutzt, zerplatzt, gekratzt, gespritzt, geschützt, geätzt, geprotzt, verputzt, getrotzt, gestutzt, aufgeschlitzt, abgestützt, verschmutzt

Schreibe die Wörter – wo möglich – mit anderen Vorsilben! (verschätzt, unterschätzt, geplatzt, bespritzt, ...)

Übung 3

Wortfamilie „bauen":

auf-, ab-, an-, er-, vor-, um-, zu-, ein-, nach-; erbaulich; Bau, Acker-, Haus-, Kirch-, Um-, Auf-, Wiederauf-, Vor-, Ab-, Neu-, Obstan-, Wohnungs-, Pfahl-, Tief-, Holz-, Schiffs-, Raub-, -plan, -arbeiten, -unternehmer, -amt, -genehmigung, -steine, -kasten, -herr, -meister, -rat, -stil, -stoff, -art, -stelle, -weise, -platz, -arbeiter; Bauer, Vogel-, Groß-, Erbhof-, Eifel-; Bauernhaus, -regel, -schläue; Bauersfrau; Baude (Unterkunft im Riesengebirge); Gebäude, Schul-, Bahnhofs-, Stein-, Neben-, Haupt-; baulich, -fällig; bäurisch

Schreibe die Wörter vollständig ab!

Übung 4

Großschreibung von Adjektiven (Eigenschaftswörtern), weil sie als Substantive (Hauptwörter) gebraucht werden:

Häufig zeigen vorangehende Wörter wie alles, etwas, nichts, viel, wenig den substantivischen Gebrauch an:

etwas Schönes und Praktisches, etwas Gutes, etwas Neues, ...
viel Gutes, viel Schlechtes, viel Alltägliches, viel Schweres, ...
nichts Besonderes, nichts Genaues, nichts Vertrauensvolles, ...
alles Gute, alles Kranke, alles Mögliche, alles Fette, ...
allerlei Wertvolles, allerlei Seltenes, allerlei Aufregendes, ...
Setze die Reihen fort und bilde Sätze!

10. Frühlingsspaziergang an der Neiße

Treue Heimatliebe zieht Herrn Krause fast alljährlich aus dem Rheinland in seinen Geburtsort Görlitz. Als Naturfreund durchstreift er dann die ihm vertrauten Parks und Wälder seiner Heimat. Besonders gern wandert er an der Neiße entlang, die seit dem letzten Weltkrieg die Grenze nach Polen bildet. In Görlitz durchfließt sie ein parkähnliches Tal, das nur von einem Eisenbahnviadukt auf mächtigen, hohen Steinsäulen überbrückt wird. Durch die noch kahlen Bäume sieht Herr Krause auf der gegenüberliegenden Uferböschung die rot-weißen polnischen Grenzpfähle. Unterwegs trifft er nur einen Menschen auf seinem morgendlichen Spaziergang. Es ist ein älterer Mann, der seine Angel ausgelegt hat und hofft, dass bald ein paar Weißfische, Rotaugen oder Schleien anbeißen. Umso mehr wirkt in dieser Ruhe das fröhliche Zwitschern und Flöten der Finken, Meisen und der ersten Stare. Einige Amseln sind geschäftig auf Futtersuche, indem sie das welke Laub am Boden raschelnd durchstöbern. Auch Veilchen blühen schon unter den von lichtem Grün bedeckten Sträuchern. Einige Wildenten paddeln gemächlich gegen die träge Strömung des Flusses. Früher belebten Ruderkähne und Paddelboote die Neiße. Schon lange darf sich niemand mehr auf dem Grenzgewässer aufhalten. „Staatsgrenze! Passieren verboten!" steht auf den Schildern am Uferrand. Nur eine Nebelkrähe strebt mit kräftigem Flügelschlag der polnischen Seite zu. Für sie gibt es keine Grenzmarkierungen. (211 Wörter)

Übung 1

ä oder e:

alljährlich, gern, Grenzpfähle, geschäftig, bedecken, Gewässer, mehr, Nebel, kräftig, schädlich, quer, verstärken, Hemmung, kämmen, Stängel, Gestänge, Getränk, hässlich, wertvoll, erklären, Buntspecht, lächerlich, prächtig, fertig, Gefährtin, ständig, Bretter, längst, lenkbar

Schreibe zu den Wörtern mit ä deren Stammwörter mit a!

► Lösungsteil Nr. 10

Übung 2
Schreibweisen des langen ö:

fröhlich, Strömung, Vermögen, Löhnung, stöhnen, König, Lösung, spröde, verhöhnen, dröhnen, Schildkröte, römisch, zögern, Höhle, ölig, Gehör, Störung, Nadelöhr, löten, Möhren, Öse, töricht

Ordne die Wörter nach ihrer Schreibweise des ö-Lautes!

Übung 3
d oder t:

Heimat, entlang, Wald, Geburtsort, Wildenten, Uferrand, niemand, verständlich, morgendlich, wesentlich, Schildkröte, Gurt, …

Setze in die Wortlücken d oder t ein!

Unterschie____, Wel____rekor____, grun____los, Gewal____,

ungemü____lich, Schlüsselbun____, Bun____stif____,

Elektroher____, Kinderhor____, blin____, tö____lich,

scheinto____, Ra____haus, Fahrra____, Mona____, Bran____stelle,

Brann____wein, en____gültig, Verstän____nis, zär____lich,

Kun____schaf____, bal____, nirgen____s, wöchen____lich,

aben____s, Gehal____, Verban____, Steuerbor____

Arbeitshilfe: In 17 Lücken musst du *d* einsetzen.

► Lösungsteil Nr. 11

Übung

Übung 4
viel – fiel:

viele Bekannte, vielleicht, soviel, zu viel, vielfach, vielerlei, vielseitig, vielfältig, vielsagend, vielstimmig, vielmals, vielmehr, Vieleck, Vielzahl, Vielfraß, vielversprechend, vielschichtig, vervielfältigen; es fiel mir schwer, er fiel mir auf, als es herunterfiel, es gefiel ihm, sie fielen hin

Bilde Sätze!

11. Ein Wiedersehen mit dem Riesengebirge

Diktat

Mit seinen siebzig Jahren ist Rudolf Krause noch verhältnismäßig rüstig und gesund. Als Kind wohnte er mit seinen Eltern in Krummhübel im Riesengebirge, einem beliebten Erholungsort und idealen Ausgangspunkt für den Aufstieg zur Schneekoppe. Oft ist er als Junge mit Verwandten durch die dichten Bergwälder dort hinaufgewandert. Oft und gern denkt er daran zurück. Seitdem sind etliche Jahrzehnte vergangen. Der Zweite Weltkrieg und die Abwanderung aus Schlesien haben ihm die vertraute Gebirgsheimat weit entrückt. Durch das Angebot einer Reisebusfirma ins Riesengebirge zu fahren, fasste er den Entschluss daran teilzunehmen. Gespannt und erwartungsvoll begann er die weite Anfahrt. Groß war die Wiedersehensfreude beim Anblick der gewaltigen Gebirgskämme. Aber war das wirklich noch seine Heimat? In seinem Geburtsort schien die Zeit stehen geblieben zu sein. Zwar waren die vertrauten Straßen und Häuser unverändert, doch als er sich dem Gebirge näherte, war er entsetzt. Die ursprüngliche Wiedersehensfreude wechselte rasch in Bestürzung und Trauer. Die früher dicht bewaldeten Berghänge boten einen trostlosen Anblick. Sie glichen einer Mondlandschaft. Unzählige kahle Fichtenstämme ragten in den wolkenlosen Himmel. Zwar hatte Rudolf Krause von dem schrecklichen Waldsterben durch die Luftverschmutzung im Riesengebirge gehört, doch dieser Anblick übertraf seine Befürchtungen. „Ihr Menschen, was habt ihr aus meiner Bergheimat gemacht?“, würde der Berggeist Rübezahl drohend rufen. (211 Wörter)

Übung

Übung 1
wieder – wider:

Wiedersehen, Wiederholung, wiedergeben, Wiederwahl, ... widersinnig, Widerstand, Widerspruch, widerlich, widerborstig, erwidern

Verbinde folgende Wörter mit wieder oder wider (gegen)!
Aufnahme, stehen, kauen, willig, erzählen, holen, Haken, Hall, Ruf, Belebung, finden, Wort, natürlich

► Lösungsteil Nr. 12

Übung 2
Schärfung durch pp:

Schneekoppe, Apparat, zappeln, galoppieren, tippen, doppelt, schlapp, Steppdecke, Klapptisch, Grippe, kippen, Gerippe

Setze pp oder p!

Kom____onist, Ka____ital, ta____en, Ta____ete, absto____en,

pla____ern, A____rikose, ta____sen, kla____ern, Ka____elle,

a____etitlich, Gi____s, zerlum____t, Tru____en, Ku____el,

Schna____s

► Lösungsteil Nr. 13

Übung 3
Wörter mit dt – jedoch mit drei Fehlern:

Verwandte, Großstadt, Versandtabteilung, angewandt, Gesandter, Bekanndtschaft, Verwandtschaft, Lehrwerkstadt, Gewandtheit

Berichtige die drei Fehler und bilde aus den anderen Wörtern Sätze!

► Lösungsteil Nr. 14!)

Übung 4
Die Vorsilbe ur-:

ursprünglich, Urteil, Urheber, Urahnen, urtümlich

Verbinde die Vorsilbe auch mit:

Enkel, Sache, Wald, Sprung, alt, Tiere, Einwohner, Aufführung, schriftlich, plötzlich, Großeltern, teilen

12. Aprilwetter

Es scheint ein sonniger Frühlingstag zu werden. Nur einige schneeweiße Federwölkchen ziehen über den Himmel. Doch die frohe Erwartung trügt, denn nach ein paar Stunden haben sich mächtige Wolkentürme gebildet, die zusehends wachsen. Das strahlende Himmelsblau ist ganz verschwunden. Plötzlich wird es dunkel, Windböen pfeifen um die Häuserecken. Dicke Regentropfen platschen auf das Pflaster. Regenschauer peitschen die Straße entlang und sogar Hagelkörner prasseln herab. Doch bald ist dieser Spuk vorbei, die Sonne bricht hinter den jagenden Wolkenfetzen hervor und trocknet in kurzer Zeit die Straße. Während eines solchen Aprilschauers sinkt die Lufttemperatur oft schlagartig um einige Grad. Denn bei der für April typischen Wetterlage mit einem Hochdruckgebiet über den Britischen Inseln wird Kaltluft von der Arktis nach Mitteleuropa geführt. Über dem noch sehr kalten Wasser des Nordatlantik und der Nordsee erwärmt sich die Luft kaum, nimmt aber viel Feuchtigkeit auf. Streicht sie dann über das von der Sonneneinstrahlung beträchtlich aufgewärmte Festland, wird sie hier aufgeheizt. Der vorhandene Wasserdampf steigt auf und führt zu rascher Wolkenbildung. (166 Wörter)

Übung 1

Lautverbindung tsch:

platschen, peitschen, Gletscher, zwitschern, Kutsche, quietschen, rutschen, watscheln, Quatsch, lutschen, kitschig, Putsch, verhätscheln, zerquetschen, deutsch, Peitsche, Pritsche

Ordne nach Wortarten!

Übung 2

k oder ck:

Arktik, Atlantik, Häuserecke, Gebäck, Gepäck, rücksichtslos, Hektoliter, Hochdruck, Diktat, Verdickungen, ticken, Politik, Plakat, trocknen, Schicksal, Architekt, Direktor, Reckturnen, Balkon, geschmackvoll, lackieren, flicken, flink, Trockendock, Paket, Genick, Technik

Ordne die Wörter getrennt nach k und ck!

Übung 3

Wortfamilie „Wetter":

Aprilwetter, Wetterwechsel, Sommerwetter, Unwetter, Wetterwarte, wetterfest, wetterkundig, ... Witterung, Witterungseinflüsse, witterungsbedingt, gewittrig, Gewitter, Gewitterwolken, ...
Diese Wortfamilie kannst du noch sehr erweitern!

Übung 4

Wörter mit langem ä:

während, nämlich, quälen, Kapitän, Weizenähre, mittelmäßig, unverträglich, alljährlich, zähmen, Mähne, erklären, Fähigkeiten, Träne, gelähmt, spärlich, Sämann, Prämien, Verspätung, Gemälde
Nicht alle Wörter lassen sich von einem mit a geschriebenen Wort ableiten. Überprüfe diese Möglichkeit!

13. Der Geigenbau in Mittenwald

Auf Balkonen und offenen Speichern trocknen Mittenwalds Geigenbauer die Hölzer, aus denen später mit Gewandtheit und Fleiß bei einer durchschnittlichen Arbeitszeit von 200 Stunden wohlklingende Geigen entstehen. Das war natürlich nicht immer so. Eigentlich war der Geigenbau einst nur eine willkommene Hilfe, in einer Zeit bitterster Not neue Erwerbsquellen zu erschließen. Nachdem die einzige Handelsstraße zwischen Augsburg und Venedig nicht mehr über Mittenwald führte, verfiel der Ort in Not und Armut. Brände und Seuchen brachten zusätzliches Elend. In dieser Zeit kehrte Matthias Klotz nach langen Lehr- und Wanderjahren in seinen Heimatort zurück. Er hatte in Italien das Geigenbauhandwerk erlernt und übertrug seine Kenntnisse und Erfahrungen auf seine Mitbewohner. Mit der für sie neuen handwerklichen Tätigkeit konnten sie ihren Lebensunterhalt verdienen. Zunächst zogen die Geigenbauer selbst durch das Land, um ihre Saiteninstrumente anzubieten. Bald aber war die Nachfrage so groß, dass Kaufleute den Vertrieb übernahmen. Im vorigen Jahrhundert wurde die einzige staatliche Geigenbauerschule gegründet. Noch heute bestehen zwei Dutzend Geigenbauerbetriebe. Längst ist Mittenwald nicht nur als Fremdenverkehrsort, sondern besonders als Stätte des Geigenbaus weltbekannt. Zwischen den künstlerisch gestalteten Hausfronten erblickt man vor der Pfarrkirche ein Denkmal für den Mann, dem Mittenwald diesen Aufschwung verdankt. (197 Wörter)

Übung 1
Mittelwörter der Gegenwart (Partizipien im Präsens):
anstrengend, unterstützend, helfend, arbeitend, drückend, blendend, reißend, erfrischend, führend, ...
Schreibe noch andere Mittelwörter (Partizipien) und setze sie in die 2. Steigerungsform! (die anstrengendste Arbeit, das spannendste Spiel, das erfrischendste Getränk, die drückendste Hitze, ...)

Übung 2
Mittelwörter der Vergangenheit (Partizipien im Perfekt):
aufgerichtet, entlassen, zusammengebunden, gedrückt, gewunden, befestigt, überragt, beschäftigt, verziert, gesenkt, verschwunden, gezogen, aufgewachsen, umgerissen, vergangen, gebrannt, gekommen, verlernt, geformt
Ordne die Wörter nach ihren gemeinsamen Kennzeichen! (ge - t, ge - en, ohne die Vorsilbe ge-)

Übung 3
Hauptwörter (Substantive) mit der Endung -heit:
Gewandtheit, Christenheit, Narrheit, Torheit, Kindheit, Einheit, Gelegenheit, Menschheit
Ändere folgende Eigenschaftswörter (Adjektive) in Hauptwörter (Substantive) mit der Endung -heit um:
rein, dumm, faul, frech, gesund, schwach, krank, schlau, albern, dunkel, gemein, weise, offen, schön, lau, gut, bescheiden, blind, ungleich, fein, eigen, hoch, schlicht, falsch, sicher, roh, neu, wild, trüb, selten, kühn, taub

Übung 4
ai oder ei:
Saiteninstrumente, bereit, beseitigen, Gitarrensaite, Kaiser, Weisheit, Waisenkind, preiswert, Rain, Treibeis, verleihen, Laie, Emaille, meilenweit, beleidigen, Weizenkeim, Main, Meineid, bleich, Leichtgewicht, Froschlaich
Ordne die Wörter nach ihrer Schreibweise mit ai und ei! Fülle die Lücken der folgenden Wörter:

K____serr____ch, ____fersucht, L____enspiel, M____sfeld,

R____sig, M____käfer, ____trig, W____senhaus, bew____sen,

Grießbr____, R____nfarn, Rh____nufer, schw____ßen,

St____nz____t, H____nbuche, langw____lig, Violins____ten

Arbeitshilfe: 8 Wörter werden mit *ai* geschrieben.

▶ Lösungsteil Nr. 15

14. Das Geburtstagsfass

Die Bewohner eines rheinischen Winzerdorfes wollten ihrem Bürgermeister zu seinem sechzigsten Geburtstag eine besondere Freude bereiten. Es sollte ein Gemeinschaftsgeschenk aller Ortsansässigen sein. Man beschloss, Wein vom Eigenbau aller Winzer zu überreichen. Jeder sollte einen Liter seines Weines in ein Fass schütten, das von Haus zu Haus weiterbefördert werden sollte. Feierlich wurde das frisch gefüllte Fass am Geburtstag dem Bürgermeister übergeben. Im Kreise der versammelten Gratulanten bekam er den Wein zu einem Probetrunk in einem kostbaren Pokal überreicht. Doch zum Erstaunen aller verzog der Ortsvorsteher den Mund zu einer schrecklichen Grimasse. „Pfui, dieser Wein schmeckt ja erbärmlich! Das ist ja pures Wasser!", sprach er enttäuscht. Schließlich meldete sich eine Bäuerin sichtlich verlegen und sagte zögernd: „Ich habe in das Riesenfass einen Liter klares Wasser hineingekippt, weil ich dachte, dass das in der großen Weinmenge nichts ausmachen würde." Offenbar hatten die übrigen Winzer genauso gedacht. Sicherlich haben die Dorfbewohner diese üble Panne danach durch ein ordentliches Geschenk behoben. (159 Wörter)

Diktat

Übung 1
Ausrufe und Fragen innerhalb der wörtlichen Rede:

Übung

„Der Wein schmeckt ja erbärmlich!", sprach er enttäuscht. – „Wer hat denn Wasser eingefüllt?", fragte der Bürgermeister.

Schreibe ähnliche Sätze mit Ausrufen und Fragen in der wörtlichen Rede und vergiss das Komma nach dem abschließenden Sprechzeichen nicht!

Übung 2

Die Endungen d und t der Partizipien (Mittelwörter):

Partizipien Präsens (Mittelwörter der Gegenwart): zögernd, schreibend, lesend, hüpfend, ...

Partizipien Perfekt (Mittelwörter der Vergangenheit): gereicht, gekippt, gebracht, gelobt, ...

Schreibe beide Partizipien von weinen, lachen, sparen, holen, arbeiten, schleppen und anderen Verben (Tätigkeitswörtern) und bilde damit Sätze. (Da ruft ein weinendes Kind. – Hast du vorhin geweint?)

Übung 3

Das lange e in seiner verschiedenartigen Schreibung:

verstehen, Generation, angesehen, wenig, Überlebende, Verkehr, Wege, Seele, Fehler, zehn, reden, Tee, Bremen, scheel, Kehle, Stachelbeeren, Armeen, Regel, Hefe, Sehnsucht, anlehnen, Abwehr, Lehrgang, entleeren, Schlegel, Demut, ausdehnen, Heer, Herkunft, wertvoll, Speer, See, teeren, Vertreter, Meer, vermehren, Beete, Gebet, Wedel, ekelhaft, Roggenmehl, Gelee, Telefon, Fledermaus, Reh, Reeder, bequem, Emil, Wehmut, Schlehdorn

Ordne die Wörter nach ihrer Schreibweise! (Unbezeichnete Dehnung, Verdoppelung des Selbstlautes, Dehnungs-h, silbentrennendes h)

Übung 4

wider – wieder:

erwidern, wiederholen, Widerstand, wiedergeben, auf Wiedersehen, Widerhall, Wiederwahl, widerstrebend, widersetzen, wieder finden, widerspenstig, zuwider, Wiedertäufer, widerlich, wiederum, Widersacher, Widerwille, Wiederkehr

Setze wider *oder* wieder *vor folgende Wörter:*

kommen, Schein, herstellen, willig, Gabe, erzählen, Aufbau, borstig, legen, erlangen, kauen, Vergeltung, spiegeln, sinnig, Aufnahme, Schlag, Ruf, bringen, Herstellung, natürlich, holen, Haken, Spruch, Belebung, Rede

Arbeitshilfe: 12 Wörter werden mit *wider* verbunden.

► Lösungsteil Nr. 16

15. Lebensbedrohender Fortschritt

Fast täglich lesen wir in Zeitungsberichten von Erfindungen und Entdeckungen. Das Fernsehen zeigt uns die neuesten Entwicklungen auf technischen und industriellen Gebieten. Menschen haben den Mond betreten, automatische Raumstationen funken Bilder vom Mars zur Erde. Überschallflugzeuge überbrücken in wenigen Stunden die Entfernungen zwischen den Kontinenten. Riesentanker durchqueren die Meere. Immer höher wird die Zahl komfortabler Autos. Neue Kunststoffe schaffen neue Produktionsmöglichkeiten. Alle diese Erfindungen und Verbesserungen bezeichnen wir als Fortschritt. Doch ist der Mensch noch Herr dieser Entwicklung? Als vor Jahren ein Tanker auseinanderbrach und 120000 Tonnen Öl Teile der englischen und französischen Küste verpesteten, herrschte peinliche Ratlosigkeit. Die Masse der Autos verbraucht riesige Mengen Sauerstoff und vergiftet die Luft über den Verkehrszentren. Ein einziges Düsenflugzeug stößt soviel Abgase aus wie 6000 Personenkraftwagen. Auch Atombombenversuche und Abfallprodukte der Atomreaktoren verseuchen den Lebensraum der Erde. Abwässer mit gelösten Chemikalien und das abgeleitete Kühlwasser der Kraftwerke bewirken den Tod der Fische und verwandeln Flüsse in Schmutzwasserkanäle. Durch die in Luft und Regen enthaltenen chemischen Giftstoffe werden Bauwerke gefährdet, beginnen Wälder zu sterben und Menschen zu erkranken. Diese Entwicklung ist in Wirklichkeit kein Fortschritt, sondern eine Gefährdung aller Lebewesen. (189 Wörter)

Diktat

Übung 1

Hauptwörter (Substantive) mit der Vorsilbe ent-:

Entwicklung, Entdeckung, Entscheidung, Entlassung, Entsicherung, Entgegnung, Entführung, Enthaltung, Entsorgung, Enttäuschung, Entleerung, Entwurf

Schreibe die entsprechenden Zeitwörter auf (entwickeln, entdecken, entscheiden, ...)!

Übung

Übung 2

Schwierige Mehrzahlbildungen (Plural):

Verkehrszentrum – Verkehrszentren, Fotoalbum – Fotoalben, Ministerium – Ministerien, Thema – Themen, Radius – Radien

Übung

Bilde die Mehrzahl, indem du die Endungen us, a, um durch en ersetzt: Museum, Gymnasium, Virus, Villa, Prisma, Drama, Skala, Aquarium, Studium, Kollegium!

Übung 3

g oder k:

Düsenflugzeug, Kraftwerk, Produkt, Möglichkeit, Schwank, Zweig, Gelenk, undenkbar, Andrang, Zwang

Setze g oder k in die folgenden Wortlücken:

Geschen___, Rea___tor, Bauwer___, versen___t, An___st,

Betru___, anfan___s, Mar___t, Buchfin___, Unfu___,

schrä___, Messin___, Vol___stanz, Pfin___sten, Quar___,

Tei___, rin___s, lin___s, Bir___e, lan___weilig, Se___t,

win___lig, versen___t, Ran___, Ta___t

Arbeitshilfe: In 12 Lücken muss *g* eingesetzt werden. An zwei Stellen hast du zwei Schreibmöglichkeiten.

▶ Lösungsteil Nr. 17

Übung 4

Zusammensetzungen und Wortgruppen mit Mittelwörtern (Partizipien) – Der erste Bestandteil ist ein Hauptwort (Substantiv):

weltbekannt, bombengeschädigt, leidgequält, todgeweiht, kriegsversehrt, handgeschrieben, Segen spendend/segenspendend, Schmutz lösend/schmutzlösend, kampferprobt, wassergekühlt, mondbeschienen, preisbindend, handgemalt, fruchtbringend, luftgefüllt, blumengeschmückt, naturliebend, sternenübersät, rauchbedeckt, staatsgefährdend, auswegsuchend, Not leidend/notleidend, neiderfüllt, gedankenverloren, handgeschmiedet, moosbewachsen, strohgedeckt

Zusammensetzungen mit einem Substantiv (Hauptwort) als erstem Bestandteil sind oft Verkürzungen von Wortgruppen. Wenn dabei ein Artikel (Geschlechtswort) oder eine Präposition (Verhältniswort) eingespart wird, schreibt man Substantiv und Partizip (Mittelwort) zusammen; Beispiel: himmelschreiend = **zum** Himmel schreiend.

Wenn es sich hier um keine Verkürzung handelt, kann man das Substantiv auch groß und vom Partizip getrennt schreiben; Beispiel: Not leidend = leidet Not
Ordne nach Mittelwörtern der Gegenwart und Mittelwörtern der Vergangenheit und setze passende Hauptwörter hinzu!

16. Helfer aus aller Welt

Auf der Balkanhalbinsel hat ein Bergrutsch einige Ortschaften völlig zerstört und unsagbares Elend angerichtet. Am selben Tage noch hat die gesamte Welt durch Rundfunk, Presse und Fernsehen Kenntnis von der schrecklichen Katastrophe erhalten. Noch weiß niemand Einzelheiten über das Schicksal der Betroffenen. Keiner kennt auch nur die ungefähre Zahl der Todesopfer. Da dringen bereits Wellen der Hilfsbereitschaft aus allen Himmelsrichtungen zu den Unglücksorten. Die entstandene Notlage in einem Teil der Erde schweißt Menschen verschiedener Völker zu einer einheitlichen Gemeinschaft Hilfswilliger zusammen. Schnelle Maschinen der verschiedensten Fluggesellschaften bringen mit Ärzten und Sanitätspersonal Verbandsmaterial und Medikamente. In vielen Ländern werden Geldbeträge gesammelt. Mit höchster Eile werden Wohnbaracken herantransportiert und aufgebaut. Zahlreiche Wagenladungen mit Wolldecken und Hausrat treffen im Unglücksgebiet ein, um die Lage der obdachlos gewordenen Menschen zu erleichtern. Kolonnen freiwilliger, junger Helfer verschiedener Nationen beginnen mit Aufräumungsarbeiten, suchen nach Verschütteten, bergen Tote und beseitigen die Trümmermassen. Viele Sprachen hört man bei diesem Hilfswerk, und doch verstehen sich alle. Schade, dass das nicht immer so sein kann! (169 Wörter)

Übung 1
Wörter mit nn:

Kenntnis, Kolonnen, beginnen, Gewinn, Tanne, Rinnstein, abonnieren, Tennis, Gerinnsel, Branntwein, Pfanne, Mannschaft, Finnland, Spinngewebe, trennen, jedermann, verbrannt, Vorspann, Zinn, Bekanntschaft, erinnern, innerlich (aber: inwendig), Kinn, brennbar, Stanniol, gönnen, Granne, Kannibale, Tunnel, Antenne, Tonnage, verbannt
Bilde davon neue Wörter! (Erkennen, verkannt, ...)

Übung 2

Hauptwörter (Substantive) mit der Nachsilbe -schaft:

Ortschaft, Hilfsbereitschaft, Gemeinschaft, Fluggesellschaft, Bekanntschaft, Wirtschaft, Eigenschaft, Kindschaft, Gewerkschaft, Burschenschaft, Rechenschaft, Gefangenschaft

Füge an folgende Wörter die Nachsilbe -schaft:

Graf, Freund, Feind, Eltern, Sippe, Bürger, Mann, Kamerad, Bürge, Land, Bote, Verwandt, gesandt, Beamten, belegen, Arbeiter, Kunde, Turner, Bauern, Lehrer, pflegen, Genosse, Pate

► Lösungsteil Nr. 18

Übung 3

Wortfamilie „helfen“:

ab-, aus-, nach-, auf-, durch-, fort-; Helfer, Helfers-, Kranken-, Not-, Armen-; Hilfe, -ruf, -leistung, Aus-, Nach-, Not-, Finanz-, Auslands-, Alters-; Hilfsbereitschaft, -willige, -gemeinschaft, -dienst, -personal, -werk, -arbeiter, -mittel, -zeitwort, -kreuzer, -zug, -bedürftigkeit; Hilflosigkeit; hilflos, -reich; hilfsbereit, -bedürftig; Gehilfe, Forst-, Amts-, Handwerks-; Gehilfin, Putz-; Gehilfenprüfung; Behelf, Not-; Behelfsheim, -bett, -wohnung; behelfsmäßig; behilflich

Bilde Sätze!

Übung 4

Zusammensetzungen mit „los“:

obdachlos, leblos, ruchlos, sprachlos, zuchtlos, ruhelos, gewissenlos, kampflos, ergebnislos, willenlos, staatenlos, heimatlos, neidlos, wehrlos, heillos

Ändere folgende Hauptwörter (Substantive) durch Anfügen von -los in Eigenschaftswörter (Adjektive) um:

Brot, Wohnung, Fehler, Rücksicht, Spur, Geschmack, Ehre, Sorge, Recht, Gefühl, Konzentration, Schmach, Schuld, Witz, Glauben, Zahn, Verlust, Bargeld, Ziel, Ahnung, Widerstand, Arbeit, Scham, Lust, Wolken, Farbe, Vorurteil

8-mal muss hierbei ein Bindungs-s geschrieben werden.

► Lösungsteil Nr. 19

17. Kapitän Peters

Am sonntäglichen Stammtisch im Wirtshaus „Zur Linde" sitzt heute ein seltener Gast. Franz Peters, Kapitän auf einem großen Luxusdampfer einer norddeutschen Reederei, ist nach mehr als zehn Jahren zum ersten Male wieder in seinem Heimatdorf. In dichter Runde sitzen die Männer und hören ihm zu. Peters hat viel zu erzählen, denn er hat eine Menge erlebt. Die inzwischen grauhaarig gewordenen Bauern können sich noch gut entsinnen, wie er gleich nach der Schulentlassung das Dorf verließ, um auf einem Frachter als Schiffsjunge zu arbeiten. Er wollte die Welt kennen lernen, hatte er gesagt. Über alle Ozeane ist er seitdem gefahren und hat viele große Städte und fremde Länder gesehen. So manchen Sturm hat Franz Peters auf den Meeren erlebt. Nun fährt er schon fünf Jahrzehnte lang zur See, und auch sein Lebensschifflein ist oft in Bedrängnis geraten. Er ist längst nicht mehr Schiffsjunge. Mit Tüchtigkeit und Gewissenhaftigkeit gelang es ihm, sich während dieser Zeit zum Kapitän hochzuarbeiten. Nun hören die Männer seine Erlebnisse, von denen er schlicht, aber spannend berichtet. „Jetzt kenne ich die Welt!", sagt Peters. „Aber glaubt mir, Freunde, nirgends ist es so schön wie in der Heimat." (192 Wörter)

Übung 1

Wörter mit der Nachsilbe -nis:

Bedrängnis, Erkenntnis, Geheimnis, Verständnis, Ereignis, Versäumnis, Zeugnis, Ergebnis, Wildnis

Bilde aus folgenden Zeitwörtern (Verben) Hauptwörter (Substantive) und setze sie in die Mehrzahl (Plural):

hindern, ersparen, verhalten, fangen, gleichen, verbünden, gestehen, vorkommen, begraben, betrüben, besorgen, wagen, erlauben, faulen, geloben

▶ Lösungsteil Nr. 20

Übung 2

Zeichensetzung bei Anreden:

a) Innerhalb des Satzes wird die Anrede durch Komma abgegrenzt: Glaubt mir, Freunde! – Peter, komm! – Mutter, darf ich mitkommen? – Los, Inge, lauf schnell! – Leute, helft den Hungernden!

b) Bei Anreden außerhalb des Satzes (im Brief, bei Ansprachen) steht entweder das Ausrufezeichen (Liebe Eltern! – Sehr geehrter Herr

Direktor! – Werte Frau Kessels, liebe Mitschüler!) oder ein Komma (Liebe Eltern, – Sehr geehrter Herr Direktor, – Werte Frau Kessels, liebe Mitschüler,).

Bilde ähnliche Sätze und briefliche Anreden!

Übung 3

Wörter mit dem z-Laut:

Ozean, jetzt, nirgends, Sitzplatz, Inhaltsverzeichnis, Skizze, Mütze, Münze, Schmalz, Intermezzo, Gans, Kranz, Trotzkopf, Puls, Pilz, Blitz, Blizzard, kritzeln, Quarz, Hals, winzig, Seufzer, Kapuze, Sülze, Kanzel, zinslos, Arzt, geheizt, sozial, geschätzt, schluchzen, Expedition, Reiz, Hitze, schmunzeln, Kreuz, Käuzchen, Matrize, Station, Felsblock, Portion, herzlich, Metzger, Matratze, Operation, Schlitz, Nation, Dutzend, runzeln, vorwärts, Razzia

Ordne die Wörter nach der Schreibweise des z-Lautes (z, zz, tz, s, tion, ts, ds) und begründe sie!

Übung 4

Wortfeld „Schiff“:

Dampfer, Boot, Kahn, Tanker, Kanu, Kutter, Jacht, Frachter, Schoner, Flugzeugträger, Unterseeboot, Kreuzer, Nachen, Barke, Kajak, Floß, Fähre, Zerstörer, Barkasse, Segelboot, Schute, Dschunke, Einbaum, Galeere, Viermaster, Schulschiff, Schnellboot, Kogge, Fregatte, Gondel, Faltboot, Jolle, Walfangmutterschiff

Füge zusammengesetzte oder abgeleitete Wörter hinzu (Dampferfahrt, ausbooten, ...)!

18. Am Rheinfall von Schaffhausen

Viele Urlauber nutzen ihren Ferienaufenthalt am Bodensee oder in der Schweiz für einen Tagesausflug nach Schaffhausen zum Rheinfall, dem größten Wasserfall Mitteleuropas. Schmelzwassermassen veranlassten den Rhein, sich während der Eiszeit ein neues Flussbett zu suchen. Dabei musste er einen erheblichen Höhenunterschied überwinden. Seitdem stürzen sich die Fluten in einem grandiosen Schauspiel in die Tiefe. Das rauscht und donnert, schäumt und braust. Auch unten kommt das Wasser nicht zur Ruhe, sondern tobt und brandet in einem wahren Hexenkessel gegen die steil aufragenden Felsenklippen. Auf einer Aussichtsplattform können Besucher aus nächster Nähe durch die herüberwehenden Wasserschleier, allerdings an Haut und Haar besprüht, dieses Naturschauspiel miterleben. Auch Jan war mit den Eltern vom Bodensee aus zum Rheinfall gefahren. Hoch über dem noch jungen Rhein sahen und hörten sie von einer Gaststätte aus das Rauschen und Toben des Wassers. Doch Jan wollte lieber über die zahlreichen Stufen zum Ufer hinunter, um dann mit einem Motorboot den Rheinfall zu umfahren. (159 Wörter)

Übung 1

Komma bei entgegenstellenden Bindewörtern (sondern, aber, doch, jedoch):

Das Wasser kommt nicht zur Ruhe, sondern braust weiterhin. – Wir fahren nicht nur bei gutem, sondern auch bei schlechtem Wetter. – Die Reise war interessant, aber anstrengend. – Obwohl ich gespart hatte, reichte das Geld nicht. – Wir bemühten uns, doch es klappte nicht.

Bilde ähnliche Sätze!

Übung

Übung 2

Als Hauptwörter gebrauchte Zeitwörter:

Sie hörten das Rauschen und Toben. – Ihn lockte das Fahren mit dem Motorboot. – Beim Überwinden der Höhenunterschiede … Vom vielen Laufen … Langes Warten … Lautes, frohes Lachen … Ruhiges, bequemes Sitzen …

Erweitere diese Beispiele zu ganzen Sätzen!

Übung

Übung 3

Schreibweisen des langen e:

Bodensee, fehlerhaft, Erlebnis, Zebra, …

Fülle die Lücken mit e, eh oder ee!

Übung

l____mig, Blumenb____t, Geb____t, Gel____, Vertr____ter,

H____fe, D____mut, ausged____nt, M____r, Verm____rung,

T____r, T____lefon, Kriegsh____re, H____rkunft, L____rgang,

entl____ren, Ben____men, Kam____l, Sp____r, S____ligkeit,

Fortsetzung Seite 38

S____le, Roggenm____l, Zentim____ter, Kl____blatt, r____den,

R____derei, S____nsucht, Abw____r, W____rmut

► Lösungsteil Nr. 21

Übung 4

Das silbentrennende h:

Höhe, Ruhe, Nähe, fröhlich, Kühe, Floh, bemühen, Ehe, Schuh, drehbar, verbrüht, Frühling, Geweih, glühen, wehen, Stroh, verzeihen, Drohung, stehen, sehenswert, verleihen, Zähigkeit

Bilde davon zusammengesetzte oder abgeleitete Wörter!

19. Im Zeltlager

Auf dem Schulhof stehen die Jungen der Oberklasse und sprechen über ihre Ferienpläne. Marcel erzählt, dass er mit einigen Jungen an der Rhön zelten will. „Du, mit Zeltlagern habe ich schlechte Erfahrung!“, ruft Frank. „In den letzten Ferien zelteten wir mit unserer Pfarrjugendgruppe im Schwarzwald. Michael, Lukas und ich hatten ein Dreierzelt aufgebaut. Es war unser erster Zeltbau, und wir waren sehr stolz auf unser gelungenes Werk. Mit viel Mühe zogen wir rings um das Zelt eine breite, tiefe Regenrinne, denn große dunkle Wolken bedeckten bereits den Himmel. Bald danach goss es in Strömen, und wir waren froh, dass wir uns unter unser Zelt verkriechen konnten. Zum Glück hatten alle ihre Bauarbeiten beendet. Wir fühlten uns recht behaglich unter den schützenden Planen. Doch das Wetter war trostlos. Der starke Wind rüttelte tüchtig an unserem Zelt. Mit bedenklichen Gesichtern schauten wir uns an. „Sicherlich hat sich eine Zeltleine gelöst!“, meinte Michael und wollte schnell nachsehen. Unglücklicherweise stieß er dabei an den Zeltstock. Nun hatte der Wind gewonnenes Spiel. Die kalten, nassen Planen klatschten auf uns. Beim Versuch, mich aus dieser Lage zu befreien, rutschte ich mitten in die volle Regenrinne. Seitdem ziehe ich Übernachtungen in der Jugendherberge vor.“ (199 Wörter)

Übung 1
k – ck:

Glück, Zeltstock, dunkel, krank, links, Schmuck, Speck, fleckig, Balken, Imker, Brücke, trocknen, blicken, Henkel, Paket

Ordne die Wörter! Überprüfe die Regel: Nach Mitlauten steht nie ck!
Setze in folgende Wörter k oder ck ein:

Wer____zeug, verschlu____en, Stö____e, verde____t, Rü____kehr,

wi____eln, wan____en, Geträn____, ausgestre____t, e____ig,

geza____t, Bir____e, geschi____t, Oberschen____el,

He____enschere, blan____, Verste____, bü____en, verwel____en,

na____t, Quar____, Lü____e, lo____er

Arbeitshilfe: 8 Wörter werden nur mit *k* geschrieben.

▶ Lösungsteil Nr. 22

Übung 2
seitdem – seit dem:

Seitdem ziehe ich Jugendherbergen vor. – Seit dem letzten Spiel haben wir viel geübt. – Seit dem 8. Mai habe ich ihn nicht mehr gesehen. – Er ist seitdem verschollen. – Seit dem furchtbaren Unglück in der vergangenen Woche ... Seitdem hat sich kein Unfall ereignet.

Bilde ähnliche Gegenüberstellungen!

Übung 3
Wortfamilie „ziehen":

ziehen, er-, an-, ab-, aus-, vor-, be-, unter-, über-, fort-, ein-, durch-, ent-, nach-, zurück-, zusammen-, zu-; Ziehbrunnen, -harmonika; Ziehung, Be-, Er-, Ent-, Ein-, An-; Anziehungskraft; Erziehungsanstalt, -wesen, -heim; Kindererziehung, Kunst-, Leibes-, Sprech-; Erzieher, Jugend-; Zug, -tier, -luft, -salbe, -mittel, -vogel, -führer, -brücke, -kraft, Ab-, An-, Vor-, Be-, Rück-, Durch-, Aus-, Ent-, Zu-, Atem-, Vogel-, Fisch-, Schrift-, Raub-, Kriegs-, Hochzeits-, Schnell-, Güter-, Straßenbahn-, Um-, Personen-; Zügel; zügeln; bezüglich, an-, vor-, ab-, rückbe-; Zucht, -tier, -haus, -rute, Pferde-, Vieh-, Auf-, Mannes-, Pflan-

zen-, Tulpen-, Schul-, Un-; zuchtlos, -voll; züchtig, un-; überzüchtet; züchten, über-; Züchter, Hühner-, Bienen-; Züchtung; Züchtungsergebnis, -erfolg; Herzog, -tum, -in; Zögling, Fürsorge-, Nach-; zögern, ver-; Verzögerung; zücken; entzückt, ver-; Entzückung, Ver-
Ordne die Wörter nach ihren Vorsilben (erziehen, Erziehung, Erzieher, erziehlich, unerzogen, ...)!

Übung 4

Komma zwischen gleichartigen Satzteilen:
eine breite, tiefe Regenrinne – Michael, Georg und ich – die kalten, nassen Planen – Wir benötigen Zeltstangen, Planen und Pflöcke. – Auf dem Lagerplatz sangen, spielten und turnten wir alle gemeinsam. – Franz suchte seine Taschenlampe im Zelt, an der Feuerstelle, in seinem Rucksack und am Waldrand.
Bilde ähnliche Sätze, in denen mehrere Beifügungen, Umstandsbestimmungen, Ergänzungen, Satzgegenstände oder Satzaussagen vorkommen!

20. Aufstieg zum Gipfel

Schon frühzeitig waren die Jungen von der Jugendherberge aufgebrochen, da sie bei der geplanten Bergtour den Gipfel noch vor der Mittagshitze erreichen wollten. Die Tagesverpflegung, die ihnen die Herbergseltern mitgegeben hatten, war in Rucksäcken und Brotbeuteln verstaut. Zunächst stieg der Weg nur mäßig an und führte durch weite Wiesen, auf denen unzählige Margeriten blühten. Allmählich wurde der Berghang steiler und der Weg unbequemer. Die Jungen begannen trotz der Morgenkühle zu schwitzen. Aber immer lohnender wurde der Ausblick ins Tal und auf die gegenüberliegenden Bergwände, wenn eine Lücke zwischen den hohen, schlanken Fichten die Sicht zuließ. Recht mühsam wurde jetzt der Aufstieg auf dem schmalen, steinigen Bergpfad. Vielen schmerzten die Füße, und die Kehlen waren trocken. Alle Jungen hatten sich vorgenommen, vor Erreichung des Gipfels nichts mehr zu trinken. Kristallklares, eiskaltes Quellwasser, das aus einer Felswand hervorplätscherte, ließen die Jungen lediglich über Nacken und Puls rinnen. Vom Wasser erfrischt, hatte die Jungengruppe bald die Baumgrenze erreicht. Nur vereinzelte Bergkiefern und zerzauste Wetterfichten erblickten sie hier oben. Unbarmherzig brannte die Sonne auf die Kahlflächen, doch das Gipfelkreuz, das Ziel ihres Aufstiegs, lag bereits in Sichtnähe. Gleich würden sie ausruhen und sich am mitgeführten Proviant stärken, um dann die Aussicht zu genießen. (202 Wörter)

Übung 1

Zusammengesetzte Eigenschaftswörter (Adjektive) – Hauptwort und Eigenschaftswort:

kristallklar, eiskalt, silbergrau, turmhoch, fingerbreit, moosgrün, zentnerschwer, gallebitter, zuckersüß, steinhart

Verbinde je ein Hauptwort (Substantiv) mit einem Eigenschaftswort (Adjektiv): Aal, Bären, Blüten, Butter, Essig, Feder, Glas, Kugel, Marine, Maus, Messer, Orange, Pech, Reh, Riesen, Spindel, Stahl, Stock, Wiesel - blau, braun, dürr, finster, flink, gelb, glatt, grau, groß, hart, leicht, klar, rund, sauer, scharf, schwarz, stark, weich, weiß

▶ Lösungsteil Nr. 23

Übung 2

Eigenschaftswörter (Adjektive) mit der Nachsilbe -sam:

mühsam, gemeinsam, geruhsam, genügsam, grausam, wundersam, seltsam, langsam, gewaltsam, einsam

Bilde aus folgenden Zeitwörtern (Verben) unter Verwendung der Nachsilbe -sam Eigenschaftswörter (Adjektive):

folgen, wachen, sparen, achten, fürchten, mitteilen, empfinden, gehorchen, fügen, bedeuten, dulden, wirken, heilen, schweigen, enthalten, streben, arbeiten, aufmerken, biegen

▶ Lösungsteil Nr. 24

Übung 3

Wortfamilie „geben":

geben, ab-, an-, zu-, ver-, aus-, nach-, ein-, über-, er-, wieder-, zusammen-, weiter-, acht-, statt-, zurück-, auf-, mit-; Geber, An-, Arbeit-, Brot-; Eingebung, Ver-; Ergebnis; ergebnislos; vergeblich; vergebens; gebefreudig; Gabe, Auf-, Vor-, Zu-, Ein-, Ab-, Wieder-, Über-, Leih-, Weiter-, Bei-; Gabentisch; ergiebig, aus-, nach-, unnach-; Gift, Mit-, Leichen-, -pilz, -farbe, -mischer, -becher, -schrank, -schlange, -zahn, -pflanze; Vergiftung, Blut-, Fisch-, Fleisch-; Vergiftungserscheinung; giftig; gifthaltig; vergiften

Beachte: Er gibt – ergiebig!

Schreibe eine kleine Geschichte, in die du möglichst viele Wörter der Wortfamilie „geben" einbaust!

Übung 4

k oder ck:

Bäckerei, bedeckt, schmecken, Rektor, Baracke, Technik, fleckig, Insekten, Werkzeug, lockern, Fabrik, Kuckuck, Traktor

Setze k oder ck in die Lücken folgender Wörter ein:

He____tar, Blo____, erschre____t, Fri____adelle, Scho____olade,

zwin____ern, Ta____t, na____t, Sche____buch, vertro____net,

la____ieren, Wra____, aZin____, bedrü____end, Do____tor,

ele____trisch, di____tieren, verschlu____t, Schi____sal, Taba____,

Se____t, zwe____los, Scho____, Re____, Re____ord, He____ti____,

fle____ig

Arbeitshilfe: In 14 Lücken muss *ck* eingesetzt werden.

► Lösungsteil Nr. 25

21. Naturgewalten

Seit Wochen regnete es ununterbrochen in Strömen. Manchmal fielen sogar pro Tag über hundert Millimeter Niederschlag je Quadratmeter. Ein Tief über Polen und Tschechien, das an Ort und Stelle verharrte, war die Ursache dafür, dass die sonst so träge fließende Oder und die aus dem Riesengebirge kommenden Nebenflüsse beängstigend anschwollen und weite Teile des Flachlandes überfluteten. Anfangs belagerten Schaulustige die Ufermauern und schauten gebannt auf die tosenden, erdbraunen Wassermassen, in denen losgerissene Bäume und Bretter schwammen. Doch die Flut stieg weiter, und aus bloßer Neugier verirrte sich niemand mehr an die bereits bedrohten Dämme. Fieberhaft und unermüdlich schafften fleißige Helfer Millionen von Sandsäcken zum Schutz der Häuser und zur Verstärkung der bereits durchweichten Deiche herbei. Trotzdem stieg die Angst und die Unsicherheit und zwang zu raschem Handeln. Innerhalb weniger Stunden wurden zehntausende Rinder, Schweine und Schafe aus dem tiefer gelegenen, aber landschaftlich bedeutsamen Oderbruch vor dem Ertrinken gerettet. Vorsorglich wurden die Bewohner der bedrohten Dörfer evakuiert, die allerdings nur widerstrebend ihre Häuser verlassen wollten. Tausende von Soldaten kamen zusätzlich im Katastrophengebiet zum Einsatz. Sie mühten sich mit Hilfsmannschaften ununterbrochen die stellenweise brüchigen, durchnässten Deiche zu sichern. Erst allmählich blieben die Menschen nach aufopferungsvoller Arbeit Sieger über die Naturgewalten. (199 Wörter)

Übung 1

Schärfung mit rr:

verirrt, knurrig, Verwirrung, Gitarre, Pfarrkirche, Geschirr, verdorrt, schwirren, Terrasse, närrisch, Beherrschung, Zigarre

Setze in die Lücken rr oder r ein:

He____zog, Spe____ling, Spe____e, he____isch, Ba____ikade,

dü____, Ziga____ette, He____berge, he____aus, Te____or,

Behe____schung, veri____t, abgeschwi____t, Wi____tschaft,

He____mann, schä____fen, schnu____en, Ke____ker, Ge____ber,

su____en, Spe____ber, Hi____t

▶ Lösungsteil Nr. 26

Übung 2

Schärfung mit ll:

Millionen, anschwellen, stellenweise, Millimeter, …

Setze in die Lücken ll oder l ein:

A____uminium, Krista____, Wa____nuss, Gese____schaft,

Geschwu____st, Me____odie, Nachtiga____, Gefä____igkeit,

Fortsetzung Seite 44

Ko___onie, A___kohol, Gori___a, A___arm, Tunne___,

Sche___fisch, A___mosen, Mo___kerei, gre___, Po___itik,

He___mut, Mi___itär, Mi___igramm

▶ Lösungsteil Nr. 27

Übung 3

s oder z als Endlaut (mit sechs Fehlern):

Fels, März, Schwanz, abendz, Prinz, Steinpils, kurz, bereitz, Gewürz, gans, Filz, begrenzt, schmerzhaft, Erz, ebenfallz, nirgends, Hals, Sturz, Kranz, Glanz, abseitz, gekürzt, stolz

▶ Lösungsteil Nr. 28

Übung 4

Die Vorsilbe un- bewirkt das Gegenteil:

ununterbrochen, Unsicherheit, unermüdlich, unmöglich, unbeirrt, Unglück, unzufrieden, undankbar, ...

Suche noch ähnliche Gegenüberstellungen wie Freiheit – Unfreiheit, klug – unklug, erfreulich – unerfreulich, erklärlich – unerklärlich, ...!

22. Veränderlich

Seit Stunden schien die Sonne vom hellblauen Himmel. Doch jetzt ist sie hinter einer dunklen Wolkendecke verschwunden. Langsam bezieht sich der Himmel. Nur noch aus kleinen Wolkenlöchern lugt der blaue Himmel hervor. Aber auch diese verschwinden bald hinter einer grauen undurchsichtigen Wolkenwand. Schon fallen die ersten Tropfen. Erst noch langsam und vereinzelt, dann immer schneller und dichter, und bald regnet es in Strömen. Der Himmel hat alle seine Schleusen geöffnet. Gewaltige Wassermassen stürzen zur Erde nieder. Überall rauscht der Regen herab. In den Rinnsteinen schwellen kleine Sturzbäche an und strömen in die Kanäle. Langsam beginnt der Regen wieder nachzulassen. Da reißt soeben die Wolkenwand auseinander, und die Sonne bricht hervor. Aber noch regnet es. Kleine leichte Tropfen tanzen, vom aufkommenden Winde erfasst, lustig hin und her. Dabei glitzern sie in allen Farben. Von der Sonne angestrahlt, beginnt sich allmählich vor den blaugrauen

Wolken ein Regenbogen zu bilden. Seine beiden Enden berühren scheinbar die Erdoberfläche am Horizont. Die fünf Farbstreifen heben sich von der noch dunklen Wolkenwand deutlich ab. Jetzt hört es ganz auf zu regnen. Der Wind jagt die Wolken auseinander. Auch der Regenbogen verblasst nun langsam. (188 Wörter)

Übung 1

ss und ß am Wort- oder Silbenende:

Fluss, nass, hässlich, ... Spaß, schließlich, vergrößern, ...

Vervollständige die folgenden Wörter!

Verschlu____, Gefä____, Gescho____, sü____lich, entblö____en,

Tä____chen, bi____chen, begrü____en, bewu____tlos, Grie____,

ungewi____, verge____lich, Gebi____, au____en, Ri____,

Verfa____ung, Strau____, bla____, mä____ig

Die 8 Wörter mit ß stehen im Lösungsteil Nr. 29.

Übung 2

Wortfamilie „reißen“:

reißen, zer-, ab-, fort-, weg-, auseinander-, aus-, mit-, auf-, heraus-, ein-, zusammen-, los-, hin-; reißerisch; reißend; Reißen (Rheuma); Reißbrett, -zwecke, -verschluss, leine, -zeug, -schiene; Zerreißprobe, Abreißkalender; zerreißbar; Riss, Mauer-, Grund-, Um-, Auf-, Seiten-; rissig; zerrissen

Schreibe zu den Zeitwörtern die zugehörigen Mittelwörter (Partizipien) hinzu! (reißen – reißend, gerissen; zerreißen, ...)

Übung 3

Fremdwörter mit kt:

reflektieren, Insekt, Rektor, Inspektor, Respekt, Direktor, Sekt, Traktor, Konfekt, indirekt, Dialekt, Sekte, Akt, Affekt, Objekt, Instinkt, Konflikt, Viadukt, Lektüre, Pakt, Kontakt, Delikt, Takt, Doktor

Versuche diese Wörter durch deutsche zu ersetzen! (reflektieren – widerspiegeln, zurückstrahlen, erwägen, ...)

Übung

Übung 4

Fremdwörter mit ie am Wortende:

Familie, Batterie, Artillerie, Kolonie, Demokratie, Lotterie, Genie, Industrie, Infanterie, Monarchie, Linie, Melodie, Fantasie, Sinfonie (Symphonie), Stenografie, Chemie, Zoologie, Galerie, Astronomie, Theologie, Garantie, Kompanie, Mumie, Harmonie, Kastanie, Regie, Bakterie, Fotografie, Geranie, Energie, Petersilie

Bilde zusammengesetzte oder verwandte Wörter! Ordne die Wörter nach der Art ihrer Aussprache (ie – i: Familie, Linie, … Batterie, Artillerie, …)!

23. Eine hilfreiche Idee

Diktat

Schon seit einigen Wochen steht in einer Ecke unseres Klassenraumes ein großer Pappkarton zur Ablage und Aufbewahrung gebrauchter Spielsachen. Schon über die Hälfte ist angefüllt. Da liegen Puppen, Stofftiere, fast neuwertige Bilderbücher, Kasperfiguren, Hampelmänner und allerlei verschiedene Spiele übereinander. Soeben bringt Ulrike einen niedlichen Teddy, von dem es ihr sichtlich schwer fällt sich zu trennen. Doch hat auch sie wie andere der Klasse an die Kinder auf dem Balkan gedacht, die freudlos in erbärmlichen Verhältnissen leben müssen. Viele von ihnen sind aus wirtschaftlicher Not von den eigenen Eltern verstoßen worden und notdürftig in Waisenhäusern oder ähnlichen Heimen untergebracht. Fast alle Mädchen und Jungen der Klasse haben sich vorgenommen, auf die für sie mögliche Weise spürbar zu helfen. Sie können sich lebhaft vorstellen, welche Freude eine Kiste mit den gespendeten Spielsachen bei den Kindern in Bulgarien auslösen wird. Selbst eine leicht ramponierte Puppe wird Kinderaugen leuchten lassen. Diese spontane Hilfsaktion hat auch schon andere Klassen angeregt, Ähnliches zu tun und getragene Kinderkleidungsstücke und Schuhe zu sammeln. Noch vor Ferienbeginn werden Helfer des Deutschen Roten Kreuzes die gesammelten Gegenstände abholen, die dann an Heime in Bulgarien verschickt werden. Bei den jugendlichen Spendern bleibt das frohe Gefühl zurück, armen Kindern Freude bereitet zu haben. (203 Wörter)

Übung 1

Schreibung von Straßennamen:

Bahnhofstraße, Berliner Straße, Neuer Weg, Heinrich-Heine-Allee, Hochstraße, Schillerstraße, Friedrich-Ebert-Platz, Gänsemarkt, Kurfürstendamm, Karl-Goerdeler-Straße, Am Alten Tor, Prager Straße, Königsallee, Ludwig-Richter-Weg, Unter den Linden, Obermarkt, Alter Markt, Friedrichsufer, Krumme Gasse, Hafenstraße, Danziger Platz, Magdalenenweg

Ordne die Straßennamen in folgender Weise:

a) Der Straßenname hat ein Eigenschaftswort (Adjektiv) mit Beugungsendung als Bestimmungswort. Das Eigenschaftswort (Adjektiv) wird dabei getrennt und mit großem Anfangsbuchstaben geschrieben. (Breite Straße, Grüner Weg, Hohe Straße, ...)

b) Das Bestimmungswort ist ein gebeugter Orts- oder Ländername. Dabei wird der Straßenname getrennt geschrieben. (Breslauer Straße, Deutscher Ring, ...)

c) Das Bestimmungswort ist aus einem mehrteiligen Namen gebildet. Der Übersichtlichkeit wegen werden zwischen die Teile Bindestriche gesetzt. (Freiherr-vom-Stein-Platz, Adolf-Kolping-Straße, ...)

d) Ein Verhältniswort (Präposition) ist Teil eines Straßennamens. Folgt auf das Verhältnis- (Präposition) ein Eigenschaftswort (Adjektiv), so wird auch dieses großgeschrieben. (An der Paulskirche, Am Grünen Graben, ...)

e) Das Bestimmungswort wird mit dem Grundwort zusammengeschrieben. Das geschieht auch, wenn das Bestimmungswort aus einem einteiligen Namen oder aus einem ungebeugten Eigenschaftswort (Adjektiv) besteht. (Goethestraße, Neumarkt, ...)

Unterscheide: Schlesienstraße – Schlesische Straße, Hochstraße – Hohe Straße, An der alten Mauer – Mauergasse, ...)

Übung 2

Adjektive als Teil von Eigennamen:

das Deutsche Rote Kreuz – die Deutsche Bank – Deutscher Gewerkschaftsbund – Deutscher Fußball-Bund – Deutsche Bucht/aber: deutsche Sprache (Landschaften, Mannschaft, ...); Fränkische Schweiz – Fränkischer Jura/aber: fränkische Burgen (Dörfer, ...); Rheinisches Schiefergebirge – Rheinische Post/aber: rheinische Großstädte, Industrie, ...

Entscheide bei den folgenden Begriffen über die Groß- und Kleinschreibung: die (B/b)ayerischen Alpen, (W/w)estfälische Pforte,

(S/s)ächsische Minister, (A/a)tlantischer Ozean, (S/s)panische Apfelsinen, (G/g)roßer Arber, (C/c)hinesische Mauer, (S/s)tiller Ozean, (B/b)elgische Hauptstadt, (G/g)roßer Kurfürst, (B/b)ritische Inseln, (P/p)ortugiesische Ölsardinen

▶ Lösungsteil Nr. 30

Übung 3

ai – ei:

Waisenhaus, Heim, gegenseitig, Violinsaite, beleibt, Brotlaib, Weideflächen, Rainfarn, reinlich, Laienspiel, Umleitung, leidlich, Maikäfer, meisterlich, Maiskolben, Buchenhain, geheim, Neid, Kaiserreich, seicht, Froschlaich, Leichenhalle, Gemeinschaft, Main

Schreibe die Wörter mit ai heraus und bilde davon Sätze!

Übung 4

Schwierigkeiten mit dem einfachen s:

Autobus, Bistum, Verlies, Atlas, Preiselbeere, Zirkus, Zeugnis, Kürbis, Globus, Radieschen, Diskus, Maske, Muskel, Asbest, Radius, Hindernis, Kursus, Gleis, Paradies, Geständnis

Präge dir die Wörter ein und bilde damit zusammengesetzte Hauptwörter (Autobusfahrt, Erzbistum, ...)! Bilde von den Wörtern, die mit s enden, die Mehrzahl! Bei zwei Wörtern gibt es je zwei Mehrzahlformen.

▶ Lösungsteil Nr. 31

24. Gewitterschwüle

Es ist Anfang Juli. Drückende Schwüle liegt schwer über der Stadt, und nicht der geringste Luftzug ist wahrnehmbar. Laura sitzt am weit geöffneten Fenster und schaut nach draußen. Die Straßen sind fast menschenleer. Nur Julias Großvater geht langsam im schmalen Schatten der Häuserfront. Sonst ging Laura immer, wenn sie ihre Schularbeiten beendet hatte, gern nach draußen, um mit ihren Freundinnen zu spielen. Doch heute ist es unerträglich warm auf den sonnenüberfluteten Straßen und Plätzen. Über den Dächern der Häuser und dem Asphalt der Fahrbahn flimmert und zittert die erwärmte Luft. Mohrchen, Lauras Katze, die sonst am liebsten auf dem Fenstersims sitzt, hat sich im Zimmer in die Sofaecke gekuschelt und schläft. Obwohl die geblümten Fenstervorhänge den Sonnenstrahlen das Eindringen in die Zimmer verwehrt haben, ist es überall ungemütlich schwül. Laura schaut auf das Thermometer. Die Quecksilbersäule ist bis auf 35 Grad geklettert. Da hört Laura plötzlich von draußen ein dumpfes Rumpeln. Jetzt erst bemerkt sie dicke, zerklüftete Wolkenberge, die sich über den Dächern der gegenüberliegenden Häuserreihe auftürmen und zusehends wachsen. „Na, das gibt ein heftiges Gewitter!", denkt Laura. (179 Wörter)

Übung 1

Langes ü:

Schwüle, geblümt, ungemütlich, geblüht, prüfen, Frühling, üben, Bühne, eigentümlich, Stühle, brüten, kühl, Kübel, betrübt, Übelkeit, Stübchen, führen, ungestüm, Blüte, Rüpel, Gefühl, wütend, …

Fülle die Lücken durch ü oder üh aus!

ungest____m, zerkr____meln, Gef____l, Unget____m,

gem____tlich, H____nengräber, K____lschrank, erm____det,

Geschw____r, Kirschbl____te, Windm____le, Vor____bung,

schw____l, Gem____se, Gew____l, D____nen, m____sam,

nat____rlich, Sp____rhund, Geb____r, L____gner

Arbeitshilfe: In 6 Wörtern steht *üh*.

▶ Lösungsteil Nr. 32

Übung 2

Nach Empfindungswörtern steht ein Komma:

Merkregel:
Anreden 1), Ausrufe 2) oder Ausdrücke einer Stellungnahme 3), die besonders hervorgehofen werden sollen, grenzt man mit Komma ab; sind sie eingeschoben, so schließt man sie mit paarigem Komma ein.

1) Anreden:
   Kinder, hört doch mal zu. – Du, stell dir vor, was mir passiert ist.
2) Ausrufe:
   Oh, wie kalt das ist! – Au, das tut weh! – He, was machen sie da?

aber: Oh wenn sie doch käme! – Ach lass mich doch in Ruhe!

3) Bejahung, Verneinung, Bekräftigung, Bitte
   Ja, daran ist nicht zu zweifeln. – Nein, das sollten sie nicht tun. – Tatsächlich, das ist es. – Danke, ich habe schon gegessen.

Na, das gibt ein Gewitter! – Oh, ich fürchte mich! – Ach, wir haben keine Angst! – O weh, der erste Blitz!
Schreibe ähnliche Sätze! Beachte: Oh! (alleinstehend mit h) – O weh! / Oh weh! – O nein! / Oh nein! (in Verbindung mit anderen Wörtern auch ohne h)

Übung 3
Wörter mit ph:

Asphalt, Grafit, Philosoph, Strophe, Triumph, Pharao, Physiker, Diphterie, Philipp, Phosphor, Prophet, Atmosphäre, geographisch, Alphabet, Apostroph
Bilde zusammengesetzte oder abgeleitete Hauptwörter (Substantive)!
(Bei zwei Wörtern ist auch eine Schreibung mit *f* möglich.
▶ Lösungsteil Nr. 33

Übung 4
Zusammengesetzte Mittelwörter (Partizipien):

sonnenüberflutet, sternenübersät, moosbewachsen, luftgefüllt, sturmerprobt, leidgewohnt, heimgeholt, sprachgewandt, schmerzverzerrt, kampferfahren, ferngesteuert, dankerfüllt, windgeschützt, eisgekühlt, sonnengebleicht, spannungsgeladen, rußgeschwärzt, handgewebt
Ordne den Mittelwörtern (Partizipien) passende Hauptwörter (Substantive) zu (sonnenüberflutete Felder, ...) und bilde Sätze!

25. Markttag

Schon seit den frühen Morgenstunden ist der Rathausplatz der Kreisstadt mit Verkaufsständen dicht besetzt, denn heute ist Markttag. Immer mehr Käufer beleben den Markt, sodass in den schmalen Gängen oft ein beängstigendes Gedränge und Geschubse entsteht. Jeder möchte vorteilhaft und preisgünstig seinen Wochenbedarf an Obst und Gemüse einkaufen. Groß ist das Warenangebot und kritisches Betrachten ist notwendig, um das Beste auszuwählen. Da liegen hohe Berge spanischer, italienischer oder marokkanischer Apfelsinen neben schlanken holländischen Gurken, schneeweißen Blumenkohlköpfen und anderen Gemüsearten. An manchen Tischen gibt es nur Butter, Käse, Quark und Eier, die nach verschiedenen Größen geordnet sind. An einigen Ständen können die Hausfrauen alle Arten von Fleisch und Wurst kaufen. An einer Ecke des Platzes riecht es verlockend nach geräucherten Fischen. Groß ist die Auswahl an den Fischständen. Bücklinge, Kieler Sprotten, Aale, Flundern, Schellfische und noch viele andere Fischsorten werden angeboten. Mehr oder weniger laut preisen die Verkäufer den Vorübergehenden ihre Waren an. Am lautesten können das die Obsthändler. Einer ruft schalkhaft: „Selbstgezogene Zitronen, das Stück nur zehn Cents!" Das ist nicht gelogen, denn er hat die Zitronen eigenhändig auf einem Karren vom Wagen aus hierher gezogen. Die Leute lachen. Viele von ihnen verlassen mit vollen Taschen bereits wieder den Markt. (201 Wörter)

Übung 1

sch – ch:

marokkanisch, Fleisch, Schellfisch, holländisch, Kirschkern, Büsche, Duschraum, Muschel, Asche, …
dicht, Gericht, Kirchturm, gleich, Eiche, räuchern, reich, schleichen, Pächter, Blech, gerecht, Pech, leicht, …
Setze die Reihen fort!

Übung 2

Von Städtenamen abgeleitete Eigenschaftswörter (Adjektive):

Kieler Sprotten, Königsberger Klopse, Stuttgarter Hauptbahnhof, Kölner Dom, Hamburger Hafen, Aachener Rathaus, Bielefelder Leinen
Von geografischen Namen abgeleitete Wörter auf -er (Kölner Dom) schreibt man immer groß, die von geografischen Namen abgeleiteten Adjektive auf -isch (kölnisch) schreibt man klein, wenn sie nicht fester Bestandteil eines Namens sind (Beispiel: kölnisches Bier, aber: Kölnisch Wasser).
Ordne folgende Begriffe den entsprechenden Städtenamen zu!
Zwinger, Lederwaren, Bier, Frauenkirche, Schwebebahn, Eiffelturm, Marzipan, Roland, Apfelwein, Glas, Bucht, Schloss, Heide, Bücklinge, Lebkuchen, Messe, Opernhaus, Mauer, Münster, Rheinhafen

Ulm, Kiel, Paris, Frankfurt, Lüneburg, Wuppertal, Königsberg, Bremen, Danzig, Mailand, Heidelberg, Leipzig, Nürnberg, Dresden, Jena, Offenbach, Berlin, München, Dortmund, Duisburg

► Lösungsteil Nr. 34

Übung 3

Wörter mit der Nachsilbe -ine:

Apfelsine, Mandarine, Maschine, Kantine, Rosine, Lupine, Ruine, Gardine, Margarine, Violine, Sardine, Marine, Kabine, Lawine, Limousine, Gelatine, Christine, Wilhelmine, Hubertine, Vitrine, Trichine, Turbine, Saline, Praline, Mandoline

Ordne die Wörter nach dem Alphabet und bilde zusammengesetzte Hauptwörter (Substantive)!

Übung 4

Unterscheidung von „Ware" und „wahr":

Warenhaus, bewahren, Warenzeichen, Wahrzeichen, Wahrnehmung, Warenangebot, Wahrheit, Warenprobe, wahrscheinlich, Wahrsagerin, Warenlager, wahrhaftig, Warenumsatz, Haushaltswaren, Bewährung, wahrlich, gewähren, Teigware, Währung, unwahr, Aufbewahrung, Handelsware, verwahrlost

Ordne die Wörter!

26. Der Wiesenmusikant

Peter liegt ausgestreckt auf der sonnenbeschienenen Wiese und schaut gelangweilt in den blauen Himmel. Hoch über ihm fliegen einige Schwalben. Da hört er dicht neben sich lang anhaltendes Zirpen. Vorsichtig drückt er die Grashalme zur Seite. Da erschrickt Peter. Mit einem Satz springt ihm eine Heuschrecke dicht an der Nase vorbei. „Es ist gar nicht so einfach, so ein Tierchen zu fangen!", denkt Peter. Aber endlich hält er es in der geschlossenen Hand. Es ist ein Heupferdchen mit kräftigen Sprungbeinen. Erst in der Vorwoche hat der Lehrer viel von Heuschrecken und Grillen erzählt. Am meisten hat Peter darüber gestaunt, dass Heupferdchen mit den Beinen hören können. Aus nächster Nähe kann er sich nun das Tierchen betrachten. An den Kniegelenken sieht er die dünnen Häutchen, die die Trommelfelle des Heupferdchens sind. Gern hätte Peter jetzt noch eine Fliege oder eine Raupe gefangen, um sein Heupferdchen zu füttern, denn er weiß, diese Tiere sind Fleischfresser. „Na, es wird sich lieber selbst Nahrung suchen", denkt Peter und öffnet die Hand. Mit einem weiten Sprung landet es im Gras. „Das war Weltrekord!", ruft Peter in Anerkennung dieser Sprungleistung. Bald danach hört er wieder das eintönige Zirpen. (194 Wörter)

Übung 1

k und g im Auslaut:

Sprungbein, Kniegelenk, Nahrung, flink, Zwang, Rang, rank, Balg, Buchfink, schlank, Talg, schräg, Schlingpflanze, Ehering, Messing, welk, Senklot, Getränk, Werkzeug, ...

Ergänze g oder k:

Ber____wer____, Schlin____pflanze, Geträn____, Buchfin____,

Sar____, star____, An____st, Anfan____, Trin____wasser, ar____,

Messin____, Schwun____, Hen____st, Essi____, Blin____licht,

Mar____t, Bu____, Geisterspu____, Unfu____, Flu____zeu____,

Ordne die Wörter nach ihrer Schreibweise!

Arbeitshilfe: In 8 Lücken muss *k* eingesetzt werden.

▶ Lösungsteil Nr. 35

Übung 2

eu – äu:

Heupferdchen, Häutchen, neulich, Gebäude, gräulich, Räuber, Fäulnis, Zäune, Schnäuzchen, anfeuern, versäumen, betäuben, enttäuschen, säuerlich, Bedeutung, Vogelscheuche, Täubchen, Beule, Keule, Knäuel, Säugling, treu, träumerisch, sträuben, abscheulich, äußerlich, Gemäuer, Zigeuner, Schleuse, Gesträuch, beschleunigen, verdeutschen, vergeuden, verbleuen (schlagen), Meuterei, keusch, Bräutigam, streuen, verleumden, Seufzer, Käuzchen, keuchen, Greueltat, räuberisch, äugen, Efeu, bereuen

Schreibe zu den Wörtern mit äu deren Stammwörter mit au! Zwei Wörter sind nicht ableitbar.

▶ Lösungsteil Nr. 36

Übung

Übung 3

Hauptwörter (Substantive) mit der Endung -ung:

Leistung, Anerkennung, Spannung, Kleidung, Opferung, Sicherung, Gefährdung, Schaltung, Wohnung, Verlobung, Weigerung, Beschreibung

Bilde mithilfe der Endung Hauptwörter (Substantive) aus:

übertreiben, fügen, spalten, erklären, beruhigen, schließen, befördern, bearbeiten, entlassen, stellen, schieben, anziehen, verkleiden, empfehlen, belehren, berufen, weisen, erkundigen, verschönern, schildern, beachten, unterwerfen, verletzen, vorstellen, reiben, belohnen

Übung

Übung 4

Wörter mit mm:

Himmel, Trommel, Komma, er nimmt, Versammlung, symmetrisch, Telegramm, Kommode, Kommunismus, Kommissar, verschimmelt, gekrümmt, …

Setze in die Wortlücken mm oder m ein:

Bro_____beeren, Ko_____andant, Dachka_____er,

Ka_____eradschaft, verda_____pfen, Da_____, Li_____onade,

Hi_____beere, Gewi_____el, nu_____erieren, Ru_____, Tü_____pel,

sa_____eln, Gerü_____pel, Ka_____ille, Ko_____entar, Ka_____era,

Ko_____ödie, vermu_____en, Ko_____pott, Ko_____ission

Arbeitshilfe: In 9 Wörtern steht *mm*.

► Lösungsteil Nr. 37

27. Der Sieger

Diktat

An einem schulfreien Vormittag fuhren Peter, Kevin und Erik mit ihren Rädern zum nahegelegenen Wald. Während der Sommermonate war es hier besonders angenehm und abwechslungsreich. Da sahen sie eine leere Blechbüchse an einem Baumstamm. Die könnten sie gut zum Zielwerfen nutzen, dachten sie, denn Kiefernzapfen waren genügend dafür bereit. Peter stellte die Blechdose dicht vor einen kräftigen Stamm. Von einer markierten Stelle der Waldlichtung aus wollten sie die Zielübungen beginnen, als soeben ein Eichhörnchen über die Waldwiese huschte. „Das will sich wohl die Heringsdose ansehen", meinte Peter. Behände kletterte es an einem Stamm empor und verschwand zwischen den buschigen Kiefernzweigen. „Los, Peter, wirf!", rief Erik. Doch der erste Wurf verfehlte das Ziel. Jetzt war Kevin an der Reihe. Doch er warf ebenfalls weit daneben. „So, passt auf, wie man das macht!", rief Erik angeberhaft. Doch auch sein Zapfen landete weit daneben. Doch da machte es auf einmal „klick". Verwundert schauten die Jungen und liefen schnell zur Heringsbüchse, in der tatsächlich ein Kiefernzapfen lag. Über ihren Köpfen hörten sie ein Rascheln. „Das ist der Sieger!", rief Peter und wies auf das Eichhörnchen, das neugierig zu den Jungen herunteräugte. (189 Wörter)

Übung 1

Wörter mit ee:

leer, Meer, Teer, See, Klee, Speer, Gelee, Beet, Heer, Spree, Seele, Lorbeer, Fee, Allee, Komitee, Geest, Schnee, Kaffee, verheeren, Beere, Reeder, Armee, Chaussee, Porree, Leeseite

Sammle die Fremdwörter und bilde neue Wörter!

Übung

Übung 2

Unterscheidung „leeren – lehren":

Leerung, Lehrling, ausleeren, Lehrzeit, Lehrherr, belehren, Leerzug, Realschullehrer, Leerlauf, Hauptlehrer, leer stehend, Schlosserlehre, Lehrbetrieb, Lehrgang, Leerungszeiten, lehrreich

Ergänze folgende Wörter!

Übung

Le____rmeister, entle____ren, Le____rgeld,

Briefkastenle____rung, Le____rvertrag, menschenle____r,

Le____rsatz, Le____rerstelle, le____re Stelle, Le____rjunge,

Bele____rung, Luftle____re, Schreinerle____re,

Fortsetzung Seite 56

Le____rwerkstätte, Le____rauftrag, le____rer Stuhl, Le____rstuhl, gele____rig

Arbeitshilfe: Bei 12 Wörtern fehlt *h*.

▶ Lösungsteil Nr. 38

Übung

Übung 3

Wortfeld „sehen“:

ansehen, beschauen, beobachten, wahrnehmen, spähen, besichtigen, blicken, sichten, äugen, glotzen, entdecken, erkennen, blinzeln, betrachten, anstarren, gaffen, schauen, mustern, hervorlugen, gucken, stieren, gewahren

Bilde alle möglichen Zusammensetzungen aus „sehen, schauen, gucken, blicken und spähen“!

Übung

Übung 4

Wortfamilie „fallen“:

fallen, hin-, ab-, heraus-, herunter-, hinüber-, aus-, zurück-, fort-, über-, zu-, herein-, weg-, auseinander-, be-, auf-, an-, durch-, ein-, vor-, zusammen-; Fall, Ab-, An-, Aus-, Krankheits-, Rein-, Wasser-, Un-, Über-, Zu-, Rhein-, Vor-, Zwischen-, Durch-, Rück-, Bei-; Fallobst, -schirm, -tür, -beil, -grube, -strick; Falle, Mause-; falls, not-, eben-, gleich-; Gefallen, Wohl-; fällen, ab-; Fäller, Holz-; Gefälle; Fälligkeit, Ge-; fällig, ab-, rück-, aus-, bei-, über-, schwer-, ge-

Bilde von den Zeitwörtern (Verben) Formen der Vergangenheit (Perfekt) und verwende sie in Sätzen!

28. Nachts auf dem Hauptbahnhof

Diktat

Es ist bald Mitternacht. Doch noch immer ist auf den Bahnsteigen der weiten, hell erleuchteten Halle ein reges Kommen und Gehen. Erst vor wenigen Augenblicken ist ein Eilzug mit einer schweren, wuchtigen Diesellokomotive in den Hauptbahnhof eingerollt. „Düsseldorf, Hauptbahnhof! Alles aussteigen! Der Zug endet hier! Der Schnellzug nach Aachen steht abfahrbereit auf Gleis vier!“, verkündet der Lautsprecher. Die vielen Aussteigenden streben den nach unten führenden Treppenausgängen zu. Ein Stimmengewirr schallt über den Bahnsteig. Dazwischen hört man das Zuschlagen der Wagentüren. Zwei Männer beeilen sich beim Entladen des Packwagens. Auf dem bereitgestellten Karren türmen sich die Pakete immer höher. Da kommt eins ins Rutschen und fällt mit dumpfem Aufprall auf den Bahnsteig. Ein grüner Zettel mit der Aufschrift „Bitte nicht werfen! Glas!“ ist auf diesem Paket aufgeklebt. Ein Bahnarbeiter hebt es auf und packt es wieder auf den Paketberg. Da setzt wieder das Brummen der Diesellok ein, und der Leerzug rollt fast geräuschlos aus der Halle. Bald ist auch das rote Schlusslicht im Dunkel der Nacht nicht mehr zu sehen. Bis auf einen Mann, der auf einer Bank eingenickt ist, ist niemand mehr auf diesem Bahnsteig. Hoffentlich wollte der Schlafende nicht mit dem Schnellzug nach Aachen fahren, der sich jetzt auf dem übernächsten Bahnsteig in Bewegung setzt. (207 Wörter)

Übung 1

Hauptwörtlich gebrauchte Zeitwörter (Verben):

das Zuschlagen, beim Entladen, ins Rutschen, das Brummen, beim Abfahren, das Vorzeigen der Fahrkarten, das Öffnen der Türen, beim Einsteigen beeilen, ein stetes Kommen, das Rangieren

Bilde ähnliche Zusammenstellungen zum Sachgebiet „Eisenbahn“ und verwende sie in Sätzen!

Übung 2

Hauptwörtlich gebrauchte Mittelwörter (Partizipien):

die vielen Aussteigenden, einige Mitreisende, die Wartenden, ein Schlafender

aber: die vielen aussteigenden Leute, einige mitreisende Frauen, die wartenden Kinder, ein schlafender Mann

Stelle ähnliche Gegenüberstellungen zusammen!

Übung 3

Wörter mit ent-, -ent, end- und -end:

führend, entladen, aussteigend, hoffentlich, endgültig, entstehen, Endstation, entgleisen, eigentlich, haltend, versehentlich, endlich, Endpunkt, Entwurf, wissentlich, folgend, Endbahnhof, entrollen, dröhnend, gelegentlich, Entschluss, Endziel, wöchentlich, endlos, singend, Wochenendfahrt, Medikament

Setze in folgende Wörter end *oder* ent *ein:*

nam_____lich, _____schlossen, helf_____, _____silbe,

_____geschwindigkeit, un_____schieden, fleh_____lich,

_____stufe, kämpf_____, schleich_____, _____stehung,

un_____lich, spiel_____, ord_____lich, _____lassen,

_____täuschung, Fußball_____spiel, umfass_____,

_____spannt, Präsid_____, Testam_____

Arbeitshilfe: 11 Wörter werden mit *ent* geschrieben.

▶ Lösungsteil Nr. 39

Übung

Übung 4

Zusammengesetzte Hauptwörter (Substantive):

Hauptbahnhof, Lautsprecher, Packwagen, Ausgänge, Aufprall, Schnellzug, Aufschrift, Leerzug, Nebengleis, Wartehalle, Fahrkarte, Vorsignal, Einfahrt, Schlafwagen, Fensterplatz, Gehsteig, Rolltreppen, Ferienreise, Stellwerk, Leichtmetall, Bahnbeamter

Ordne nach Art des Bestimmungswortes (Haupt-, Zeit-, Eigenschafts- oder Verhältniswort)!

29. Heimfahrt aus den Sommerferien

Diktat

Das Ende der Sommerferien stand bevor. Um eine reibungslose Heimfahrt zu ermöglichen und dem gefürchteten Stau zu entgehen, fuhren wir mit unserem Wagen einen Tag früher als beabsichtigt los. „Einschließlich der Pausen können wir in sieben Stunden zu Hause sein", meinte Vater, als wir schon frühzeitig starteten. Die Sonne schien, und wir fühlten uns wohl. Aus dem Radio hörten wir Musik und Nachrichten, die uns Urlaubsheimkehrer jedoch kaum interessierten, da sie keine Meldungen zur Verkehrslage enthielten. Aber nach dem Halt an einer Raststätte kam es ganz plötzlich. In unserer Fahrtrichtung stauten sich die Wagen, so weit man sehen konnte. Nur meterweise ging es gelegentlich ein Stückchen vorwärts. Der Verkehrsfunk berichtete vom Stau auf einer Länge von 50 km. Gut, dass wir gerade kurz vor einer Ausfahrt standen. Kurzentschlossen bogen wir auf eine Bundesstraße ab. Doch auf diese Idee waren offenbar schon viele andere gekommen. Auch hier ging es innerhalb einer Fahrzeugschlange nur im Schleichtempo vorwärts. Selten kletterte die Tachonadel über die Fünfzig, bis die Blechlawine völlig stockte. Es war zum Verzweifeln! Um der Hitze im Wagen zu entgehen, stiegen wir aus und stärkten uns in einer Dorfgaststätte. Endlich hatte sich der Stau aufgelöst. Doch erst am späten Abend erreichten wir unsere Wohnung. (206 Wörter)

Übung 1
Wortfamilie „wachsen":

wachsen, an-, zu-, ver-, zusammen-, be-, über-, heran-, nach-, aus-, ent-; Wachstum, Breiten-; Zuwachs; Erwachsene; Wuchs, Pflanzen-, Blatt-, Haar-, Zwerg-, Nach-; Auswüchse; Gewächs, Treibhaus-, Zimmer-, -haus; schnellwüchsig; wuchern, über-; Wucher, -zinsen, -preis, -geld; Wucherung

Schreibe die Wörter vollständig ab!

Übung 2
Die lateinische Vorsilbe „inter":

Interzonenzug, Interesse, Intervall, Interview, Intermezzo, international

Erkläre die Wortbedeutungen! (inter = zwischen)

Übung 3
Stätte – Städte:

Gaststätte, Sportstätte, Lehrwerkstätte – Hauptstädte, Kreisstädte, Innenstädte

Verbinde Stätte *und* Städte *mit folgenden Wörtern:*

Ruhe, Hafen, Industrie, Grab, Wirkung, vor, Übung, Opfer, Universität, groß, Arbeit, Rast, klein, Hanse, Lager, Brand, Partner, Kult, Bau, Kampf

Übung 4
Der f-Laut:

Fahrt, Ferien, Vater, Verspätung, Detlef, voll, froh, Hannover, fahlhell, fordern, verlassen, fortsetzen, vorfahren, Philosoph, Phosphor, Detektiv, Philipp, Veilchen, feilen, Physiker, Vers, sanft, Pharisäer, Ferse, Volk, verfolgen, Strophe, Torf, Grammophon, vielleicht, flott,

Grafiker, vierzig, Hafen, brav, Senf, Vogt, strafbar, Cuxhaven, Larve, Gruft, Schilf

Ordne die Wörter nach der Schreibung ihres f-Lautes (f, v, ph) und vervollständige die Wortsammlung!

Bei zwei Wörtern sind auch andere Schreibweisen möglich.

▶ Lösungsteil Nr. 40

30. Eine Autobahn wird gebaut

Quer durch die grünenden Wiesen und Felder verläuft ein breiter, brauner Streifen. Hier soll das letzte Teilstück der neuen Autobahn fertig gestellt werden. Immer wieder rollen schwere Lastwagen heran. Die einen werden mit dem Sand, der durch Raupen fortbewegt wird, beladen. Die anderen bringen Schotter von den nicht weit entfernten Steinbrüchen. Auf den Zufahrtswegen werden Staubwolken durch die schwer beladenen Fahrzeuge aufgewirbelt. Allmählich ist eine glatte Unterlage für die Autobahn geschaffen. Nun werden die Schotterberge, die am Rande der Baustelle liegen, abgetragen und gleichmäßig auf den noch weichen Untergrund verteilt. Schwere Walzen drücken das Gestein fest in den Sand. Immer neue Schichten des harten Schotters werden zusammengepresst. Schon erkennt man die Umrisse der entstehenden Autobahn. Der Grünstreifen ist durch schwere, quaderförmige Steine von der eigentlichen Bahn getrennt. Auch die Außenseiten der Straße sind bereits ebenso markiert. Große Lastkraftwagen schaffen den Asphalt herbei. Während dieser gleichmäßig durch Spezialwagen über die Bahn verstreut wird, drücken schwere Walzen die Schicht fest. Viele Wochen sind inzwischen vergangen. Das noch sperrende Band wird am Eröffnungstag zerschnitten, und die ersten Wagen rollen über die Autobahn. Sie ist für den Verkehr freigegeben und beginnt nun ihr unruhiges Dasein. (194 Wörter)

Übung 1

Wörter mit qu:

quer, quaderförmig, quälen, Quartett, quetschen, Quark, quietschen, Quarz, Äquator, quittieren, quellen, Quecksilber, einquartieren, Bequemlichkeit, quirlen, Erquickung, quadratisch

Bilde davon abgeleitete Wörter!

Übung 2

Wortfamilie „reißen“:

reißen, ab-, auf-, aus-, ein-, nieder-, um-, zer-, zurück-, Reißen, Glieder-, Reißer, reißerisch, Reißbrett, -feder, -feld, -leine, -nagel, -suppe, -verschluss, -wolf, -zeug, -zirkel, Tannen-, reißfest, Riss, Ab-, Auf-, Grund-, Mauer-, Muskel-, Seiten-, Setz-

Hast du gemerkt, dass drei Wörter nicht in diese Familie gehören?

▶ Lösungsteil Nr. 41

Übung 3

Mann – man:

Mann, Bergmann, Mannschaft, bemannt, männlich, mannbar, mannhaft, jedermann, übermannt, mannigfaltig – man, niemand, jemand

Erweitere die Wortfamilie! (ermannen, Fachmann, ...)

Übung 4

Zeitwörter (Verben) mit der Nachsilbe -ieren:

markieren, spezialisieren, explodieren, importieren, trainieren, radieren, frisieren, multiplizieren, addieren, dividieren, internieren, sortieren, kassieren, blockieren, probieren, subtrahieren

Schreibe die Wörter und setze persönliche Fürwörter (Personalpronomen) davor!

31. Sternschnuppen und der Aberglaube

In allen Tageszeitungen erschienen Artikel, dass in der kommenden Nacht massenhaft Sternschnuppen über den Nachthimmel jagen werden. Wie manche andere Leute war auch Lena davon überzeugt, dass beim Anblick von solchen Meteoren geheime Wünsche in Erfüllung gehen. Diese Himmelserscheinungen sollten in den Morgenstunden zwischen vier und fünf Uhr mit bloßen Augen gut zu beobachten sein. Um das Naturschauspiel nicht zu verpassen stellte Lena ihren Wecker. Noch etwas schlaftrunken stand sie am Fenster und blickte unablässig in den noch dunklen Augusthimmel. Fast hätte sie ihren Beobachtungsposten verlassen, um sich noch ein paar Stunden ins Bett zu legen. Der Mond war gerade untergegangen. Plötzlich flitzten in über hundert Kilometern Höhe pfeilschnell Sternschnuppenschwärme. Beim Eintritt in die Erdatmosphäre bildeten sie einen glühenden Strahl, der dort abgebremst wurde und sofort verlöschte. Das

Mädchen hatte Glück, denn nach kurzer Zeit huschten neue durch die Nacht, während Lena fest an ihren geheimen Wunsch dachte. Ob er aber wirklich durch den Anblick der sausenden Sternschnuppen in Erfüllung gehen würde? Hoffentlich war Lena nicht enttäuscht, dass diese Himmelsstrahlen ihr das ersehnte Glück nicht bringen konnten. Doch bedauert hat sie es nicht, die Sternschnuppenschwärme gesehen zu haben. (192 Wörter)

Übung 1

Wörter mit ph:

Erdatmosphäre, Katastrophe, Apostroph, triumphieren, Philosoph, physikalisch, Strophe, Phosphor, Asphalt, Saphir, Philipp

Verwende diese Wörter in Sätzen!

Übung 2

Mit Hauptwörtern zusammengesetzte Eigenschaftswörter:

pfeilschnell, schlaftrunken, schokoladenbraun, gallenbitter, kreisrund

Schreibe sinnvolle Zusammensetzungen aus:

Wiesel, Stroh, Gift, Turm, Knie, klar, sauer, hoch, grün, schwer, Zucker, Zentner, Tod, Feuer, Hauch, tief, rot, heiß, fest, traurig, Kirsch, Felsen, Stern, Essig, süß, flink, trocken, dünn!

Übung 3

g und k als Schlusslaute:

Werk, Klang, Zwerg, Trank, Buchfink, Ring, blank, Sprung, Strunk, Schrank, Abhang, flink, jung, Ding, Wink, Berg, Funk, Ausgang, Dung, Gestank, schlank, Prunk, Empfang, blank, Trunk, Vermerk, lang, Zink, Zwilling, Übung, Dank, Schwank, streng, Quark, eng, Park, Frühling, arg, Strang, Sarg, Öltank, Mark, Gesang, stark, Bank, Hering, bang

Bilde daraus Reimreihen *(Klang, bang, lang, … Trank, blank, Schrank, … flink, Zink, Wink, …)!*

Übung 4

Vorsilben er-, ver- und Verhältniswort (Präposition) „vor" mit nachfolgendem r:

errichten, erreichen, verrechnen, erröten, Erregung, Verrat, verroht, verregnen, vorragen, hervorrufen, vorrücken, erringen, verrutschen, Vorrecht, erraten, verrammeln, Vorrunde, verrühren, Vorrang, erretten, Verruf

Bilde ähnliche Wörter (verrichten, Errichtung, vorreichen, ...) und trenne sie nach der ersten Silbe!

32. Abenteuer Weltraumfahrt

Die Raumfahrt ist wohl das größte Abenteuer der Gegenwart. So ist der Flug zum Mond genauso aufregend für die Menschen wie der erste Flug über den Ozean im Jahre 1909. Millionen schauen am Fernsehgerät aus der Behaglichkeit ihrer Wohnräume den Flügen und Unternehmungen im Weltall zu. Mit gewaltigem Feuerstrahl hebt so eine Rakete langsam von der Startrampe ab, um dann rasch mit zunehmender Geschwindigkeit den Blicken zu entschwinden. Doch so ein Weltraumflug ist für die in der engen Raumkapsel eingeschlossenen Astronauten ein äußerst gewagtes Unternehmen. Zwar werden sie während vieler Monate intensiv auf die erforderlichen Verhaltensweisen in der Rakete vorbereitet, doch sind sie bei allen möglichen Schwierigkeiten sich selbst überlassen. Auch der ständige Funkkontakt mit dem Kontrollzentrum der Bodenstation kann nur Anweisungen zur Bewältigung einer aufgetretenen schwierigen Situation geben, aber nicht vor Pannen oder Misserfolgen bewahren. Durch die Entdeckung und Eroberung des Weltraums ist es möglich geworden, kosmische Schranken zu durchbrechen und in die Unendlichkeit vorzudringen. Doch das ist offenbar leichter, als auf der heimischen Erde Lebensraum für alle Menschen zu schaffen. (174 Wörter)

Übung 1
Eigenschaftswörter mit der Endung -iv:
intensiv, negativ, defensiv, aktiv, passiv, objektiv, dekorativ, positiv, subjektiv, offensiv, naiv
Setze passende Hauptwörter hinzu (intensives Arbeiten, ...)!

Übung 2
Die Vorsilbe miss-:
Misserfolge, misslingen, Missgeschick, missmutig, ...
Prüfe, vor welche Wörter du die Vorsilbe setzen kannst!
Vergnügen, Stimmung, achten, Freude, Ernte, handeln, glücken, Ruhe, raten, Dank, verstehen

Übung 3
Die Nachsilbe -bar:

offenbar, unsichtbar, spürbar, unheilbar, dankbar, sonderbar, tragbar, genießbar, fruchtbar, heizbar, versenkbar, drehbar
Verwende diese Wörter in Sätzen!

Übung 4
Bindungs-s:

Lebensmittel, beispielsweise, Ernährungsweise, Nahrungsmittel, Volksschule, Geduldsprobe, Geschichtsunterricht, Wohnungswechsel, Schiffsreise, Gerichtssaal, Bevölkerungszahl, Wirtshaus, Bestandsaufnahme
Verbinde folgende Wortpaare: Schiff – Junge, Hering – Salat, Zwilling – Schwester, Liebling – Sport, Gehalt – Zahlung, Schönheit – Fehler, Urlaub – Stimmung, Kalb – Zunge, Leben – Lauf, König – Schloss, Wohnung – Tür, Schädling – Bekämpfung, Wind – Stille, Gewicht – Abnahme, Eigenschaft – Wort, Mannschaft – Sport, Frühling – Wetter, Rat – Haus, Gesellschaft – Zimmer!
In 2 Zusammensetzungen fehlt das Bindungs-s.
► Lösungsteil Nr. 42

33. Das Computerzeitalter

Im Mittelpunkt einer neuen industriellen Revolution, die unser Leben weitgehend verändert hat, steht die Computertechnik. Die elektronischen Bestandteile eines Computers sind im Laufe seiner Entwicklung immer kleiner geworden. Hierin liegt der Hauptgrund für die enorme Ausbreitung der Computerarbeit in den letzten Jahren. Computer aller Art, vom Mikrogerät bis zum riesenhaften Zentralrechner, werden immer leistungsfähiger. Sie helfen Wissenschaftlern, Künstlern und Ingenieuren. Auch für das Bankwesen sind sie unverzichtbar geworden und kontrollieren gewaltige Geldsummen weltweit. Computer überwachen die Flüge von Raumschiffen und Flugzeugen, auch für komplizierte Untersuchungen im medizinischen Bereich werden sie genutzt. Ihre Verwendung im Unterricht hat immer mehr an Bedeutung gewonnen. Computer sind heute in den Klassen aller Jahrgänge verfügbar und helfen beim Lernen und Lehren. Viele Schüler verwenden ihn auch zu Hause zur Unterhaltung und zum Wissenserwerb. Oft kennen sich Kinder damit besser aus als ihre Eltern. Das Training, das Kinder selbst bei Spielen im Umgang mit Computern erhalten, hilft ihnen im späteren Arbeitsleben zu bestehen. (158 Wörter)

Übung 1

Wortfamilie „Training“:

trainieren, Trainer, Fußballtrainer, Trainerwechsel, Trainingsbeginn, ...

Erweitere die Wortfamilie!

Übung 2

Zusammensetzungen mit Mittelwörtern der Gegenwart (Partizipien im Präsens):

ohrenbetäubend, kraftstrotzend, haltsuchend, unheildrohend, kraftsparend, prachtliebend, heimkehrend, glückbringend, fetttriefend, sporttreibend, naturliebend, überholend

Bilde Sätze!

Übung 3

Ungleichwertige Beifügungen (Attribute):

gepresste ägyptische Baumwolle, ein großer deutscher Dampfer, neue saure Gurken, das alte Kölner Rathaus, die erste elektrische Straßenbahn

Zwischen ungleichartigen Beifügungen steht kein Komma!

Bilde ähnliche Zusammenstellungen!

Übung 4

Hauptwörtlich gebrauchte Zeitwörter (Verben):

beim Spielen, das Hinundherschlagen, nach dem Trocknen, beim Heruntergleiten, vom Reinigen, mit dem Besichtigen, das Färben, beim Weben

Verwende hauptwörtlich gebrauchte Zeitwörter (Verben) in Sätzen!

34. Felix' neuer Schachcomputer

Schon seit seinem zehnten Lebensjahr ist Felix ein begeisterter Schachspieler mit beachtlichem Können. Sogar seinen Vater hat er dabei manchmal bezwungen, der leider nur selten genügend Zeit hat. Öfter sind Klassenkameraden aus der Nachbarschaft seine Gegner, die aber stets geschlagen werden und deshalb bald die Lust am Schachspiel verlieren. Längere Zeit schon hat Felix keinen Mitspieler, und das Schachbrett steht dann ungenutzt auf seinem Regal. Der stille Wunsch des Jungen geht bereits am Geburtstag in Erfüllung. Auf dem Gabentisch sieht er zu seiner großen Freude einen Schachcomputer. Noch am gleichen Abend liest er interessiert und aufmerksam die Bedienungsanleitung durch. Dann setzt er die Figuren auf die entsprechenden Felder und schaltet das Gerät ein, das durch Batterie oder Netzstrom sofort betriebsbereit ist. In gewohnter Art setzt Felix die Eröffnungszüge, auf die das Gerät rasch reagiert. Bei jedem Zug hört man einen Piepton, und am Spielfeldrand leuchten Lämpchen auf. Felix kann nur über diese Technik staunen. So sehr er sich bemüht, bald kommt er in Bedrängnis, verliert wichtige Figuren. Mit dem Matt endet das erste Spiel. Noch recht häufig wird Felix gegen den Computer antreten. Aber ob er ihn bald einmal besiegen wird? (194 Wörter)

Übung 1

Fremdwörter mit c (Aussprache wie k):

Computer, Cover, Couch, Cowboy, Crew, Cockpit, Camembert, Caravan, Credo, Countdown, Comics, Colt, Camping, Cousine, Coca-Cola, Coach, Curry

Verwende einige Wörter davon in kurzen Sätzen!

Übung 2

„fertig" in Verbindung mit anderen Wortarten:

Als Adjektive: betriebsfertig, bezugsfertig, ...

Bei Verben:

Es kann zusammen- wie auch getrennt geschrieben werden:
fertig kochen/fertigkochen
fertig bekommen/fertigbekommen

Beachte: Es wird immer zusammengeschrieben, wenn das Wort eine **neue Gesamtbedeutung** erhält:
fertigmachen (jmdn.)
ferigbringen (schaffen)

Als Substantive: Fertigbau, Ausfertigung, Fertigkeiten, ...

Verwende auch folgende Wörter mit „fertig": Kleidung, Reise, bekommen, Gerichte, stellen, Ware, Schlüssel, bringen, Häuser, Schlag, Stellung!

Übung 3

Das lange u (meist ohne Dehnungs-h):

Figur, Spule, Stuhl, Fuhrwerk, Wut, genug, Ruhm, Frisur, jubeln, Aufruhr, Brotkrumen, Ruhrgebiet, mutig, Ruhepause, Ruine, Huhn, Trubel, Pute, blutig, Eigentum, Uhrmacher, Urteil, ...
Suche noch andere Wörter hinzu und bilde Reimreihen aus: Figur, Zensur, Garnitur, ... Ruhm, Eigentum, Reichtum, ...!

Übung 4

Schärfung durch ss:

hässlich, Wissenschaft, Masse, Essbesteck, flüssig, aufpassen, bissig, verlassen, Fassaden, abmessen, Essigwasser, Pass, wissentlich, unbewusst, Genossenschaft, massenhaft, kassieren, Kuss
Füge zugehörige Wörter hinzu! (hässlich, Hass, verhasst, hassen, ...)

35. Das erste Mal auf Skatern

Schon wochenlang beobachtete Sophie neidvoll Kinder und Jugendliche, die mit ihren Skatern schwungvoll über die asphaltierten Plätze und entlang der Straßenränder rollten. Zu gern hätte sie auch solche Rollschuhe gehabt und bat ihre Eltern schon oft, ihr sie zu schenken. Sie war überglücklich, als sie zum Geburtstag auf dem Tisch die ersehnten Skater sah. Daneben lagen außerdem lederne Polster als Schutz für Knie- und Ellbogengelenke. Sofort setzte sie sich auf den Teppich, um die Gleiter anzuprobieren. Jedoch das Aufstehen bereitete ihr erhebliche Schwierigkeiten, da stets die Beine unter dem Körper wegglitten. Mithilfe der Mutter stand sie endlich und hielt sich sicherheitshalber an der Tischplatte fest. Ängstlich stakte sie anfangs in kleinen Schritten an der Zimmerwand entlang. Als sich Sophie nun schon etwas sicherer auf den Rollen fühlte, ging sie damit ins Freie. Vor der Haustür streifte das Mädchen die Schutzpolster über Arme und Beine, und mit schon verbessertem Gleichgewichtsgefühl begann die Testfahrt. Zunächst zaghaft mit vorgebeugtem Oberkörper und mit hilfreicher Unterstützung der Mutter ging es schon ganz gut an der Häuserreihe entlang. Danach rollte Sophie selbstbewusst und stolz den Bürgersteig entlang. Das klappte prima. Doch plötzlich sprang der Dackel aus dem Nachbarhaus ihr entgegen. Da sie noch nicht bremsen konnte, endete die erste Freifahrt im Vorgarten zwischen Sträuchern und Blumen. Doch Sophie ließ sich dadurch nicht entmutigen. Nach mehrfachem Üben freute sie sich über die schon beachtlichen Rollleistungen und sah nun neidlos auf die anderen Skater. (241 Wörter)

Übung 1

Wörter mit tt:

Schrott, Fußtritt, ermitteln, erstatten, Krawatte, Otter, Wetter, Matte, Futter, Gitter, Drittel, Zettel, Bettler, schattig, platt, Mittwoch, unerbittlich, Zigarette, Quittung, Attentat, Lazarett, Bottich, Flotte, Attest, vermitteln, Rabatt, Rettich, Batterie, splittern, Parkett, Kadett, Stafette, Operette, Brikett, Florett, Tablette, verkitten, Plakette, zerknittert, Kotelett, Lotterie, sittsam

Bilde davon neue Wörter! (verschrotten, Trittbrett, ...)

Übung 2

Hauptwörter (Substantive) mit der Nachsilbe -tum:

Eigentum, Brauchtum, Königtum, Besitztum, Volkstum, Christentum, Herzogtum, Heiligtum, Fürstentum, Reichtum, Heldentum, Kaisertum, Bürgertum, Papsttum, Judentum, Priestertum, Irrtum, Bistum

Ordne die Wörter nach Sachgebieten („Religion" und „Staat")!

Übung 3

d oder t im Auslaut:

Bund, Geld, hundert, seltsam, gesamt, absolut, Fundamt, tausend, Rand, Braut, Pfand, Schild, Zelt, Erdteil, Transport, Faltboot, Wildbret, Geduld, Gewalt, Sold, Bord, Gestalt

Setze in folgende Wörter d oder t ein!

jugen____lich, En____lassung, sel____sam, Lei____tier, Unhol____,

Fal____boo____, Zel____bahn, unwissen____, blin____,

Abschie____, wöchen____lich, mona____lich, to____krank,

jensei____s, mil____, En____kampf, Kobol____, Rückgra____,

Konzer____, Spal____, Gerhar____, Wun____fieber, Gewan____,

Gur____, hei____nisch, Gewal____, grun____los, Quadra____

Arbeitshilfe: In 14 Wörtern fehlt *d*.

▶ Lösungsteil Nr. 43

Übung 4
Drei gleiche Mitlaute (Konsonanten):

Übung

Merkregel:
Man kann eine Bindestrich setzen zur Hervorhebung einzelner Bestandteile, zur Gliederung unübersichtlicher Zusammensetzungen, zur Vermeidung von Missverständissen **oder beim Zusammentreffen von drei gleichen Buchstaben**. Beispiel: Kaffee-Ersatz

Rollleistungen, Schwimmmeisterschaft, …
Damit drei gleiche Konsonanten entstehen, verbinde
Ballett, Bett, Fußball, Schiff, Wolle, Wette, Schlamm, kennen, Stamm, brennen, Schluss, Sauerstoff, Fett, Rolle, Schritt, Stall
mit Länderspiel, Mutter, Tänzer, turnen, Tuch, Lappen, Tropfen, Flasche, Satz, Fahrt, Massen, Nessel, Nummer, Laden, Tempo, Laterne!

36. Auch im Sport kein Erfolg ohne Mühen

Diktat

Wer im Sport etwas leisten will, braucht ein gewisses Maß an Härte sich selbst gegenüber, was aber auch für alle anderen Lebensbereiche gilt. Natürlich, mit Härte gegenüber Mitmenschen bringen es manche mitunter auch ziemlich weit. Man könnte eine Rangliste von Sportarten aufstellen, die den ganzen Menschen mit aller Energie erfordern. Das gilt ganz besonders für den Radsport, wenn wir an die Anstrengungen und Leiden der Rennfahrer beispielsweise bei der Tour de France denken. Zielstrebiges Trainieren und Kraftaufwendungen sind notwendig, um an der Spitze zu bleiben. Auch für die Faustkämpfer ist es oft schwer, im Boxring Prügel einzustecken, denen sie sonst nicht ausgesetzt sind. Auch beim Fußballspiel braucht man ein erforderliches Maß an Härte, wenn man bedenkt, dass bei einem kräftezehrenden Einsatz Verletzungen nicht selten sind. Häufig werden Spiele bei Wind und Wetter, sogar mitunter bei Eiseskälte auf schneebedecktem Boden ausgetragen. Nur die jungen

Millionäre der sieggewohnten Bundesligen werden manchmal auf Plätzen mit Rasenheizung verwöhnt. Aber auch in anderen Sportarten müssen Härteprüfungen durchgestanden werden. Großer Respekt gebührt den Ruderern, den Marathonläufern, den Skifahrern und den Schwimmern, wenn sie ihre Wettkämpfe durchführen. Wer im Sport etwas leisten und Meisterhaftes vollbringen will, muss die Zähne zusammenbeißen und auf manche Annehmlichkeiten verzichten! (205 Wörter)

Übung

Übung 1

„dass" leitet Nebensätze ein:

Man weiß, dass Verletzungen nicht selten sind. – Wir hoffen, dass … Es ist möglich, dass … Wir verstehen nicht, dass … Ich wunderte mich, dass …

Führe die Sätze fort und bilde eigene aus dem Bereich des Sportes!

Übung

Übung 2

Wörter mit langem a:

Schuljahr, Maar, Fahrt, Portal, Sage, klar, Haar, Vulkan, Kahn, romanisch, Mahnung, Saal

Ergänze folgende Wörter durch Einsetzen von a, ah oder aa:

schm____l, k____l, K____d____ver, P____r, Sch____le, D____lie,

verst____tlichen, Kr____n, m____ger, M____t, N____t, T____t,

w____ten, beh____rt, F____s____n, Vorn____me, Ann____me,

B____n____ne, Miner____l, Mehrz____l, Pfa____l, w____gerecht,

erm____nen, Pl____n, Blumens____men, Taufp____ten,

Fluss____l, W____rheit, S____rbrücken, W____lzettel, S____tbeet,

W____lfang, M____lzeit

Arbeitshilfe: In 18 Lücken muss *a*, in 10 Lücken *ah* und in 8 Lücken *aa* eingesetzt werden.

► Lösungsteil Nr. 44

Übung 3

Mehrzahlbildung (Pluralbildung) bei Fremdwörtern (-e):

a) ohne Umlaut: Vulkan, Autobus, Portal, Balkon, Rekord

b) mit Umlaut: Abt, Altar, Palast, General, Choral

Setze folgende Wörter in die Mehrzahl (Plural): Akkord, Admiral, Rezept, Baron, Zirkus, Kaplan, Bass, Kompass, Prozess, Orkan

Übung 4

Fremdwörter mit v:

Vulkan, Karneval, Proviant, Vase, Vatikan, Violine, Vanille, Klavier, Vision, Olive, Volontär, Veranda, Villa, Ventil, Vagabund, violett, Vitrine, November, Lokomotive, Sklave, Lava, Silvester, Universität, Konserven, Kurve, Nerven, servieren, Advent, Evangelium, Revier, oval, Revolution, Provinz, Revolver, Manöver, Oktave, Malve, Invalide, Visite, Division, Viper

V wird in Fremdwörtern wie *w* ausgesprochen, wenn es nicht am Wortende steht (Detektiv, positiv, ...).

Bilde verwandte und zusammengesetzte Wörter!

37. Am Bau der Waldameisen

Tim und Florian sind mit ihren Rädern zu einem Hochwald gefahren. Um besser beobachten zu können, schieben sie ihre Räder die lange Waldschneise entlang. Sie bleiben oft stehen und schauen, ob nirgendwo ein Reh oder sonst ein Waldtier sichtbar wird. Plötzlich krabbelt es Tim in der Kniekehle. Rote Waldameisen sind an seinem linken Bein hochgeklettert. Da merken die Jungen, dass sie genau auf einer Ameisenstraße stehen, auf der ein reger Betrieb herrscht. „Dort hinter den Fichtenstämmen ist der Ameisenhaufen!", ruft Tim. Nun stehen sie staunend vor dem Gewimmel der emsigen Insekten. Jedes Tierchen hat eine bestimmte Aufgabe zu erfüllen. Einige sind dabei, eine Schmetterlingsraupe in einen der Nesteingänge zu ziehen. Florian wundert sich, dass die Ameisen die Kraft aufbringen, größere Tiere in ihren Bau hinaufzuziehen. „Ich habe einmal gelesen", sagt Tim, „dass sie in der Lage sind, das Vielfache ihres eigenen Gewichtes zu bewegen. Außerdem sind sie nützlich, da sie eine Unmenge von Schädlingen vertilgen." Florian hätte Lust, mit einem Stock in dem Bau herumzustochern, Tim sieht das nicht gern. „Das wäre eine Rohheit!", meint er. Noch lange schauen die beiden Jungen dem Treiben der fleißigen Arbeiterinnen zu. (192 Wörter)

Übung 1

Hauptwörter (Substantive) mit der Nachsilbe -ling:

Schmetterling, Schädling, Jüngling, Lehrling, Pfifferling, Zögling, Mischling, Erstling, Bückling, Engerling, Schierling, Sperling, Sonderling

Bilde mithilfe der Nachsilbe -ling neue Wörter:

neu, stecken, prüfen, saugen, feige, Gunst, impfen, lieben, flüchten, finden, eindringen, rund, wild, Haupt, zwei, roh, weich

▶ Lösungsteil Nr. 45

Übung 2

Wortfeld „Tierwohnungen":

Bau, Höhle, Unterschlupf, Hütte, Stall, Nest, Erdloch, Kuhle, Nistkasten, Grube, Horst, Kobel, Käfig

Bilde damit zusammengesetzte Hauptwörter (Substantive)! (Fuchsbau, Kaninchenbau, ...)

Übung 3

Wörter mit bb:

Sie findest du, wenn du die Wortlücken richtig schließt. Aber in einigen fehlt pp, p oder b.

kra____eln, gro____, tri____eln, Ro____e, E____e, do____elt,

Schru____er, Schu____karre, Ho____y, ho____eln, Kra____en,

Gestrü____, Sa____at, za____eln, ba____eln, ho____sen,

kna____ern

Bei einer Wortlücke gibt es zwei Schreibmöglichkeiten.

▶ Lösungsteil Nr. 46

Übung 4

Komma am Schluss der wörtlichen Rede:

„Das ist ein Ameisenhaufen", ruft Tim. – „Vertilgen die Ameisen auch viele Schädlinge?", fragt Florian. – „Sie sind sehr nützlich", entgegnet der Junge.

Bilde ähnliche Sätze, besonders mit abschließenden Ruf- und Fragezeichen der wörtlichen Rede!

38. Der rote Räuber

Diktat

Der Wald liegt im Dunkeln, denn die Nacht ist schon hereingebrochen. Man hört das Flügelschlagen einer Eule und zugleich ihren durch Mark und Bein dringenden Schrei. Trotz der Nacht herrscht bei vielen Tieren noch keine Ruhe. Einige gehen jetzt erst im Schutz der Dunkelheit auf Jagd. Auch Reineke Fuchs verlässt, vorsichtig witternd, seinen Bau und verschwindet dann im Dickicht. Lautlos schleicht er wie auf Samtpfoten durch das Gebüsch. Nur ab und zu fällt ein Mondstrahl auf sein Fell. Plötzlich knackt es. Sofort erstarrt der Fuchs. Nur noch seine Lauscher spielen. Unhörbar saugt er die Luft in seine Nase und seine Augen funkeln beutegierig. Er hat ein Kaninchen gewittert. Tief duckt er sich in das dichte Unterholz. Das verirrte Kaninchen hoppelt ahnungslos auf Reinekes Versteck zu. Noch tiefer presst sich dieser ins Gras, sodass sein Körper den kühlen Waldboden berührt. Alle seine Muskeln sind angespannt. Hat das Kaninchen etwas bemerkt? Es stutzt und bleibt witternd auf der vom Mond beschienenen Waldwiese sitzen. Jetzt wartet Reineke nicht mehr, sondern mit mächtigem Satz springt er das ahnungslose Tier an. Erschrocken und angstvoll klingt der Todesschrei des Kaninchens. Schnell packt der Fuchs das Tier und schleppt es zum Bau.

(198 Wörter)

Übung 1

Übung

Langes i ohne Dehnungszeichen:

Kaninchen, Tiger, Bibel, Giraffe, Biber, Krokodil, Petersilie, Primel, Liter, Benzin, Linie, Kilogramm, Anis, Sirup, Prise, Maschine, Medizin, Saline, Fibel, Vitamine, Lokomotive, Terpentin, Rosinen, Stativ

Setze in die Wortlücken i oder ie ein:

Detekt____v, Verz____rung, marsch____ren, appet____tlich,

z____mlich, Kr____se, Baust____l, Blattst____l, Melod____,

Gumm____, l____fern, Masch____ne, Sch____ne, Gard____ne,

K____no, Fl____der, kl____matisch, tr____fend, W____derholung

Arbeitshilfe: In je 11 Wörter fehlen *i* und *ie*.

► Lösungsteil Nr. 47

Diktat

Übung 2
Wörter mit sk:

Muskel, Diskus, Skandal, Skandinavien, Teleskop, Skizze, skalpieren, Ski, Oskar, Maske, Skelett, riskieren, Obelisk, Skala, Skorpion, Skunk (nordam. Pelztier), skrupellos, skeptisch, Basken, Kiosk, Muskat, Eskimo, Skonto

Bilde neue Wörter! (Muskelriss, Diskuswurf, ...)

Diktat

Übung 3
Langes ü:

Flügel, kühl, berühren, Gefühl, Blüten, Ungetüm, Gestühl, Kür, Gestüt, wühlen, betrübt, Düne, Geschwür, Hüne, schwül, Führung, kühn, Gebühr, Schüler, spülen, verblüht, natürlich, sühnen, Mühle, vergüten, Gemüse, gemütlich, brüten, ausführlich, behütet, wütend, verschnüren, Brühe, früh, Grünspan, Führer, für, müde, demütig, Parfüm, Krümchen, Hühnchen, Bühne, Drüse, Kostüm, ungestüm, berühmt, Übel, bügeln, rühren

Ordne die Wörter (unbezeichnete Dehnung, hl, hm, hn, hr, silbentrennendes h)!

Diktat

Übung 4
Schreibweisen des langen ö:

Setze in die Lücken ö oder öh ein!

unh____rbar, Kr____te, H____le, Kr____nung, st____ren,

dr____nen, gew____nlich, t____richt, l____ten, M____re, ____se,

st____nen, vers____nen, gr____len, Nadel____r, Verm____gen,

Z____gling, P____bel, Man____ver, K____ler, str____men

Arbeitshilfe: In 8 Wörter muss *öh* eingesetzt werden.

► Lösungsteil Nr. 48

39. Der emsige Buntspecht

Aus der Stille des Hochwaldes tönt plötzlich ein heftiges Pochen, das sich wie ein Trommelwirbel anhört. Nach forschendem Suchen entdeckt man schließlich am Stamm einer schlanken, alten Kiefer einen Buntspecht. Durch sein schwarz-weiß-rotes Gefieder ist er deutlich zu erkennen. Mit kräftigen Schnabelhieben hämmert und arbeitet er mit Millimetergenauigkeit am Einflugloch seiner Nisthöhle. Span für Span wird aus dem rissigen, borkigen Stamm gemeißelt, sodass es auf dem Moospolster rings um die Kiefer wie in einer Schreinerwerkstatt aussieht. Das ist für den amselgroßen Vogel Schwerstarbeit. Ab und zu schnellt die lange Spechtzunge heraus, mit der der Buntspecht eine fette Made oder eine Insektenlarve aufpickt, die durch das Klopfen hervorgekommen ist. Die anstrengende Arbeit macht Appetit nach mehr. Im nahen Fichtenbestand weiß er einen großen Ameisenhaufen. Ein paar Mal stochert er in dem aus Millionen Fichtennadeln errichteten Bau herum, sodass sofort die Ameisen aufgeregt durcheinanderkrabbeln, die der rotkappige Specht mit der klebrigen Zunge aufsammelt und verschlingt. Doch von dieser Leibspeise gesättigt, fliegt er wieder zu seiner Arbeitsstätte, um den Bau der Nisthöhle zu vollenden, die manchmal fast einen Meter in den Stamm hineinreicht. (183 Wörter)

Übung 1

Wörter mit ll (Schwierigkeiten):

Propeller, Kapelle, Allee, Kellnerin, Zwilling, Metall, Porzellan, Ballade, Kristall, Parallele, Flanell, Wallfahrt, Forelle, Kastell, Marschall, Pille, Nachtigall, Schellfisch, Drillich, Zöllner, Karussell, Libelle, Ballon, Milliarde, Schnelllauf, Kamille

Bilde davon abgeleitete Wörter! (Flugzeugpropeller, Musikkapelle, ...)

Übung 2

Unterscheiden von sch und ch:

täuschen, riechen, vorsichtig, Taschenmesser, Küchenschrank, prächtig, Echtheit, rascheln, Fächer, Pächter, huschen, wischen, Blech, Gericht, Bottich, Muschel, Kranich, gerüscht, Gerücht, aufweichen, Frechheit, Schläuche, hübsch, Hecht, Köcher

Ordne die Wörter nach ihrer Schreibung (sch – ch)!

Übung 3
ss oder ß am Wort- oder Silbenende:
Vervollständige die Wörter!
Im ▶ Lösungsteil Nr. 49 stehen die Wörter mit *ß*.

Windsto___, Spa___, Pa___, bla___, Strau___, Gescho___,

Tä___chen, wei___, Ha___, Gebi___, Ku___, Ri___, Fra___,

Fu___, Flu___, na___, Klo___ Spie___, Ru___, Ba___,

Gefä___, Gru___, gewi___, Flei___, blo___, Schu___,

Schlo___, Gie___kanne, bi___chen, Schlu___, Grie___

Übung 4
Stiel – Stil:
Stiel, Apfel-, Blatt-, Blüten-, Besen-, Löffel-, Spaten-, -stich; gestielt; stielig, lang-, kurz-;
Stil, Bau-, Kunst-, Schreib-, Lauf-, -möbel, -art, -form, -blüte; stilecht, -gerecht, -voll; stilistisch, stilisieren
Schreibe die Wörter vollständig ab!

40. Geheimnisvolle Wegweiser für die Zugvögel

Jedes Jahr im Frühherbst sammeln sich viele Zugvögel auf Strom- und Telefonleitungsdrähten. Sie warten auf den richtigen Zeitpunkt zur großen Reise, die besonders zahlreiche Schwalben bis Südafrika führt. Vor allem Insektenfresser finden in unseren Breiten nicht das notwendige Futter. Da die Zugvögel bei Minusgraden nicht überleben können, überwintern sie in wärmeren Regionen. Dabei müssen sie Strapazen in Kauf nehmen, die bemerkenswert sind. Doch wie wissen die Tiere ihren Flugweg, wer gibt das Startsignal? Wie schaffen es diese Langstreckenflieger, sich nicht zu verirren? Das Geheimnis ihres meisterhaften Orientierungssinnes liegt in einer Kombination vieler Kleinigkeiten. Ältere Vögel benutzen die Eindrücke und Erfahrungen der vorausgegangenen Flüge. Offensichtlich hilft dabei das Wiedererkennen bestimmter Landschaftsbilder. Auch der Lauf der Sonne dient genauso als Wegweiser wie die Sternbilder oder das Magnetfeld der Erde. Wie sich die gefiederten Flugmeister allerdings einzeln auf ihrem weiten Flugweg verhalten, ist noch weitgehend unklar. Halten sie sich an genaue Tagesstrecken? Wo sind ihre Zwischenaufenthalte? Weichen sie manchmal von der Flugroute ab, weil Witterungseinflüsse das erfordern könnten? In mühsamer Forschungsarbeit werden sicherlich einige der vorhandenen Geheimnisse geklärt werden können, doch vieles wird noch ein Rätsel bleiben. (188 Wörter)

Übung 1
Fremdwörter mit ou:

Flugroute, Ouvertüre, Bergtour, Nougat, Couch, Limousine, Potpourri, Roulade, Bouillon, Journalist, Roulett, Cousin

Ergänze zu diesen Wörtern die deutsche Bedeutung (Route – Richtung, Strecke, ...)!

Übung 2
Schreibweise der Tagesnamen:

am Donnerstag, der nächste Samstag, zum Sonntag, an einem Feiertag, des Sonntags, am Freitagabend, in der Sonntagnacht, Mittwochvormittag, Dienstagmittag, Donnerstagnacht – sonntäglich, werktags, donnerstags, freitags abends, mittwochs früh

Bilde zusammengesetzte oder verwandte Wörter und ordne sie ebenfalls nach der Schreibweise!

Beachte: Tagesnamen und Tageszeiten werden kleingeschrieben, wenn sie als Umstandswort (Adverbien) gebraucht werden (freitags – aber: am Freitag).

Übung 3
Unterscheidung von b und p:

Herbst, hauptsächlich, Gips, hübsch, Knirps, einkapseln, Rebhuhn, Raps, Propst, Abtei, Papst, einstöpseln, September, hopsen, Reptil, Dompteur, Optiker, Obdach, Krebs

Setze b oder p in die folgenden Wörter ein:

Reze____t, Sie____, Oberhau____t, Rau____tier, Schna____s,

Ka____lan, Schwäbische Al____, der____, Lau____baum, tau____,

Kla____s, Re____u____lik, Klem____ner, gro____, Rollmo____s

Arbeitshilfe: Je 8-mal fehlen *b* und *p*.

▶ Lösungsteil Nr. 50

Übung 4

Lautverbindung gs – ks – cks:

allerdings, links, Klecks, Pfingsten, rücklings, Koks, knacksen, längst, anfangs, hinterrücks, blindlings, Häcksel, ängstlich, ringsumher, neuerdings

Ordne die Wörter nach Art ihrer Lautverbindung!

41. Pucki, der Wellensittich

Seit einigen Monaten gehört Pucki, ein gelbgrüner, munterer Wellensittich, zur Familie. Wenn er auch anfangs ziemlich scheu war, ist er doch allmählich recht zutraulich geworden. Bald hatte er mit allen Familienmitgliedern Freundschaft geschlossen. Sein bester Kamerad ist aber ein kleiner Spielzeugvogel aus Kunststoff, der im Käfig an einer der hölzernen Sitzstangen befestigt ist. Oft ist Pucki damit beschäftigt, ihn liebevoll zu füttern oder ihm Küsschen zu geben. Jeden Tag bekommt der Wellensittich frische Körner in seinen Futternapf, und ein- oder zweimal in der Woche wird neuer Sand in seinen Käfig gestreut. Zur Steigerung seines Wohlbefindens planscht Pucki häufig in seinem Badehäuschen, dass das Wasser nach allen Seiten spritzt. Damit er auch die notwendige Bewegung bekommt, darf er täglich einige Male seinen Vogelkäfig verlassen und im Zimmer umherschwirren oder auf Schränken und anderen Möbeln entlangspazieren. Wenn man ihn mit seiner Vogelpuppe oder einem Apfelstückchen anlockt, fliegt er auf die Hand und lässt sich die Federn kraulen. Neulich hat sich Pucki aber bei seinem Zimmerausflug sehr erschrocken. Als er an den isolierten Kabeldrähten der Deckenlampe herumknabberte, zischte plötzlich eine kleine Stichflamme heraus. Entsetzt flüchtete er in sein Vogelghaus und schimpfte wie ein Rohrspatz. Seitdem meidet er jede Berührung mit dieser Hängelampe, denn durch Schaden wird auch ein Wellensittich klug. (210 Wörter)

Übung 1

Komma zwischen Hauptsätzen:

Jeden Tag bekommt der Wellensittich neues Futter, und ein- oder zweimal wöchentlich wird frischer Sand in den Käfig gestreut. – Plötzlich zischte eine Stichflamme, und Pucki flog entsetzt davon. Gern – planscht der Vogel in seinem Badehäuschen, und das Wasser spritzt dabei nach allen Seiten.

Zwischen Hauptsätzen steht in der Regel kein Komma, wenn sie durch ein Bindewort (und, oder, ...) verbunden sind. Man kann aber ein Komma setzen, um die Gliederung der Satzverbindung zu verdeutlichen.

Schreibe solche Satzverbindungen!

Übung 2

Der Beisatz wird von Kommas eingeschlossen:

Puck, ein munterer Wellensittich, gehört zur Familie. – Die Zugspitze, der höchste Gipfel Deutschlands, ist 2964 m hoch. – Berlin, die ehemalige Reichshauptstadt, ist nun wieder Regierungshauptstadt. – Lena und Simona, zwei gute Freundinnen, verbrachten ihre Ferien gemeinsam.

Bilde selbst solche Sätze!

Übung 3

Wörter mit mm:

Zimmer, bekommen, Versammlung, Kommandant, Programm, Kommission, Trommler, unbestimmt, grimmig, Klammer, Krümmung, Kümmel, symmetrisch, Telegramm

Setze in die Wortlücken mm oder m ein:

Ka_____eradschaft, Ka_____er, Gerü_____pel, schi_____lig,

Ka_____in, Gesa_____theit, Hi_____beeren, Ka_____era,

kü_____erlich, sta_____eln, Sa_____t, Dro_____edar, Zi_____t,

Autogra_____, stu_____, tra_____peln, Ko_____entar, Nu_____er,

verschli_____ern, ja_____ervoll

Arbeitshilfe: In 10 Lücken fehlt *mm*.

▶ Lösungsteil Nr. 51

Übung 4
g oder ch:
Wellensittich, Vogelkäfig, notwendig, beschäftigt, neulich, Kranich, Zeisig, Herzog, Habicht, Predigt, Docht, arg, Burgtor, König, ölig, örtlich, zeitig, Storch, sorglos, Pfennig, Pfirsich, Honig, heilig, Essig, Rettich, Zwerchfell, Zwerghühner, schräg, Teppich, ruhig, Kuchenteig
Ordne die Wörter nach ihrer Schreibweise mit g oder ch!

42. Im Hafen

Die großen Welthäfen wie Hamburg oder Rotterdam sind das Ziel von Passagierdampfern und Frachtschiffen aus allen Erdteilen. Beim Einlaufen eines Schiffes prüft zunächst die Hafenpolizei die Schiffspapiere und die Ladung. Auch der Hafenarzt kommt an Bord und achtet darauf, dass keine ansteckenden Krankheiten aufgetreten sind. Erst wenn alles in Ordnung ist, wird das Schiff mithilfe eines Lotsen sicher durch die Hafeneinfahrt gesteuert. Schlepper ziehen den Ankömmling in eines der Hafenbecken, wo er dann mit Tauen an der Kaimauer festgemacht wird. Riesige Kräne, die auf Schienen entlangrollen, heben die schweren Container oder Maschinen und Fahrzeuge aus dem Rumpf des Frachters. Für leichtere Lasten genügen die auf dem Schiff befindlichen Ladebäume. Während des Ausladens bringen Hafenarbeiter schon neue Waren zum Abtransport herbei. Alles muss schnell gehen, denn für jede Stunde müssen Hafengebühren entrichtet werden. Manchmal wird die Fracht sofort auf kleinere Binnenschiffe umgeladen. Aus Sicherheitsgründen muss so ein Ozeanriese nach langer Reise in einem Dock gründlich überholt werden, bevor er erneut auf weite Fahrt geht. (165 Wörter)

Übung 1
Wörter mit ai:
Kai, Container, Trainer, Kaiser, Saite, Emaille, Waisen, Laich, Mai, Main, Laien, Hain, Mais, Rain
Verbinde diese Wörter mit den folgenden alphabetisch geordneten Wörtern!
Baum, Buche, Farn, Feld, Frosch, Fußball, Haus, Inhalt, Instrument, Käfer, Kinder, Mauer, Monat, Mündung, Reich, Spiel, Schüssel, Thron, Ufer, Violine, Zeit

Übung 2
Zeitwörter mit der Nachsilbe -ieren:
transportieren, dirigieren, spazieren, radieren, markieren, gratulieren, fotografieren, ...
Bilde in Zeitwörter um: Telefon, Probe, Zensur, Operation, Dressur, Studium, Frisur, Garantie, Komponist, Kur, Galopp, Skizze, Reserve

Übung 3
Schreibweisen des langen o:
Lotse, überholt, hohl, bevor, Rohr, empor, Ozean, Moos, Kohle, Alkohol, Verbot, Moorgebiet, Schrot, belohnen, Boot, Ohr, Ozon, Bohnen, Zoo, Kohl, Zitronen, Stroh, Humor, Mohn
Versuche jeweils zwei dieser Wörter in einem Satz unterzubringen!

Übung 4
Schreibweise der Tageszeiten:
am Sonntagnachmittag, den ganzen Nachmittag, nachmittags, heute Nachmittag, von gestern früh bis übermorgen Nachmittag, sonntags nachmittags, zum frühen Nachmittag
Schreibe ähnliche Zusammenstellungen mit anderen Tageszeiten und verwende sie auch in Sätzen!

43. Fußball auf der Mattscheibe

Niklas und sein jüngerer Bruder Philipp hocken vor dem Fernsehgerät, das sie soeben eingeschaltet haben. Sie wollen die Fußballspiele in der Sportschau sehen. Aber es ist noch ein paar Minuten Zeit bis zum Sendebeginn. „Toll, dass wir hier im Zimmer die Bundesligaspiele in Ausschnitten mitbekommen! Wie ist das eigentlich möglich?", fragt Philipp. Durch den Physikunterricht weiß Niklas Bescheid und versucht zu erklären: „Fernsehkameras und Mikrofone geben Bild- und Tonaufnahmen zum Übertragungswagen. Von dort werden sie zum Sendehaus gefunkt. In den Fernsehkameras wird dabei jede Aufnahme in mehrere hundert Zeilen zerlegt, die aus vielen Bildpunkten bestehen. Je nach seinem Helligkeitsgrad wird jeder einzelne Punkt in einen mehr oder weniger starken Stromstoß umgewandelt. Elektrische Wellen, die sich nach allen Richtungen ausbreiten, tragen die Bildpunkte und Töne als Stromstöße zum Sendehaus. Aus den Fußballkämpfen werden die interessantesten Spielabschnitte ausgewählt, die dann auf den Bildschirmen erscheinen sollen. Die Antennen fangen die Stromstöße auf und geben sie an die Fernsehgeräte weiter. Hier werden die Stromstöße wieder in helle oder dunkle Punkte umgewandelt, aus denen sich auf der Mattscheibe das Bild ergibt." Interessiert hat Philipp zugehört. Aber jetzt gilt seine ganze Aufmerksamkeit der beginnenden Sportschau. (193 Wörter)

Übung 1

Wörter mit nn:

Sendebeginn, Kenntnis, Mannschaft, Gewinn, Branntwein, verrinnen, Zinn, spannend, Trennung, sinnlos, Kolonne, Tonnage, Stanniol, Pfennig, Antenne

Setze in die Wortlücken nn oder n ein:

Eri____erung, I____, i____haltlich, I____enseite, I____dien,

fi____ster, Fi____land, Verba____d, verba____en, ma____chmal,

ma____haft, jema____d, Fußballma____schaft, Ka____te,

erka____t, Milchka____e, kö____en, Kü____stler, Baumri____de,

Wasserri____e, verbre____en, Bra____dstiftung, Spi____e,

Gespe____st

Arbeitshilfe: In 13 Lücken fehlt *nn*.

▶ Lösungsteil Nr. 52

Übung 2

Wörter mit ss:

interessiert, Kassierer, zuverlässig, Verfassung, Gewissen, Rasse, massieren, Passage, bissig, Flüssigkeiten, zerrissen, Vermessung, Interesse, lassen, Sparkasse, unwissend, anfassen, rassig, passieren, Bissen, Massage, abmessen, rissig, zerflossen

Je 2 Wörter gehören zu einer Familie. Suche sie heraus und schreibe sie auf!

Übung 3
Wörter mit langem i:

Bundesliga, Fußballspiele, er gibt, verschwiegen, Bibel, Lieferung, Klima, Lawine, Liter, radieren, Oliven, niedrig, ihnen, Gardinen, ihr, wir, ziemlich

Setze in die Wortlücken i oder ie ein:

K____lometer, Betr____b, Kan____nchen, Viol____ne,

garn____ren, N____te, Fl____der, verl____ren, Ölsard____nen,

schm____ren, Tar____f, Benz____n, Zw____bel, erw____dern,

S____b, Juwel____r, d____r, Pr____mzahl, Rad____schen,

Fantas____, Vent____l

Arbeitshilfe: 10 Wörter werden mit *i* geschrieben.

▶ Lösungsteil Nr. 53

Übung 4
Komma zwischen Haupt- und Relativsatz:

Die Jungen hocken vor dem Fernsehgerät, das sie soeben eingeschaltet haben. – Die Stromstöße werden wieder in viele Punkte umgewandelt, aus denen sich auf der Mattscheibe das Bild ergibt. – Die Sportschau bringt Übertragungen von den Bundesligaspielen, für die sich viele interessieren. – Wir schreiben dem Onkel, der verreist ist. – Ich traf den Mann, der uns die Zeitung bringt. – Beim Laufen siegte das Mädchen, das im Nachbarhaus wohnt.

Schreibe ähnliche Sätze, aber beachte, dass das bezügliche Fürwort (Relativpronomen) so nah wie möglich bei seinem Beziehungswort steht, da sonst Sinnwidrigkeiten entstehen können. Beispiel: Der Mann suchte ein einfaches Zimmer mit Bett, Tisch und Schrank, in dem er auch Besuch empfangen kann. (Im Schrank?)

44. Beim Apotheker

Diktat

Schon seit Jahren erledigte Leonie alle Besorgungen für die Eltern flink und gewissenhaft. Eines Tages wurde sie zur Apotheke geschickt, um Kamillen- und Pfefferminztee zu holen. Diesmal musste sie allerdings etwas warten, denn in der Apotheke standen schon mehrere Männer und Frauen, um Arzneimittel für Kranke zu kaufen. Auf Rezepten waren die Arzneien aufgeschrieben, die die Kranken bekommen sollten. Die Apotheker entnahmen den Regalen und Schubfächern die erforderlichen Döschen, Fläschchen und Tuben. Leonie staunte, dass die verschiedenen Arzneimittel in den großen Schränken und hohen Regalen so schnell gefunden werden konnten. Nun war sie an der Reihe. „Ich möchte bitte je 100 Gramm Kamillen- und Pfefferminztee!", sagte Leonie. Lächelnd antwortete der Apotheker: „Kamillenblüten und Pfefferminzblätter kannst du bekommen, jedoch den Tee musst du selbst herstellen." Am nächsten Tage wurde für den erkrankten Großvater Nierentee benötigt. Zufälligerweise wurde Leonie vom selben Apotheker bedient. Sie musste an gestern denken: „Ob er auch heute diese Bemerkung macht? (155 Wörter)

Übung

Übung 1

Wörter mit th:

Apotheke, Thron, Theater, Thermometer, Katharina, athletisch, Kathedrale, Bibliothek, Thema, Asthma, Äther, Diphtherie, Katholik, Korinthen, Hyazinthe, Forsythie, Martha, Edith, Zither, Elisabeth, Thomas, Theodor, Thüringen, Lothringen, Ruth, Prothese, Theologe, Lothar, Mathilde, Katheder, Ethik, Kathete, Hypothek

Schreibe die Eigennamen heraus und bilde von den übrigen Wörtern abgeleitete oder zusammengesetzte Hauptwörter (Apotheker, Thronfolger, ...)!

Übung

Übung 2

Wörter mit ff:

Pfefferminz, Kaffee, Riff, hoffentlich, Griff, Schaffner, Haff, Pantoffel, schlaff, treffen, Stoff, Schliff, Büffel, Affe, Offizier, Puffer, Pfiff, Offensive, Hoffart, Kartoffel, Giraffe, Waffeln, öffnen, Raffinesse, Muff, schnüffeln, Trüffel, Löffel, Kniff, Erschaffung, Scheffel, Karaffe, Griffel, knuffen, straff, Koffer, kläffen, Ziffer, bewaffnen, aufriffeln, betreffs, Raffinerie, Chauffeur

Ordne die Wörter nach dem Alphabet! Sammle die Fremdwörter!

Übung 3

Der Ergänzungsstrich:

Kamillen- und Pfefferminztee; Textil- und Eisenindustrie; Laub- und Nadelwald; Leder-, Stoff- und Basttaschen; Wohn-, Schlaf- und Arbeitszimmer

Suche weitere Beispiele und verwende sie in Sätzen!

Übung 4

Wortfeld „Behälter":

Dose, Tube, Flasche, Schachtel, Netz, Pokal, Korb, Fass, Tiegel, Pfanne, Vase, Büchse, Tasche, Sack, Trog, Truhe, Becken, Schüssel, Glas, Kelch, Becher, Tasse, Kanne, Karton, Eimer, Kiste, Kästchen, Bottich, Beutel, Topf, Schale, Krug, Tüte, Wanne, Hülse, Mappe, Tonne, Koffer, Lade, Kapsel, Tank, Gefäß, Mörser, Fach, Bowle, Ampulle, Tresor, Boiler, Kanister, Kassette

Ordne (Behälter für Flüssigkeiten – Behälter für feste Gegenstände)!

45. Hilfsaktion für die Kinder in Kolumbien

Der neue Religionslehrer war zwei Jahre in den Elendsgebieten Kolumbiens tätig gewesen. Nun erzählte er im Unterricht von den Not leidenden Kindern in den Andendörfern. Lehrer und Schüler aller Klassen waren gern bereit schnell zu helfen. Nach vielfältigen Überlegungen fasste man den Entschluss, den Schulchor dafür einzusetzen. Mädchen und Jungen probten für das Singen, das an einem Samstagvormittag auf einem günstigen Platz an der Hauptstraße der Stadt stattfinden sollte. Ein großes Transparent wies auf die Darbietung des Chores und der Instrumentalgruppe hin. Lehrer und Schüler baten Passanten und Zuhörer um eine Spende für die kolumbianischen Kinder. Mit Spannung wurden die Sammelbüchsen geleert und der recht beachtliche Geldbetrag gleich seiner Bestimmung überwiesen. Nach kurzer Zeit schon erhielt die Schule ein Dankschreiben. Eine Ordensschwester berichtete, wie sie von dem Geld zusätzliche Nahrungsmittel und Kleidung für die ihr anvertrauten Kinder beschaffen konnte. Dieser Brief gab der Schule den Auftrieb, sich für weitere Hilfen einzusetzen. (157 Wörter)

Übung 1
Stadt – Statt:

Hauptstadt, Kreisstadt, Vorstadt, Stadtrat, … Werkstatt, stattfinden, Bestattung, Grabstätte

Verbinde die folgenden Wörter mit Stadt oder Statt (Stätte)!

Kampf, klein, Arbeit, Handel, Grenze, Gast, Theater, Geburt, Hafen, Direktor, Lager, Ruhe, alt

Übung 2
Tod – tot:

Tod, -feind, -sünde; todblass, -ernst, -krank, -sicher-, -bringend, -unglücklich; Totschlag, -geburt; totschießen, -treten, -quälen, -lachen, -stellen, mause-

Fülle bei folgenden Wörtern die Lücken aus:

To____sünde, to____, tö____lich, to____fahren, to____müde,

to____schlagen, to____geweiht, to____quetschen, to____stechen,

scheinto____, to____matt, To____schläger, to____getreten,

to____bereit, to____bleich, Herzto____, to____wund,

to____gesagt, to____arbeiten

Arbeitshilfe: In 9 Lücken muss *d* eingesetzt werden.

► Lösungsteil Nr. 54

Beachte, dass die zusammengesetzten Zeitwörter (Verben) mit *tot*, die zusammengesetzten Eigenschaftswörter (Adjektive) meist mit *Tod* gebildet werden!

Übung 3
Eigenschaftswörter (Adjektive) mit den Nachsilben -ig, -lich und -isch:

medizinisch, großflächig, unzählig, stattlich, sterblich, gebieterisch, verständlich, ewig, himmlisch, selig, seelisch, veränderlich, heilig, vergänglich, neblig, regnerisch, ölig, wollig, bläulich

Bilde von folgenden Wörtern mithilfe der genannten Nachsilben Eigenschaftswörter (Adjektive):

Reich, Teufel, Hölle, Sünde, Welt, Mensch, Gott, Vater, trauern, Tod, sterben, Gefahr, Heil, grün, Gewalt, Majestät, Herr, krank, Kirche, Erde, Sturm
Bei zwei Wörtern passen je zwei Nachsilben.
▶ Lösungsteil Nr. 55

Übung 4
Zusammensetzungen mit Mittelwörtern der Vergangenheit (Partizipien im Perfekt):
fortgestellt, zurückgelassen, ferngelenkt, handgemalt, sternenbedruckt, sichergestellt, warm gehalten, aufgeschreckt, heimgezahlt, schuldbewusst, kampferfahren, sieggewohnt, schmerzverzerrt, eisgekühlt, windgeschützt, naturverbunden
Bilde Sätze, in denen diese Wörter als Beifügungen oder als Teile der Satzaussage verwendet werden (Die sieggewohnte Mannschaft … Die Mannschaft ist sieggewohnt.)!

46. Die wertvolle Briefmarke

Vor Jahren hatte Frank viele Briefmarken geschenkt bekommen, die sein Onkel doppelt hatte. Nun waren sie beide eifrige Briefmarkensammler. Natürlich hatte der Onkel in seinem Album bedeutend mehr und auch viel wertvollere Marken, denn er sammelte schon seit seiner Jugend. So gab es manche Seite in seinem Album, die lückenlos mit bunten Marken bedeckt war. Auch viele altdeutsche Marken besaß der Onkel, die zu den Seltenheiten europäischer Briefmarken gehören. Eine alte sächsische Marke hatte einen Katalogwert von fast tausend Euro. Wieder einmal durfte sich Frank die Briefmarkensammlung seines Onkels ansehen. Diesmal war er allein im Zimmer. Da lockte es ihn, die seltene sächsische Marke herauszunehmen. Er glaubte, dass seinem Onkel das Fehlen einer Marke nicht auffallen würde. „Wie schön wird diese Marke in meinem Album aussehen!“, dachte Frank. Vorsichtig nahm er sie heraus und legte sie sorgfältig in sein kleines Einsteckalbum. „Der Onkel hat so viele wertvolle Marken!“ Mit diesem Gedanken wollte er sein aufbegehrendes Gewissen beruhigen. Aber es gelang ihm nicht. Es wollte sich auch keine rechte Freude über den kostbaren Besitz einstellen. Selbst nachts fand Frank keine Ruhe. Zwei Tage später brachte er die seltene Sachsenmarke zurück. Erleichtert kehrte er heim. Es war ihm, als ob eine Zentnerlast von seiner Seele gefallen wäre. (208 Wörter)

Übung

Übung 1

Von Ländernamen abgeleitete Eigenschaftswörter (Adjektive):

europäisch, sächsisch, deutsch, französisch, italienisch

Bilde die zugehörigen Eigenschaftswörter (Adjektive):

Russland, China, Spanien, Portugal, Österreich, Polen, Dänemark, Griechenland, Rom, Tibet, Afrika, Mexiko, Persien, Westfalen, Bayern, Schlesien, Ostpreußen, Neuseeland, Sizilien, Korsika, Israel, Sibirien

Übung

Übung 2

s oder z im Auslaut:

Franz, nachts, Klebefalz, ebenfalls, Hans, Pelz, Hals, Schmalz, Schmerz, Erz, Salz, Kranz, Glanz, Puls, Herz, abends, Schwanz, links, bereits, Pfefferminz, anfangs, morgens, Milz

Ordne die Wörter nach ihrem Auslaut und setze in die folgenden Wortlücken s oder z ein:

Prin____, vergeben____, Fel____, Konkurren____, Gip____,

Quar____, Pil____, Klap____, Har____, Schnap____, recht____,

Wirt____haus, Gewür____, Rap____, kur____, Stur____,

zeitleben____, Tran____port, Scher____, Gan____, ergän____t,

Mal____, Glan____, al____

Arbeitshilfe: Je 12-mal müssen *s* und *z* eingesetzt werden.

▶ Lösungsteil Nr. 56

Übung

Übung 3

Mehrzahlbildungen (Pluralbildungen) bei Fremdwörtern mit -en:

a) Die Endung -en wird angehängt: Rektor, Doktor, Inspektor, Motor, Insekt, Architekt, Diamant, Juwel, Typ, Plastik, Fabrik, Portion, Verb

b) Die Endungen -us, -a, -um werden gegen -en ausgetauscht: Album, Museum, Aquarium, Basilika, Radius, Drama, Thema, Rhythmus, Kollegium, Veranda, Villa, Skala, Prisma, Ministerium, Regatta

Übung 4

Wörter mit pp:
doppelt, Rappen, Kappe, Läppchen, Appetit, galoppieren, Schlepper, Teppich, schlapp, Steppe, Gerippe, Appell, knapp, ruppig, Stoppuhr, Apparat, struppig, Truppe, geschnappt
Ergänze folgende Wörter mit pp oder p:

Wa____en, Ra____s, Kli____en, La____land, Tem____el, Schli____s,

umkla____en, stru____ig, kna____, Pu____ille, Ka____elle,

A____otheke, Ka____itän, Viehko____el, Klum____en,

schna____en, o____erieren, Pro____eller, Stö____sel, Ka____e,

Ka____sel, sto____elig, Ka____ital, Pa____e

Arbeitshilfe: In 11 Lücken muss *pp* eingesetzt werden.
► Lösungsteil Nr. 57

47. Tierfreunde

In Daniels Klasse haben sich viele Jungen und Mädchen zu einer Gruppe zusammengeschlossen. Sie wollen Helfer der im Winter hungerndcn Tiere sein. Diese Aufgabe erfullt sie so, dass sie ihre gesamte Freizeit dafür opfern. In den letzten Tagen haben sie bereits ein Dutzend Futterhäuschen für Vögel gebastelt und an günstigen, ruhigen Stellen im Freien aufgebaut. Klugerweise haben die Kinder ihre Hilfsgemeinschaft schon im Herbst gegründet, sodass damals schon mit dem Sammeln von Sonnenblumenkernen und anderen Samen für die Vogelfütterung begonnen werden konnte. Außerdem haben sie schon Säcke voll Eicheln, Bucheckern und Kastanien für die Wildfütterung gesammelt. Sobald die erste dichte Schneeschicht den Waldboden bedeckt, werden sie unter Anleitung des Försters die Baumfrüchte an die Rehe verfüttern. Vorläufig haben sie noch eine andere vorbereitete Aufgabe. Die Mädchen haben Rindertalg erhitzt. In das flüssige Fett schütten sie Hanf- und Sonnenblumenkerne und gießen es dann in leere Blumentöpfe. Nun besitzen sie viele Futterglocken, die sie an den Bäumen befestigen können. Meisen und Finken werden in futterarmer Zeit hier die notwendige Nahrung finden und dem Hungertod entgehen. Auf ihre Arbeit dürfen die jugendlichen Tierfreunde mit Recht stolz sein. (186 Wörter)

Übung 1

Unterscheiden von äu und eu:

Futterhäuschen, vorläufig, Scheune, Bäume, Tierfreund, Schleuse, Zäune, Leumund, sträuben, eingezäunt, Gräuel, keuchen, Knäuel, abscheulich, Seufzer, betäuben, Käuzchen, Bedeutung, verträumt, Säule, verräuchert, beschleunigen, Keule, kräuseln, verbeult, Säure, Häuptling, leugnen

Ergänze folgende Wörter durch äu oder eu:

Hasenk____le, Kr____ter, vertr____mt, ern____ern,

übersch____men, Bel____chtung, Glockengel____t, L____tnant,

Bed____tung, verstr____t, s____fzen, Bet____bung, Spr____,

Beschl____nigung, Schl____se, F____erwehr, ____ter, m____tern,

____ßerlich, Vergnügungsst____er, erb____ten, gl____big,

Vers____mnis, ber____en, t____er

Arbeitshilfe: 8 Wörter werden mit *äu* geschrieben.

▶ Lösungsteil Nr. 58

Übung 2

Dass-Sätze:

Die Aufgabe erfüllt sie so, dass sie ... Sie haben eine Hilfsgemeinschaft gegründet, sodass sie ... Er betrat den Raum, ohne dass ... Alle befürchteten, dass ... Sie sparten, sodass ... Sie gaben sich Mühe, ohne dass es ... Sie wissen, dass ...

Bilde Sätze mit den Bindewörtern (Konjunktionen) dass, sodass, ohne dass!

Übung 3

recht – Recht:

Er hat recht. Wir haben recht behalten. Das ist nicht recht. Es geschieht ihm recht! – Er ist im Recht. Sie sind mit Recht stolz. Von Rechts wegen müsste er arbeiten. Er hat nichts Rechtes gelernt. Er sucht sein Recht.

Bilde Sätze mit folgenden Begriffen und Redewendungen: recht/Recht haben, recht/Recht bekommen, es ist recht und billig, es einem recht machen, rechtzeitig, rechtfertigen, ohne Recht, im Recht sein, nach Recht und Gewissen, ein Recht haben, zu Recht bestehen, Recht finden, mit Recht!

Übung 4

end-, -end oder ent- und -ent:

endgültig, jugendlich – entschließen, eigentlich

Vervollständige die Wörter mit „end" oder „ent"!

wöch______lich, ______los, un______schieden, lach______,

un______lich, hoff______lich, ______setzlich, Präsid______,

Pokal______spiel, wiss______lich, ______haltung, kämpt______,

fleh______lich, Testam______, ______lassen, ______lich,

schrei______, ______schluss, Wochen______fahrt, bltt______

► Lösungsteil Nr. 59

48. Die große Sternenwelt

In den klaren, frostigen Winternächten funkeln und glitzern die Sterne am allerschönsten. Es ist, als ob sie uns Grüße aus fernen Welten zublinzeln wollen. Unzählbar sind die Sterne, denn je länger wir zum Himmel aufblicken, desto mehr vermögen wir von ihnen zu erkennen. Wer ein gutes Fernglas besitzt oder sogar die Möglichkeit hat, einmal auf einer Sternwarte durch ein Fernrohr zu blicken, der wird viele Sterne sehen, die er mit bloßem Auge nicht wahrnehmen kann. Allein in der Milchstraße, die sich wie ein großes, breites Nebelband quer über den Nachthimmel hinzieht, gibt es Milliarden von Sternen. Die Fixsterne sind zu Sternbildern zusammengefasst, da man sie so am besten einteilen kann. Das bekannteste Sternbild ist der Große Wagen. In seiner Nähe blinkt der Polarstern. Wer nachts in seiner Richtung wandert, wird durch ihn nach Norden gewiesen. Die Entfernung zu den Sternen übersteigt bei weitem unser Vorstellungsvermögen. Der erdnächste Fixstern ist der Sirius, der aber auch noch 8,5 Lichtjahre von uns entfernt ist. Wenn wir wissen, dass das Licht innerhalb einer Sekunde achtmal den Erdäquator umkreisen kann, können wir uns keine Strecke vorstellen, für die ein Lichtstrahl mehrere Jahre benötigt. Hier stehen wir staunend vor der Größe des Universums. (200 Wörter)

Übung 1
Wortfamilie „kennen“:

kennen, er-, be-, aus-, aner-, ver-; erkenntlich; erkennbar; kenntlich; kennerisch; kennzeichnen; Kenner, -blick, -miene; Kennwort, -zeichen, -zeichnung, -karte; Kenntnis, -nahme, Menschen-, Sprach-, Be-, Er-, Fach-; Kenntlichmachung; Erkenntlichkeit; Erkennbarkeit; bekannt, er-, ver-, aner-, ge-; Bekannte; Bekanntschaft, -machung, -gabe; bekanntlich; bekanntermaßen

Ordne nach der Art der Vorsilben (erkennen, Erkenntnis, ...)!

Übung 2
Zusammensetzungen und Wortgruppen mit Mittelwörtern der Vergangenheit (Partizipien im Perfekt):

zusammengefasst, vorübergefahren, heruntergefallen, auseinandergegangen, ausgesperrt, hausgehalten, Rad gefahren, handgearbeitet, selbst gemacht (selbstgemacht), aufgebaut, vorgestellt, ferngesteuert, eisgekühlt

Ordne nach Art des Bestimmungswortes (Hauptwort, Verhältniswort, ...) und bilde Sätze, in denen die Mittelwörter Beifügungen oder Teil der Satzaussage sind!

Übung 3
dass – das:

1. Bindewort (Konjunktion): Wir wissen, dass ... Ich hoffe, dass ... Er befürchtet, dass ... Sie vermuten, dass ... Niemand glaubte, dass ... Du sagtest gestern, dass ...

2. Geschlechtswort (Artikel): das Sternbild, das Jahr, das Licht, …
3. Rückbezügliches Fürwort (Relativpronomen): Das Kind, das … Das Band, das …
4. Hinweisendes Fürwort (Demonstrativpronomen): Das geht nicht! Das ist der Sieger!

Schreibe noch mehr Beispiele und bilde Sätze!

Übung

Übung 4
Wörter mit dem x-Laut:

Fixstern, Wechsel, Praxis, rücklings, Koks, Wachs, Max, Achsel, Text, Gewächs, Klecks, Textilwaren, Büchse, rings, links, schnurstracks, Examen, Alexander, knicksen, flugs

Setze in die Wortlücken x, chs, cks, ks oder gs ein:

Ke______, verwe______eln, E______istenz, He______e,

Schi______sal, ______ylofon, Eide______e, O______e, La______,

kra______eln, unterwe______, bo______en, Dei______sel,

Ple______iglas, Dre______ler, A______t, rücklin______,

zwan______weise, Sa______en, Ma______imum, A______e,

Kni______, Lin______kurve

Arbeitshilfe: Je 8-mal müssen *x* und *chs*, je 2-mal *cks* und *ks* und 3-mal *gs* eingesetzt werden.

▶ Lösungsteil Nr. 60

49. Vorbereitender Krippenbau

Diktat

Allmählich wird es Zeit, mit dem Krippenbau zu beginnen. Schon bei unseren letzten Herbstwanderungen haben wir dafür Rindenstücke, bunte Steine, Binsen und verschiedene Äste gesammelt. Aus dem Walde holen wir noch Moos und einige Kiefernzweige. In diesem Jahr wollen wir unsere Krippe etwas umgestalten oder ganz erneuern. In der vergangenen Weihnachtszeit haben wir bei anderen

Krippen manches Schöne gesehen und Anregungen bekommen, die wir nun verwerten können. Die langen Winterabende sind zum Basteln günstig. Jeder gibt sich viel Mühe, eine recht schöne Krippe herzustellen. Zunächst sägen wir die gesammelten Äste so zurecht, dass sie sich wie bei einem Fachwerkhaus zusammenfügen lassen. Über die Zwischenräume der Rückwand und der Seitenflächen kleben wir in der Längsrichtung unsere Rindenstücke. Das Dach bilden wir aus Stroh oder Binsen. Kurz vor Weihnachten belegen wir es noch mit einigen kleinblättrigen Efeuranken. Als Untergrund suchen wir ein passendes Brett, das wir olivgrün anstreichen oder dicht mit Moos belegen. Dazwischen legen wir Steine als Felsblöcke und stellen Kiefernzweige als Bäumchen auf. Neben dem Stall befestigen wir Binsengräser und anderes Grün, das wir noch im Wald finden. Wer will, bemalt Packpapier mit grauen Farben und befestigt es als Felsenwand im Hintergrund des Stalles. Am Heiligen Abend werden dann die Krippenfiguren aufgestellt. (204 Wörter)

Übung 1

Wörter mit langem ä:

allmählich, zunächst, sägen, unfähig, Weizenähre, quälen, Eisbär, Prämie, Sämann, erklären, gähren, ernähren, Fährmann, Rätsel, nämlich, während, Mähne, jährlich, zähmen, Kapitän, Träne, abschälen, Mähdrescher, Lähmung

Schreibe die Wörter heraus, die sich nicht von einem mit a geschriebenem Wort ableiten lassen!

Übung 2

Zusammengesetze Eigenschaftswörter (Farbenbezeichnungen):

olivgrün, zitronengelb, karminrot, marineblau, seegrün, mausgrau, schokoladenbraun, zinnoberrot, lichtgrün, schiefergrau, weinrot, preußischblau, zartrosa, himmelblau, moosgrün, kaffeebraun, smaragdgrün, orangerot, hellbraun, purpurrot, schwarzbraun, dunkelgrün, scharlachrot, kanariengelb, blaugrau

Ordne nach den Grundfarben!

Übung 3

Wortfamilie „heilen“:

heilen, ver-, ab-, an-, aus-, zu-; heilbar, -los, -sam, -kräftig, -kundlich; Heil, -kunde, -pflanze, -anstalt, -butt, -kräuter, -praktiker, -and, -sgeschichte, -verfahren, -mittel, -ung, -quelle, Seelen-, Un-; heilig,

-mäßig; heiligen; Heiligsprechung, -tum, -keit, -abend; - Großschreibung: Heiliger Abend, Heiliger Geist, ...
Ordne nach Wortarten!

Übung 4
k – ck – kk:
Ranken, Fachwerk, verwelkt, Balkon, Paket, Rückwand, Stücke, Felsblöcke, Packpapier, wackeln, Akkord, Makkaroni, Akkumulator, ... (kk nur in Fremdwörtern)
Setze in die Lücken folgender Wörter k, ck oder kk ein:

Di____tat, Bal____on, Fli____zeug, ungeschi____t, A____ordeon,

Li____ör, Ra____ete, Politi____, ti____en, Techni____, Geni____,

Sa____o, Fabri____, Pla____at, geschma____voll, fle____ig,

A____ordarbeiter, Gepä____, Schla____e, Maro____o, Re____tor,

musi____alisch, a____urat

Arbeitshilfe: In 10 Lücken fehlt *k*, in 8 *ck* und in 5 *kk*.
▶ Lösungsteil Nr. 61

50. Der Wald kommt in die Häuser

Bereits gestern Abend wurde eine Menge Christbäume beim Gärtner abgeladen. Die meisten Bäume sind Fichten, die aus den Wäldern des Sauerlandes stammen. Sie haben eine weite Reise zurückgelegt und lehnen nun in dichter Reihe am hohen Drahtzaun der Gärtnerei. Allmählich stellen sich die ersten Käufer ein. Kritisch betrachten sie einen Baum nach dem anderen. Es dauert oft lange, bis die Leute einen passenden, gut gewachsenen Christbaum gefunden haben. Der eine ist ihnen zu groß, der andere zu klein, der dritte zu schmal und der vierte zu breit. In der ersten Zeit ist ja auch noch genügend Auswahl vorhanden. Dann aber wird das Aussuchen schon schwieriger, da oft nur noch ungleichmäßig gewachsene Bäume übrig geblieben sind. Es gibt wohl kaum ein Haus in unserem Land, für das nicht ein Christbaum zum

Weihnachtsfest beschafft wird. Zunächst stehen sie noch schmucklos in einer Hof- oder Gartenecke, damit sie frisch bleiben. Doch es dauert nicht mehr lange, bis sie in Ständer geschraubt und in die Weihnachtszimmer gestellt werden. Das Schmücken der Christbäume ist für viele Menschen eine Beschäftigung, die sie in stiller Freude verrichten. Gemeinsam mit der Krippe wird der Christbaum zum hauptsächlichen Blickpunkt während der Weihnachtszeit, besonders wenn er im Lichterglanz das ganze Zimmer erhellt. (208 Wörter)

Übung 1

Zusammensetzungen mit Mittelwörtern der Gegenwart (Partizipien im Präsens):

silberglänzend, grünschimmernd, wutschnaubend, teilnehmend, wohlmeinend, glückbringend, siegbringend, wärmespendend, zeitsparend, spielbestimmend, kraftstrotzend, gleichbleibend

Suche ähnliche Wortzusammensetzungen und ordne sie nach Art des Bestimmungswortes (Hauptwort, Eigenschaftswort)!

Übung 2

Groß- und Kleinschreibung von Zahlwörtern (Numeralien):

Der eine Baum ist zu groß, der andere ist zu klein, der dritte zu schmal und der vierte zu breit. – ein paar tausend Euro – Tausende von Zuschauern – Heinrich der Erste – eine Drei – das Zehnfache – ein Viertel – ein Zehneuroschein – zwölfmal – zweitausenddreihundertfünfzig (Ausschreiben von Zahlen in Buchstaben bei Formularen des Geldverkehrs) – ein halbe Million

Schreibe andere Zahlwörter!

Übung 3

Wörter mit pp:

Krippe, Apparat, Kuppe, Klapptisch, doppelt, stoppen, Teppich, Treppchen, trippeln, schlapp, Appetit, galoppieren, Steppe, Grippe, Rippen, Stoppelfeld, Sippschaft, Pappe, zappelig, Schleppzug, foppen, umkippen, schippen, suppig, Koppel, ruppig, tippen

Ergänze folgende Wörter durch pp oder p:

Kom____onist, Ka____itel, ta____en, verdo____elt, Gru____e,

hum____eln, A____rikose, zerlum____t, Ta____ete, Tru____en,

Ku____el, Schna____s, Ka____elle, A____etit, Li____e, Ka____ital,

a____elieren, anko____eln, absto____en, ra____eln, ta____sen,

Ste____decke

Arbeitshilfe: In 12 Lücken muss *pp* eingesetzt werden.

▶ Lösungsteil Nr. 62

Übung 4

Schreibweisen des langen ä:

Setze in den Wortlücken ä oder äh ein:

allm____lich, w____rend, Kapit____n, h____misch, ____re,

Ger____te, G____rung, ____nlichkeit, g____nen, sch____men,

M____ne, Tr____ne, F____rte, sch____len, z____men, str____nig,

W____rung, Sch____del, n____mlich, S____mann, ____ther,

Gef____rten, Geb____rde, M____rchen, Schl____fe, unf____ig,

S____gesp____ne, Verr____ter, Aff____re, Rheinf____re,

Font____ne, Pr____mie

Arbeitshilfe: In 13 Lücken fehlt *äh*.

▶ Lösungsteil Nr. 63

3. Diktate und Übungen für das 9. und 10. Schuljahr

51. Flachlandtiroler in den winterlichen Alpen

Diktat

Seit Wochen bereitete sich die neunte Klasse auf den Skiaufenthalt in Tirol vor, hatte schon emsig gespart und für die erforderliche Bekleidung gesorgt. Endlich war der ersehnte Tag gekommen. In einer Nachtfahrt erreichten die Mädchen und Jungen mit dem Bus am nächsten Morgen das Alpengebiet. Schneebedeckte Berghänge glitzerten verheißungsvoll in der Sonne. Trotz der durchwachten Nacht blickten die Jugendlichen hellwach auf die Winterlandschaft. Viele von ihnen sahen zum ersten Mal die Berge. In zügiger Fahrt erreichten sie kurz hinter Innsbruck ihr Ziel in Tirol. Lauter Dreitausender ragten steil und majestätisch rings um das Jugendgästehaus, das für eine Woche ihr Quartier war. Gleich nach der Zimmerzuweisung wurden noch am Vormittag jedem Teilnehmer die Skier angepasst, und dann ging es schnurstracks auf das Übungsgelände. Nach praktischen und anfangs noch recht zaghaften Rutschpartien nicht ohne Körperkontakte mit der weichen Schneedecke steigerte sich das Stehvermögen und die Sicherheit auf den Brettern. Mit Begeisterung überstanden die Mutigeren schon beachtliche Strecken in einwandfreier Technik. Gleich nach dem Mittagessen drängten alle wieder nach draußen. Bald schafften sie die Strecke bis zum zweihundert Meter tiefer gelegenen Sessellift, der sie bequem wieder zum Ausgangsplatz beförderte. Nur schade, dass die Tage des Skiaufenthaltes so schnell vergingen. (200 Wörter)

Übung

Übung 1

Der s-Laut:

verheißungsvoll, Sessellift, ließen, Ausgelassenheit, Glas, gießen, draußen, Ungewissheit, verlässlich, Grießklöße, bisschen, lästig, lässig

Setze in die Lücken folgender Wörter s, ss oder ß ein:

Pa___tete, Pa___tor, Alpenpa___, verpa___t, Fa___ade,

Weinfa___, Verfa___ung, fa___t (beinahe), gefa___t,

Fa____tnacht, wi____begierig, bewu____tlo____,

Unwi____enheit, Wei____heit, Karo____erie, ro____tig,

ru____isch, ru____ig, Ru____land, Geno____enschaft,

genie____en, Genu____, pu____ten, Kürbi____, bi____chen,

Imbi____, Kroku____, Kü____ter, Dre____ur, Sportdre____,

Dre____den, grie____grämig, Grie____brei,

Gro____ (12 Dutzend), Grö____enwahn, fri____tgemä____,

gemä____tet, Me____ing, Me____opfer

Arbeitshilfe: In 16 Lücken fehlt *s*, in 20 *ss* und in 5 *ß*.

► Lösungsteil Nr. 64

Übung 2

Schärfung mit nn (mit 3 Schreibfehlern):

Bekannte, abbrennen, erkenntlich, gerinnen, Mannschaft, niemannd, Branntwein, Antenne, Tonnage, Tunnel, Kannister, Handwerksinnung, Feuersbrunnst, Stanniol, besinnlich

Suche die drei fälschlich mit nn geschriebenen Wörter heraus!

Kontrollmöglichkeit im Lösungsteil Nr. 65.

Übung 3

Schärfung mit tt:

Mittagsmahl, Lebensabschnitt, Herrgott, Bettler, Zigarette, quittieren, Fischkutter, Marionettentheater

Setze in die Lücken folgender Wörter tt, th, dt oder t ein:

Gi____arre, Bru____o, Ma____ema____ik, Industriesta____,

Gesan____er, Klarine____e, Nouga____, kri____isch, ermi____eln,

Re____ich, Hagebu____e, Schli____schuh, Kabare____,

Fortsetzung Seite 100

Wildbre____, A____est, Li____era____ur, Parke____fußboden,

Wi____we, verwan____, Werksta____, Dri____el, Zi____erspieler,

Kapi____el, Ka____arina, Scho____land, Kilowa____, Edi____,

Gewan____heit, Jü____land

Arbeitshilfe: In 13 Lücken fehlt *tt*, in 10 *t* und in je 4 *th* und *dt*.
▶ Lösungsteil Nr. 66

Übung 4
Komma vor erweiterten Grundformen (Infinitiven):

Nun drängte es sie nach draußen, um die Skier auszuprobieren. – Lerne leiden ohne zu klagen! – Er vertrödelte die Zeit anstatt zu arbeiten. – Es ist ratsamer vorzusorgen als später Mangel zu leiden. – Um sich ein Tonbandgerät zu kaufen, sparte Franz schon seit einigen Wochen. – Ohne sich ordentlich zu waschen, ging sie zur Schule.

Merkregel:
Infinitivgruppen grenzt man mit Komma ab,
1) wenn sie mit *um, ohne, statt, anstatt, außer, als* eingeleitet sind.
   Sie öffnete das Fenster, **um** frische Luft hereinzulassen.
2) wenn der Infinitiv von einem Substantiv (Nomen) abhängt.
   Er fasste den **Plan**, heimlich abzureisen.
3) wenn der Infinitiv von einem Verweiswort abhängt.
   Lotta **liebt** es, lange auszuschlafen.

Bilde ähnliche Sätze!

52. Der Mensch in der Schöpfung

Aus den Gesteinsarten und Schichten der Erdkruste haben Forscher und Wissenschaftler das Alter der Erde auf etwa 5 Milliarden Jahre geschätzt. Mannigfaltige Arten von Pflanzen und Tieren, die größtenteils längst ausgestorben sind, haben zunächst spärlich, dann aber in üppiger Fülle die Erdoberfläche belebt. Erst ganz zum Schluss dieser langen Entwicklungsgeschichte entstand der Mensch. Die Zeitspanne von der Entstehung menschlichen Lebens bis zur Gegenwart ist, gemessen an der Entwicklungsgeschichte der anderen Lebewesen, sehr kurz. Könnte man von der Gesamtentwicklung der Erde einen Film herstellen, der eine Vorführzeit von 30 Stunden erforderte, so zeigte er erst in der letzten Minute die Entwicklung des Menschen. Eine längere Zeit könnten die 500 Jahrtausende, die vom ersten Auftreten des Menschen bis zur Gegenwart vergangen sind, in diesem Film nicht beanspruchen. In diesem verhältnismäßig kurzen Zeitraum hat sich der Mensch den Erdball erobert und sich alle anderen Lebewesen dienstbar gemacht. Ausgestattet mit Geist und freiem Willen, hat er Staunenswertes vollbracht und sich zum Beherrscher der Erde emporgearbeitet. Dennoch bleibt er seinem Schöpfer für all sein Tun und Lassen verantwortlich. (178 Wörter)

Übung 1

Zusammengesetzte Umstandswörter (Adverbien):

größtenteils, verhältnismäßig, zunächst, seinerzeit, außerordentlich, glücklicherweise, einstmals, überall, abseits, vielmals, schlimmstenfalls, keineswegs, deswegen, mittlerweile, nimmermehr, beizeiten, demnach, vorhin, dorthin, wochentags, zuweilen, manchmal, keinesfalls, allerdings, kurzerhand, allzeit, andernfalls, trotzdem, beinahe, einstweilen, herunter, zeitlebens, kopfüber, gegenüber, mitunter, irgendwohin, dazwischen, demnach, dreimal, heimwärts, allerorts

Ordne nach Umstandswörtern (Adverbien) der Zeit, des Ortes, der Art und Weise und des Grundes!

Übung 2

Als Hauptwörter (Substantive) gebrauchte Zeitwörter (Verben):

vom ersten Auftreten, für all sein Tun und Lassen, das Forschen, das Herstellen des Filmes

Wandle die im Diktat vorkommenden Zeitwörter (Verben) in Hauptwörter um und bilde damit Sätze innerhalb des Sachgebietes „Mensch"!

Übung 3

Wortfeld „Menschengruppen":

Volk, Rasse, Gesellschaft, Verein, Stamm, Sippe, Mannschaft, Gemeinde, Kaste, Orden, Sekte, Gemeinschaft, Kongregation, Belegschaft, Konzern, Kollegium, Familie, Fraktion, Partei, Bürgerschaft, Ensemble, Kompanie, Spielschar, Klub, Besatzung, Gewerkschaft, Staffel, Bande,

Genossenschaft, Verband, Union, Liga, Bruderschaft, Freundeskreis, Jugendgruppe, Aktionäre, Verwandtschaft, Horde, Innung, Klasse

Bilde zusammengesetzte Hauptwörter (Volksstamm, Aktiengesellschaft, ...)!

Ordne die Begriffe nach politischen, wirtschaftlichen und religiösen Vereinigungen!

Stelle Arten von Gemeinschaften und Gesellschaften zusammen!

Übung 4

Herr – her – Heer:

Herr, Rats-, Guts-, Haus-, Bau-, Dienst-, Landes-, -lichkeit; Herrscher; Beherrschung, Selbst-; Herrschaft, Vor-, Dienst-; Herrgott; -swinkel, -schnitzer; Herrenschnitt, -pilz, -sitz; herrenlos; herrschen, be-, vor-; herrisch, -lich

her, -ab, -vor, -ein, -aus, -auf, -unter, -um, -über, -nieder, -nach, -kommen, -schauen, ... Hersteller, Herkunft, ...

Heer, Kriegs-, Reiter-, Volks-, Land-, -führer, -bann, -schar, -lager, -schau; Heeresstraße, -flieger; verheeren (ebenfalls von „Heer" abgeleitet: Herzog, Herberge, Herold, Hermann, Herbert)

Schreibe die Wörter vollständig ab und führe die Reihe mit her fort!

53. Das Wesen des Menschen

Der Mensch ist die Krone der Schöpfung. Er unterscheidet sich von allen anderen Wesen der Erde grundlegend durch seinen Geist. Zwar kann man den Geist weder sehen noch hören und auch nicht mit anderen Sinnen wahrnehmen. Dennoch ist er eine Wirklichkeit, die durch Reden und Handeln des Menschen deutlich wird. Unser gesamtes menschliches Wesen empfängt von ihm seine eigentliche Prägung. Aufgrund des Geistes ist jeder Mensch ein einmaliges, selbstständiges Geschöpf, das jedoch nur in der Gemeinschaft voll lebensfähig ist. Der Wert des einzelnen ist davon abhängig, wie weit er bereit ist, seine Fähigkeiten in den Dienst der Gemeinschaft zu stellen. Weil der Mensch einen Leib besitzt, braucht er eine Fülle materieller Güter. Diese stehen ihm aber nicht unmittelbar zur Verfügung; er muss sie oft durch harte Arbeit erwerben. Auf diese Weise erfüllt der Mensch mithilfe seines Körpers und Geistes göttlichen Auftrag, indem er sich die Erde untertan macht, eine Vielfalt von Werten schafft und somit selbst zum Schöpfer wird. Diese Schaffenskraft, die der Mensch aufgrund eines Geistes und seines Willens besitzt, erhebt ihn weit über alle anderen Lebewesen. (182 Wörter)

Übung 1

Gleitelaut -t vor der Nachsilbe -lich:

eigentlich, hoffentlich, ordentlich, versehentlich, gelegentlich, kenntlich, …
aber: morgendlich, unendlich, feindlich, …
Setze in folgende Lücken d oder t ein:

aben____lich, wissen____lich, jugen____lich, namen____lich,

flehen____lich, unvermei____lich, öffen____lich, befrem____lich,

en____lich, vermein____lich, stün____lich, grün____lich,

verstän____lich, wesen____lich

Arbeitshilfe: In 8 Wörtern muss *d* eingesetzt werden.
► Lösungsteil Nr. 67

Übung 2

d oder t als Auslaut:

grundlegend, Ebenbild, Wert, Jahrtausend, Feind, Entwicklung, Pfad, Heimat, Planet, verantwortlich, …
Ergänze folgende Wörter durch Einfügen von d oder t:

Spin____, lei____lich, Brann____wein, Gedul____, en____gültig,

Hor____, Gewal____, Bran____stelle, En____fernung,

jugen____lich, nieman____, blin____, bal____, Splin____,

öffen____lich, sei____lich, En____spur____, blon____, sel____sam

Arbeitshilfe: In 11 Lücken muss *d* eingesetzt werden.
► Lösungsteil Nr. 68

Übung 3

Wortfamilie „Mensch“:

Mensch, Un-, Über-, Mit-, Ur-, Gott-, Gemüts-, Natur-; -werdung, -heit, -lichkeit; Menschenrasse, -schicksal, -werk, -rechte, -paar, -leben, -würde, -umgang, -wille, -verstand, -bild, -kraft, -gedenken, -sohn, -gestalt, -menge, -masse, -alter, -affe, -feind, -kenner, -freund, -tum, -scheu, -herz, -raub; menschlich, un-, über-; menschenmöglich, -würdig, -freundlich, -feindlich, -scheu; entmenscht

Schreibe die Wörter vollständig ab und erweitere die Wortfamilie (menschenunwürdig, vermenschlichen, ...)!

Übung 4

Das Semikolon (der Strichpunkt):

Materielle Güter stehen ihm aber nicht unmittelbar zur Verfügung; er muss sie oft durch harte Arbeit erwerben. – Der Mensch ist die Krone der Schöpfung; durch seinen Geist überragt er alle anderen Wesen der Erde. – Der Mensch ist bemüht, sich die Erde untertan zu machen; damit erfüllt er den göttlichen Auftrag.

Merkregel:

Mit dem Semikolon kann man längere Hauptsätze, die gedanklich zusammengehören, oder Wortgruppen voneinander abgrenzen. Das Semikolon trennt stärker als das Komma und weniger als der Punkt.

Im Hausflur war es still; ich drückte erwartungsvoll auf die Klingel.

Unser Proviant bestand aus Fleisch, Speck und Schinken; Ei- und Milchpulver; Reis, Nudeln und Grieß.

Schreibe derartige Satzverbindungen!

54. Nur ein Menschenleben

Die gegenwärtige Zeit ist reich an aufsehenerregenden Ereignissen. Aus allen Teilen der Erde dringen täglich Nachrichten durch Funk, Fernsehen und Presse in unsere Wohnungen, lassen die Menschen aufhorchen, lösen manchmal Freude aus, beunruhigen und bestürzen aber auch recht oft. Meldungen von Unfällen und Katastrophen erregen Anteilnahme und von Herzen kommendes Mitgefühl. Fast tagtäglich erreichen uns Nachrichten von Verkehrsunfällen, Flugzeugabstürzen und Grubenunglücken, von blutigen Unruhen und Kämpfen, bei denen häufig viele Menschen zu Tode kommen. Infolge dieser ununterbrochenen traurigen und erschütternden Meldungen besteht leicht die Möglichkeit, dass die Menschen sich an derartige Nachrichten gewöhnen und gegenüber Elend und Tod ihrer Mitbürger abstumpfen und teilnahmslos werden. Als in einem Vorortbahnhof ein Fernschnellzug in eine rangierende Lokomotive hineinraste, war ein erheblicher Sachschaden entstanden, zwölf Personen wurden verletzt, und der Lokomotivführer konnte nur noch tot aus den Eisentrümmern geborgen werden. – Werden angesichts einer solchen Meldung nicht viele Leute nüchtern denken: „Nur ein Menschenleben!" Im Verkehrsgewoge, in den Arbeitsstätten und allen anderen Bereichen des Lebens hält der Tod oft reiche Ernte. Katastrophen, die eine Vielzahl von Todesopfern forderten, sind bereits nach wenigen Wochen vergessen. Was wiegt da noch der Tod eines einzelnen? Jedoch hinterlässt der Tod eines Menschen stets eine Lücke, denn jeder Mensch ist ein einmaliges Wesen und nicht in gleicher Weise zu ersetzen. (213 Wörter)

Übung 1

Tod – tot:

Tod, -sünde, -feind; todernst, -traurig, -müde, -wund, -elend; tot, -stechen, -trampeln, -schießen, -stellen, schein-, …

Setze in die Lücken d oder t ein:

to____schlagen, to____matt, To____geburt, to____krank,

to____geweiht, tö____lich, scheinto____, to____lachen,

to____geglaubt, mauseto____, to____arbeiten

Arbeitshilfe: In 7 Wörter muss *t* eingesetzt werden.

▶ Lösungsteil Nr. 69

Übung 2

Städte – Stätte:

Arbeitsstätte, Werkstätte, Opferstätte, …

Großstädte, Landeshauptstädte, Küstenstädte, …

Verbinde folgende Wörter mit Stätte oder Städte:

Klein, Ruhe, Sport, Schulung, Hafen, Industrie, Kampf, Gast, Brand, Handel, Geburt, Pflege, Opfer, Kreis, Lager, Grenze, Schlaf, Grab, Haupt, Garnison

▶ Lösungsteil Nr. 70

Übung 3

Wortfamilie „leben“:

leben, ab-, auf-, sich aus-, be-, dahin-, er-, sich ein-, nacher-, über-, ver-, vor-, weiter-, wiederbe-; lebendig; lebensfroh, -fremd, -fähig, -tüchtig, -voll, -wahr, -wert, -wichtig, -widrig, -erfahren, -echt, -nahe, -groß, -länglich, -gefährlich, -müde; lebhaft, -los; leichtlebig, schnell-; Leben, Menschen-, Vor-, Ab-, Hunde-, Schul-, Berufs-, Stadt-, Nacht-, Pflanzen-, Wirtschafts-, Familien-, Dorf-, Er-, Tier-; Lebensgefahr, -abend, -gefährte, -freude, -wandel, -führung, -gemeinschaft, -lauf, -beschreibung, -frage, -weise, -art, -abschnitt, -stellung, -mittel, -versicherung, -ende, -unterhalt, -lage, -saft, -bild, -retter, -raum, -weg, -licht, -entscheidung, -größe, -regel, -kraft, -frage, -nähe, -nerv, -standard, -geister, -haltungskosten, -wahrheit, -ziel, -kampf, -mut, -recht, -dauer, -wille, -jahr, -lust, -zeichen, -zeit, -baum, -erwerb, -alter; Lebewesen, -mann, -wohl; Lebzeit, -tag, -kuchen, -haftigkeit

Schreibe die Wörter vollständig ab und erstelle auch ein Wortfeld zu „leben“ (existieren, auf der Welt sein, vegetieren, …)!

Übung 4

Schärfung mit ss:

Ereignisse, Presse, vergessen, Karussell, Geldkassette, passiv, Leitersprossen, hessisch, abmessen, Dressur, Gewissen, …

Fülle die Lücken folgender Wörter durch Einsetzen von ss, s oder ß:

fe____eln, Fe____tung, flü____ig, flü____tern, Flo____e,

flie____end, Streu____elkuchen, Preu____en, Rü____el,

Gerü____t, Wei____blech, Verwei____, Intere____e, re____tlos,

wä____rig, verge____lich, Me____gesang, Me____ner,

Verme____enheit, unablä____ig, Krei____el, ri____ig,

verbla____en, Sü____igkeiten, mei____tens, Pri____ma,

Mei____el, kurzfri____tig, Kompa____e

Arbeitshilfe: In 11 Wörtern fehlt *s*, in 13 Wörtern *ss* und in 5 Wörtern fehlt *ß*.

▶ Lösungsteil Nr. 71

55. Der Lebensraum der Menschheit

Diktat

Nach dem gegenwärtigen Stand der Forschungen ist anzunehmen, dass das Ursprungsland der Menschheit in Asien gelegen hat. Viele Wissenschaftler meinen, die menschliche Urheimat wäre das Gebiet zwischen Euphrat und Tigris gewesen, da dort für die Lebensmöglichkeiten der Menschen wahrscheinlich schon früh genug besonders günstige Gegebenheiten bestanden. Neuerdings behaupten einige Forscher, Südafrika sei das Ursprungsland der Menschheit, da sie in einigen Funden hier die ältesten menschlichen Reste zu erkennen glaubten. Auf jeden Fall kommt dafür nur ein Gebiet in Frage, in dem die Entwicklung der Menschheit durch Klima, Bodenart und Lage begünstigt wurde. Man nimmt an, dass auf vorgeschichtlichen Landbrücken die Einwanderung in andere Erdteile erfolgte. Sicherlich waren die durch die Eiszeit hervorgerufenen Temperaturstürze und andere Störungen Ursache für diese gewaltigen Wanderbewegungen in neue, ferne Lebensräume, in denen völlig andere Lebensbedingungen herrschten. Durch klimatische und geologische Unterschiede, durch andere Ernährungsweise und Lebenshaltung bedingt, bildeten sich die körperlichen Merkmale der heutigen Rassen. Hautfarbe, Körpergestalt, Schädelform und Gesichtsausdruck wurden im Laufe vieler Jahrhunderte durch die Eigenarten der Umwelt verändert. Voneinander isoliert, entwickelte sich bei den Völkern in den einzelnen Erdteilen eine arteigene Kultur. Erst in unserer Zeit werden die entfernten Lebensräume durch die modernen Verkehrsmittel einander nahe gebracht. (199 Wörter)

Übung 1

Die Vorsilbe ur-:

Urheimat, Ursache, Ursprung, Urzeit, Uraufführung, uralt, verursachen, urbar, Urgroßeltern, Urkunde, Urenkel, Urahnen, Urwald, Urwelt, Urmensch, Urtiere

Erkläre an diesen Wörtern die Bedeutung der Vorsilbe ur-!

Übung 2

Von Fremdwörtern gebildete Eigenschaftswörter (Adjektive) mit der Endung -isch:

klimatisch, geologisch, alkoholisch, militärisch, technisch, architektonisch, harmonisch, demokratisch, telefonisch, politisch, ...

Bilde aus folgenden Fremdwörtern Eigenschaftswörter (Adjektive) mit der Nachsilbe -isch:

Stenografie, Musik, Evangelium, Republik, Kritik, Bibel, Medizin, Athlet, Sklave, Olympiade, Gymnastik, Alphabet, Elektrizität, Literatur, Humor, Testament, Atom, Mode, Chemie, Botanik, Aroma, Physik

Übung 3

Schreibweisen des langen ö (mit 4 Schreibfehlern):

Störung, Strömung, stöhnen, gewöhnlich, Öse, verhöhnen, dröhnen, Nadelöhr, löhten, Krönung, Felsenhöle, Getöse, fröhlich, ertönen, unnötig, spröde, Röhricht, öhlig, aufstöbern, Likör, Gehör, trösten, Schildkröte, Möhre, Ödland, ungehöhrig, höhnisch, Föhre, Flötenkonzert, römisch, aushöhlen, persönlich

Berichtige die Wörter mit der falschen Schreibweise des ö-Lautes!

▶ Kontrollmöglichkeit im Lösungsteil Nr. 72.

Übung 4

Komma bei Aufzählungen:

Das Land ist durch Klima, Bodenart und Lage für die Entwicklung der Menschheit besonders geeignet. – Durch klimatische und geologische Unterschiede, durch andere Ernährungsweise und Lebenshaltung bedingt, bildeten sich die Merkmale der heutigen Rassen. – Hautfarbe, Körpergestalt, Schädelform und Gesichtsausdruck wurden durch die Eigenarten der Umwelt verändert. – Die Menschen jagten, fischten, sammelten genießbare Pflanzen, Tiere und Früchte.

Schreibe ähnliche Sätze zum Sachgebiet mit verschiedenartigen Aufzählungen (Subjekte, Prädikate, Objekte, Attribute, adverbiale Bestimmungen)!

56. Klimakatastrophen

Kaum ein Monat vergeht, an dem sich nicht in irgendeinem Teil der Erde eine Umweltkatastrophe ereignet. Selten zuvor ist deutlich geworden, wie abhängig die Menschheit vom Klima ist. Gut ist noch die Erinnerung an die Folgen der außergewöhnlichen Regenfälle, die die Oder in einen reißenden Strom verwandelte, der weite Gebiete in Brandenburg, Polen und Tschechien überflutete. Zuviel Regen oder eine Verschiebung der Klimazonen können das Leben unerträglich machen. Wissenschaftler meinen, dass diese Unwetterkatastrophen vom Menschen verursacht sind. Sie sind überzeugt, dass Fluten, Stürme und extreme Trockenheiten zunehmen, wenn weiterhin so viel Kohle, Öl oder Gas verbrannt werden wie bisher. Die dadurch hervorgerufene Erwärmung des Weltklimas wird auch zum Abschmelzen der Gletscher und zur Ausdehnung des Wassers in den Ozeanen führen. In der Folge werden die Wasserspiegel erheblich ansteigen und die Küstenbereiche aller Kontinente überspülen. Hauptsächlich werden diese Zustände durch die Abgase von Autos und Flugzeugen verursacht, ebenso durch die Kamine von Industrie und Haushalten. Immer wenn Öl, Gas oder Kohle verbrannt werden, gelangt in großen Mengen das unsichtbare Kohlendioxyd in die Atmosphäre, das die drohende Erderwärmung hervorruft. Daher werden umweltfreundliche Energien von Sonne und Wind in weit größerem Maße zur Sicherung des Lebens genutzt werden müssen. (197 Wörter)

Übung 1

Wörter mit ph:

Katastrophen, Triumph, Alphabet, Prophet, Asphalt, Philosoph, physikalisch, Atmosphäre, Strophe, Saphir, Phase, Phosphor

Schreibe abgeleitete oder zusammengesetzte Wörter hinzu (Katastrophe, Umweltkatastrophen, katastrophal, ...)!

Übung 2

Schreibweisen des z-Lautes:

genutzt, Verletzung, Besatzung, ... ärztlich, beherzt, sozial, ... nachts, lotsen, Sanitätswagen, ... Munition, national, Revolutionär, ...
Setze die Reihen fort und ergänze folgende Wörter:

vorwär____, Hei____ung, Opera____ion, zin____los, Matri____e,

nirgend____, seuf____en, Schwei____, Matra____e, erhi____t,

Kapu____e, bereit____, schluch____en, Ak____ionär, Bre____el,

Konkurren____, vergeben____, kri____eln, Por____ion,

gerei____t, gli____ern, Ra____ion, absei____, Halsschmer____en

Arbeitshilfe: In 10 Lücken fehlt *z*, in 3 *ts*, in 3 *s*, in je 4 *t* und *tz*.
► Lösungsteil Nr. 73

Übung 3

Die Vorsilbe ex-:

Minenexplosion, Export, exerzieren, Express, Examen, Exemplar, Exot, existieren, Exzellenz, Extrakt, Expedition, Exklave, exotisch, Exil, Exekution, Expansion, Experiment, extra, Exkursion, exkommunizieren
Schreibe davon abgeleitete Wörter (explodieren, Exporteur, ...) und versuche die Fremdwörter durch deutsche Ausdrücke zu ersetzen!

Übung 4

Als Verhältniswörter (Präpositionen) gebrauchte Hauptwörter (Substantive):

mitten, dank, kraft, inmitten, mittels, statt, seitens, infolge, zufolge; zugunsten, angesichts, um – willen, trotz
Bilde Sätze! (Sie fielen mitten in ein Minenfeld. – Die Verletzten konnten dank der schnellen Hilfe gerettet werden.)

57. Gefährliche Hilfsbereitschaft

Vor einiger Zeit wurden einige Bürger der Bundesrepublik vom israelischen Botschafter mit der höchsten Auszeichnung geehrt, die sein Staat zu vergeben hat. Weil sie unter Einsatz des eigenen Lebens jüdische Mitbürger während der nationalsozialistischen Herrschaft vor dem Tode gerettet hatten, erhielten sie als Zeichen der Anerkennung eine sehr wertvolle Medaille. Für kurze Zeit standen vier schlichte Menschen im Blickpunkt der Öffentlichkeit. Rundfunk, Fernsehen und Zeitschriften berichteten über die Ordensverleihung, die in einer würdigen Feierstunde im israelischen Botschaftsgebäude erfolgte. Herzliche Worte der Hochachtung sprach der jüdische Diplomat und lobte in seiner Rede diese Hilfeleistungen an seinen verfolgten, verängstigten und gequälten Glaubensbrüdern als hervorragende Beweise menschlicher Größe. Während der Botschafter redete, mögen die vier Deutschen an die Zeit vor mehr als fünf Jahrzehnten zurückgedacht haben, als sie damals eine jüdische Familie heimlich in ihrem Hause aufnahmen und dort monatelang verbargen, um ihr das Schrecklichste zu ersparen. Sie wussten, dass es lebensgefährlich war, Juden auch nur eine kleine Gefälligkeit zu erweisen. So teilten sie mit ihren Schützlingen nicht nur die geringen, auf Lebensmittelkarten erstandenen Vorräte, sondern auch die tägliche Angst vor dem Entdecktwerden. Unbarmherzig wurden alle bestraft oder gar hingerichtet, wenn festgestellt wurde, dass sie Juden halfen. Erst das Kriegsende beseitigte die ständige Not und Unruhe dieser Menschen, die in dieser bitteren Zeit zu einer Schicksalsgemeinschaft zusammengewachsen waren. (217 Wörter)

Übung 1

Wörter mit der Nachsilbe -sal (-sel):

Schicksal, Drangsal, Scheusal, Mühsal, Labsal, Rinnsal, Trübsal; Gerinnsel, Mitbringsel, Rätsel, Überbleibsel, Schnipsel, Anhängsel, Häcksel, Gemengsel

Bilde mit diesen Wörtern Sätze und suche zu „Schicksal" und „Rätsel" verwandte Wörter (schicksalsgläubig, rätselhaft, ...)!

Übung 2

-igt und -licht als Mittelwortendungen (Partizipendungen):

beseitigt, verdächtigt, genehmigt, beglaubigt, verständigt, entschuldigt, gereinigt, beerdigt, beschädigt, verängstigt, berücksichtigt, ermäßigt, ...
verweichlicht, verwirklicht, verherrlicht, verdeutlicht, verniedlicht, verweltlicht, verstaatlicht, veranschaulicht, ...
Setze die Reihen fort!

Übung 3

Wortfeld „Hilfe":

Hilfe, Beistand, Hilfeleistung, Beihilfe, Unterstützung, Entsatz, Beitrag, Ausweg, Förderungsmaßnahme, Belehrung, Anleitung, Beisteuer, Befreiung, Hilfestellung, Zuschuss, Unterrichtung, Halt, Zuflucht, Schutz, Geborgenheit
Ordne alphabetisch!

Übung 4

k oder ck (mit 4 Schreibfehlern):

Bundesrepublik, Blickpunkt, Rundfunk, schrecklich, entdecken, Schicksal, Packet, Hektar, Diktator, Insekt, Perücke, Zinkblech, Seckt, Trockendock, Oktober, Trick, geschmacklos, Takt, Hecktoliter, Nervenschock, Schokoladenpudding, Optiker, Lakritze, Plakat, Barock, Lektüre, Kontackt, Baracke
Berichtige die 4 Schreibfehler!
Kontrollmöglichkeit im Lösungsteil Nr. 74
Ordne die Wörter nach der Schreibweise des k-Lautes!

58. Mit Heroin in den Abgrund

Stefan wuchs in geordneten Familienverhältnissen auf. Seine Eltern besaßen ein Bekleidungsgeschäft mit mehreren Angestellten. Vor kurzem wechselte die Familie zum Leidwesen des Jungen aus einer Kleinstadt nach München. Er hatte dadurch alle seine Freunde verloren und fühlte sich völlig entwurzelt. Unter seinen neuen Klassenkameraden galt er als glatte Null, da er auch sportlich eine Niete war. Mit seinen vierzehn Jahren war er noch recht schmächtig und schüchtern. Im Gegensatz zu anderen Jungen hatte er bei Mädchen keinerlei Chancen. Um mehr Geltung zu bekommen, versuchte er es mit Alkohol, womit er seine Altersgenossen bald übertrumpfen konnte. Dadurch fühlte er sich gestärkt und gewann in seiner Clique die gewünschte Sicherheit. Doch allmählich genügte der Alkohol als Aufputschmittel nicht mehr. Die Gefühle der Unterlegenheit und Unsicherheit kehrten zurück, und er wurde wieder zum Außenseiter. Um seinen Hunger nach Ansehen und Geltung zu befriedigen, griff er zu Haschisch. Doch die erwartete Anerkennung blieb aus. In der Klasse und bei Mädchen machte das nur einen negativen Eindruck. Die schulischen Leistungen ließen rapide nach, da Stefan sämtliche Interessen auf seinen Drogenkonsum richtete, den er immer mehr steigerte. Dabei verlor er sein Selbstwertgefühl vollständig, und das bedrückende Gefühl ein Versager zu sein, kehrte in verstärktem Maße zurück. (205 Wörter)

Übung 1

d, dt oder t im Auslaut:

Leidwesen, Geleit, Kleinstadt, staatlich, Branntwein, Großbrandstelle, Sandgrube, Gesandter, endlos, enttäuscht

Setze in die Wortlücken d, dt oder t!

Gedul____, Gestal____, verwan____, bekann____, Kinderhor____,

blin____, Sta____ra____, Ra____panne, schul____bewusst,

bal____, nirgen____s, scheinto____, to____müde, Gewan____heit,

Gra____zahl, Rückgra____, gemü____lich, unermü____lich,

Gewal____, Hochwal____, Bun____stifte, Schun____

Arbeitshilfe: In 11 Lücken fehlt *d*, in 4 *dt*, und in 8 fehlt *t*.

► Lösungsteil Nr. 75

Übung 2

Gebräuchliche Wörter mit y:

Märtyrer, Zylinder, Nymphe, anonym, Gymnasium, Tyrann, Typ, Dynamit, idyllisch, unsympathisch, Symbol, Hypothek, Synagoge, Hymne, Pyramide, symmetrisch, hypnotisieren, Labyrinth, Hyäne, Hya-

zinthe, Myrthe, hydraulisch, Xylofon, Zypresse, Hydrant, Myrrhe, Typhus, synchronisieren, Dynamomaschine
Bilde davon abgeleitete oder zusammengesetzte Wörter (Gymnasiast, tyrannisch, Synchronsprecher, ...)!

Übung 3

Langes a mit unbezeichneter Dehnung:
Schar, Untertan, radikal, Klage, Todesqual, Kran, Kanal, aufmerksam, Samen, Blauwal, offenbaren, Reklame, Denkmal, Kathedrale, ...

Merkregel:
Nur vor l, m, n, r steht das Dehnungs-h. Nach mehreren Mitlauten, nach sch und qu steht kein Dehnungs-h.

Setze in folgende Wörter a oder ah ein:

k____l, Lok____l, Sch____m, ide____l, Gr____n____te, Orn____t,

Qu____dr____t, Limon____de, Sch____l, Pf____l, schm____l,

ov____l, Dr____m____, Pl____ge, Sign____l, kl____r, P____r____de,

M____lzeit, Porzell____n, Or____kel, pl____nlos, Tr____n,

K____thedr____le, St____l, Vorn____me, f____l, Abn____me

Arbeitshilfe: Nur in 6 Lücken fehlt *ah*.
▶ Lösungsteil Nr. 76

Übung 4

igt – icht:
Predigt, erledigt, gereinigt, berichtigt, begradigt, beerdigt, entschuldigt – Dickicht, Habicht, Gicht, verehelicht, Kehricht, Röhricht, schlicht, Gericht, töricht, Schicht
Bilde aus folgenden Wörtern Zeitwörter (Verben) und schreibe davon die Mittelwörter der Vergangenheit (Partizipien im Perfekt):
sanft, Last, Schuld, Kreuz, rein, Schein, Not, ruhig, kräftig, Fähigkeit, fleißig, Gunst, heilig, Sünde, Erde, lustig (sanft – besänftigen – besänftigt, ...)!

59. Gesundheit, ein kostbarer Besitz

Es gehört zu den Alltäglichkeiten auf den Großstadtstraßen, dass das Signal des Martinshorns ertönt, Blaulicht aufblitzt und sich ein Krankenwagen in rascher Fahrt den Weg durch den Verkehr bahnt. Ein Schwerverletzter, vielleicht das Opfer eines Betriebsunfalls oder eines Verkehrsunglückes, ein altersschwacher Mensch, der irgendwo auf der Straße zusammengebrochen ist, oder ein lebensgefährlich Erkrankter braucht schnellstens ärztliche Hilfe. Daher machen die Kraftfahrer bereitwillig Platz und geben dem Krankenwagen die Fahrbahn frei. Wenige Minuten können für die Rettung eines Hilfsbedürftigen von entscheidender Bedeutung sein. Auch im Krankenhaus lässt man keine Zeit ungenutzt verstreichen und trifft möglichst noch vor Ankunft des Krankentransportes die Vorbereitungen für die notwendige Blutübertragung oder die erforderliche Operation. Ein Chirurg oder Internist steht mit Helfern bereit, um die Gesundheit eines Menschen möglichst vollständig und rasch wiederherzustellen. Oft sind fast alle Betten eines Krankenhauses belegt, sodass es nicht leicht ist, genügend Platz für alle Neuzugewiesenen zur Verfügung zu stellen. Angesichts der zahlreichen Unfälle und der vielen verschiedenen Krankheiten werden immer wieder Krankenhauserweiterungen und -neubauten erforderlich. Doch trotz technischer Neuerungen, hoher ärztlicher Kunst und aufopferungsvoller Arbeit des Pflegepersonals sind Leid und Elend in Kranken- und Siechenhäusern nicht zu übersehen. Wer hier gelegentlich gewesen ist oder viel Umgang mit Kranken hat, wird empfinden, welch kostbares Gut die Gesundheit ist. Er wird sie dankbaren Herzens schätzen und sie zu erhalten trachten. (222 Wörter)

Übung 1

Fremdwörter aus dem Bereich des Gesundheitswesens:

Chirurg, Internist, Operation, Apotheke, Medizin, Klinik, Pharmazeut, Medikament, Diphtherie, Infarkt, Infektion, desinfizieren, Typhus, Therapie, Psychiater, Dermatologe, Migräne, Patient, Narkose, Diät, Attest, Rezept, Transplantation, Epidemie, Neuralgie, Hormon, Vitamin, Amputation, Hygiene, Homöopathie, Bakterien, Serum

Kläre unbekannte Ausdrücke mithilfe eines Wörterbuches!

Übung 2

Eigenschafts- und Mittelwörter (Adjektive und Partizipien) werden Hauptwörter (Substantive):

ein Schwerverletzter/schwer Verletzter, ein lebensgefährlich Erkrankter, ein Hilfsbedürftiger, alle Neuzugewiesenen, viele Genesende, die Gesunden und Kranken, ein Überlebender, die Verwundeten, etwas Stärkendes, alles Gute, nichts Aufregendes, das kostbare Gut, ein Armer

Ordne nach Mittel- und Eigenschaftswörtern (Partizipien und Adjektiven)! Bilde Sätze!

Übung 3

Hauptwörter (Substantive) mit der lateinischen Vorsilbe trans-:

Transport, Transparent, Transformator, Transmission, Transvaal, Transjordanien, die Transsibirische Eisenbahn, Transozeandampfer, Transatlantikflug, Transitverkehr

Erkläre die Bedeutung der Wörter (trans = jenseits, hindurch)!

Übung 4

Wortfamilie „Körper“:

Körper, Himmels-, Beleuchtungs-, Heiz-, Knall-, Feuerwerks-, Holz-, Klang-, Hohl-, Lehr-, Glas-, Flug-, Tier-, Ober-, Truppen-, -pflege, -gewicht, -fülle, -länge, -größe, -maß, -teil, -form, -bau, -kraft, -schaden, -verletzung, -verstümmelung, -schwäche, -schaft, -fehler, -inhalt, -umfang, -haltung, -kultur, -schule, -wärme, -temperatur, -schaftssteuer, -organ, -lichkeit, -behinderung; Verkörperung; verkörpern; körperlich, -los, -behindert; Korpus; Korpulenz, korpulent; Korps, Armee-, Offiziers-, -geist; Korporation; korporativ

Ordne die Wörter innerhalb der Gruppen alphabetisch!

60. Lohnender Einsatz

Fast alljährlich hatte Timo während seiner Schulzeit bei den Bundesjugend-Wettkämpfen eine Ehrenurkunde errungen und besonders durch das Laufen eine beachtlich hohe Punktzahl erreichen können. Das brachte ihn zu dem Entschluss, sich als Langstreckenläufer zu spezialisieren. Nach zähem Training siegte Timo bei den Jugendmeisterschaften seines Landes. Da es ihm gelang, seine Laufzeiten auch weiterhin erheblich zu verbessern, wurde er bereits als Neunzehnjähriger bei einem Leichtathletikländerkampf eingesetzt, bei dem er sogar den

Favoriten dieses Laufwettbewerbs, einen bekannten Olympiasieger, in einem aufsehenerregenden Endspurt schlagen konnte. Nach diesem unerwarteten Triumph nahm Timo an vielen Leichtathletikländerkämpfen teil und wurde einer der erfolgreichsten europäischen Langstreckenläufer. Doch leicht war ihm dieser Aufstieg zur sportlichen Meisterschaft nicht geworden. Energie, Selbstüberwindung und mancher Verzicht haben diese Erfolge erst ermöglicht. Seit jeher hat Timo sich nach dem Grundsatz gerichtet, dass ein junger Sportler auf einige vielfach beliebten Dinge verzichten muss. Dazu gehören in erster Linie Alkohol und Zigaretten. Wer ein guter Läufer, Schwimmer oder Fußballspieler werden möchte, der erreicht sein Ziel nur mit gesunder Lunge und beweglichen Gliedern. Alkohol und Nikotin sind unüberwindbare Hindernisse auf dem Weg zum Erfolg. Wer Raubbau an seinem Körper treibt und seinen Platz nicht auf Sportstätten, sondern an der Theke sucht, wird sich vergeblich um den Siegespreis bemühen. Das gilt aber nicht nur für den Sport, sondern trifft auch für alle anderen Bereiche des Lebens zu. Jeder, der etwas Großes erstrebt, braucht einen ungeschwächten Körper. (232 Wörter)

Übung 1

Fremdwörter mit der Endung -in:

Nikotin, Vitamin, Paraffin, Termin, Ruin, Magazin, Trampolin, Benzin, Kamin, Disziplin, Glyzerin, Medizin, Pinguin, Anilin, Koffein, Vaselin, Rubin, Mandarin, Harlekin, Rosmarin, Jasmin, Karmin, Chinin, Stearin, Paladin

Ordne die Wörter alphabetisch! Schlage unbekannte Wörter in einem Wörterbuch nach!

Übung 2

Wörter mit th:

Leichtathletik, Apotheke, Thermometer, Theater, Thron, Bibliothek, Thema, Kathedrale, These, Rhythmus, Katheter, Diphtherie, Äther, Hyazinthe, Forsythie, Katholik, Asthma, Ethik, Katheder, Theologie, Prothese, Mathematik, ...

Setze th oder t in die folgenden Lücken ein:

____erese, Por____al, ____ermosflasche, ____erminkalender,

Korin____en, Kome____, Ru____, Hypo____ek, Prozen____,

Fortsetzung Seite 118

___üringen, Niko___in, Lo___ringen, ___omas, mu___ig,

Zi___er, Me___ode, Pa___ien___, Edi___, a___men,

ka___olisch

Arbeitshilfe: In 12 Lücken fehlt *th*.
▶ Lösungsteil Nr. 77
Beachte: th wird nicht getrennt (Apo-theke, Rhyth-mus, …!)

Übung 3
Schreibweisen des langen u:
Ehrenurkunde, Spur, Fuhrwerk, Nougat, Bouillon, Kuhle, Garnitur, Uran, Bergtour, gruselig, Spule, Urheber, Schubkarre, Ruhmestaten, Kurfürst, Truthahn, Glut, Weidenrute, Tunika, Figur, Reiseroute, Uhrwerk, Trubel, Limousine, Natur, Patrouille, Halbschuh, Frisur, Roulade, Rumänien
Ordne nach der Schreibweise des u-Lautes!

Übung 4
Schreibweisen des langen o:
Alkohol, Zone, hohl, katholisch, Rom, Motorboot, …
Setze in die Lücken folgender Wörter o, oo oder oh ein:

B___nerwachs, Pr___be, Anem___ne, S___lbad, Sch___nung,

Briefb___te, M___rgebiet, B___rer, K___g, P___l,

Eichenb___le, Pfirsichb___wle, Weißk___l, Harm___nium,

___nmächtig, M___s, Patr___ne, ___r, ___rakel, Chl___r,

Dr___ne, Ch___ral, M___nblumen, T___ntopf, Z___,

Segelb___t, unbew___nt, Telef___n

Arbeitshilfe: 14 Wörter werden mit *o*, 5 mit *oo* und 9 werden mit *oh* geschrieben.
▶ Lösungsteil Nr. 78

61. Vor dem Wiedersehen mit Dresden

Diktat

Seit einigen Tagen wirkte die alte Frau Baumann spürbar aufgeregt und nervös. Immer wieder hatte sie die Fahrt in ihre Heimatstadt verschoben. Sie befürchtete nämlich, dass durch den Besuch ihre furchtbaren Erlebnisse bei der Bombardierung Dresdens wieder zu stark ins Bewusstsein treten könnten. Damals war ihre Mutter getötet und das Wohnhaus vollständig vernichtet worden. Auch wenn nach diesen schrecklichen Ereignissen bereits Jahrzehnte vergangen waren, vergessen konnte Frau Baumann sie nicht. Am Fastnachtsdienstag des letzten Kriegsjahres hatten feindliche Fliegerverbände die gesamte Stadt mit Unmengen von Spreng- und Brandbomben in ein Flammenmeer verwandelt. Innerhalb weniger Stunden wurden berühmte Bauwerke und Kunstschätze vernichtet. Zwinger, Schloss, Oper, Schauspielhaus und viele wertvolle Kirchen wurden mit Tausenden von Wohnhäusern völlig zerstört. Unzählbare Menschen verbrannten in den Straßen oder wurden unter den Trümmern ihrer Heimstätten begraben. Das schöne Dresden war in einer Nacht zur Ruinenstadt geworden. Inzwischen wurden der weltbekannte Zwinger und die meisten der anderen Gebäude in langwieriger Arbeit wieder aufgebaut, wie Frau Baumann von Berichten und Bildern aus Dresden wusste. „Freust du dich nicht auf die Reise und das Wiedersehen mit deiner Heimat?", fragten Frau Baumanns Angehörige. „Eine Fahrt dorthin war doch schon seit langem dein Wunsch." – „Natürlich freue ich mich, jedoch mit gemischten Gefühlen. Selbst wenn Dresden wieder vollständig aufgebaut wird, es ist doch nicht mehr die Stadt meiner Kinderzeit." (221 Wörter)

Übung 1

Übung

sst, ßt oder st:

Bewusstsein, Fastnachtsdienstag, gerüstet, gefasst, fast (beinahe), er musste, verrußt, pusten, verwaist, kostbar, eingeflößt, abgelöst, …

Setze in die Lücken sst, ßt oder st ein:

Kani______er, re______los, verpa______, vermi______,

Verlu______, verbla______, Pfla______er, belä______igen,

Fortsetzung Seite 120

entblö_____, verbü_____, Qua_____e, Ra_____platz,

bewu_____los, flü_____ern

Arbeitshilfe: 4 *sst*, 2 *ßt* und 8 *st* müssen eingesetzt werden.

▶ Lösungsteil Nr. 79

Übung 2
Zusammengesetzte Zeitwörter (Verben):

a) Mit Präpositionen (Verhältniswörtern) und Adverbien (Umstandwörtern) zusammengesetzte Verben sind trennbar. Diese Vorsilbe ist betont. (abfahren – Wir fahren gleich ab.)
ansehen, herausnehmen, auffallen, einstellen, zurückbringen, fortlaufen, hinsetzen, hinaufkriechen, abstürzen, zukleben, entgegengehen, danebenlegen, ...; Ausnahmen: überliefern, unterrichten, untersuchen, überlegen, widersetzen, ...
Ausnahmen:
Die Adverbien abhanden, anheim, beiseite, fürlieb, überhand, vonstatten, vorlieb, zugute, zunichte, zupass, zustatten, zuteil werden immer getrennt vom Verb geschrieben: vorlieb nehmen, zugute kommen, ...

b) Verben mit den Vorsilben be-, ent-, emp-, er-, ge-, miss-, ver-, zer-, wider- (ohne „e“) sind untrennbar. Diese Vorsilben sind unbetont und nicht mehr selbstständig. (widersprechen – Ihr widersprecht dem Lehrer.)
bedeuten, erhalten, zerbeißen, entlassen, verbringen, gehören, missfallen, empfehlen

c) Verben mit den Vorsilben durch-, über-, unter-, um- und wieder- sind trennbar oder untrennbar.
Die Verben haben eine doppelte Bedeutung und Betonung:
wiederholen (Betonung auf dem Verb): Ich wiederhole den Stoff für die Prüfung = ich mache etwas noch einmal.
wieder holen (Betonung auf der Vorsilbe): Ich hole mir das ausgeliehene Fahrrad wieder = ich hole etwas zurück.

Schreibe zu jeder Art weitere Zusammensetzungen und verwende sie in Sätzen!

Übung 3
Schreibweisen des langen ö:

nervös, zerstört, Angehörige, verwöhnt, unmöglich, dröhnen, löten, Köder, Empörung, stöhnen, Likör, unpersönlich, Heizöl, unnötig, …
Fülle die Lücken durch Einsetzen von ö oder öh:

Verh____r, aush____len, Fl____te, Tagel____ner, tr____sten,

spr____de, Bl____dsinn, t____richt, verh____nen, str____men,

Vers____nung, gew____nlich, K____der, r____misch, Nadel____r,

fr____lich, t____dlich, ungeh____rig, F____nwind, l____ten,

Verm____gen

Arbeitshilfe: 8 Wörter schreibt man mit *öh*.
► Lösungsteil Nr. 80

Übung 4
Gleichartige Satzteile und die Zeichensetzung:

Zwinger, Schloss, Oper, Schauspielhaus und viele wertvolle Kirchen – Bauwerke und Kunstschätze – Berichte oder Bilder – der weltbekannte Dresdner Zwinger – die kleinste, aber wichtigste menschliche Gemeinschaft – weder junge noch alte Menschen
Beachte: Zwischen gleichartigen Beifügungen (Attributen) steht nur dann ein Komma, wenn sie gleichwertig sind, d. h. wenn sie durch „und" verbunden oder in ihrer Reihenfolge verändert werden können (nicht gleichwertige Beifügungen: die wichtigste menschliche Gemeinschaft).
Stehen zwischen gleichartigen Satzteilen folgende Bindewörter (Konjunktionen), so bleibt das Komma fort: und, oder, als, wie, sowohl – als auch, weder – noch, entweder – oder (weder staatlich noch kirchlich).
Ein Komma wird zwischen gleichartigen Satzteilen trotz folgender Bindewörter (Konjunktionen) gesetzt: aber, auch, also, besonders, hauptsächlich, schließlich, ferner, vor allem (die kleinste, aber wichtigste Gemeinschaft).
Schreibe Beispielsätze, in denen gleichartige Satzteile durch Bindewörter (Konjunktionen) verbunden sind!

62. Fernsehprogramme

Erstmals konnte man in Deutschland bei den Olympischen Spielen 1936 auf einem kleinen Bildschirm Sportübertragungen in bewegten Bildern sehen. Doch seitdem hat sich die Technik aus diesen Anfängen heraus so verändert, dass Fernsehen das wichtigstes Mittel häuslicher Unterhaltung und Information ist. Es hat uns alle Teile der Erde näher gebracht und unser Blickfeld enorm erweitert. Liveübertragungen aus aller Welt erlauben uns, Ereignisse gleichzeitig und hautnah mitzuerleben. Vor dem Fernsehapparat hat man die besten Zuschauerplätze bei Sportveranstaltungen und hört gleichzeitig die Kommentare zum Spielgeschehen. Satelliten, die tausende von Kilometern über der Erde kreisen, werden genutzt, um Ereignisse und Mitteilungen aus fernsten Ländern ins Wohnzimmer zu senden. In Westeuropa fehlt das Fernsehgerät kaum in einer Wohnung. In Nordamerika gibt es fast ebenso viele Einwohner wie Fernsehgeräte. Diese große Verbreitung und das Vergnügen, das Menschen beim Fernsehen empfinden, macht es auch zu einem bedeutenden Wirtschaftsfaktor. Firmen zahlen hohe Geldbeträge, um zwischen den Programmteilen ihre Produkte anzubieten. Da täglich Millionen die Sendungen sehen, ist das Fernsehen ganz besonders werbewirksam. Viele verschiedene Fernsehzeitungen bringen Programmvorschauen. Aus dieser Fülle die richtige Auswahl zu treffen ist besonders wichtig, damit man nicht durch Filme mit Gewaltdarstellungen negativ beeinflusst wird. Nicht alles ist sehenswert! (196 Wörter)

Übung 1

Zeitwörter (Verben) mit der Nachsilbe -ieren:

pulsieren, regieren, ruinieren, radieren, marschieren, kurieren, …

Setze die Reihe fort und bilde zu folgenden Wörtern die dazugehörigen Zeitwörter (Verben):

Infektion, Export, Montage, Isolierung, Massage, Rasur, Gratulation, Musik, Operation, Explosion, Adresse, Pension, Kanal

Übung 2

ll – l:

Allianz, Parallele, Kapelle, Koralle, … Almosen, Kulisse, Walnuss, …

Setze die Reihen fort und fülle die Lücken folgender Wörter:

Karusse____, Ko____onie, He____mut, Ho____stein, Krista____,

A____uminium, Kaste____, E____ipse, Porze____an, Wa____fahrt,

Medai____e, Protoko____, industrie____, A____kohol, Tunne____,

Po____itur, Schatu____e, Se____erie, A____tar, Sate____it

Arbeitshilfe: In 12 Lücken muss *ll* eingesetzt werden.

► Lösungsteil Nr. 81

Übung 3

Schreibweisen des z-Lautes:

beherzt, Allianz, Franzosen, ... Besatzung, erhitzt, Verletzung, ... bereits, abseits, Sanitätswagen, ... international, Aktien, Operation, ... Puls, Fels, ...

Setze in die Lücken folgender Wörter z, tz, t oder s ein:

är____tlich, Zin____satz, Schwi____packung, Matra____e, Finan__-

__minister, Kapu____e, nacht____, Medi____in, gli____ern,

vergeben____, Seuf____er, Muni____ion, seitwärt____, Schä____

er, Mar____ipan, verdu____t, Aka____ie, Pro____ess, Me____-

gerei, Matri____e, Revolu____ionär, Bre____el, gei____ig

Arbeitshilfe: In 11 Wörtern fehlt *z*, in 6 *tz*, in 4 *s* und in 3 *t*.

► Lösungsteil Nr. 82

Übung 4

Schärfung mit mm (mit 4 Schreibfehlern):

Kommissar, Programm, Briefmarkensammlung, gesammt, Kommode, Abstimmung, Kommunismus, grimmig, Kommandant, Dammhirsch, stämmig, Prommenade, Grammatik, schlammig, dämmerig, gekrümmt, Autogramm, Kammerad

Berichtige die 4 Schreibfehler und füge abgeleitete Wörter hinzu!

Kontrollmöglichkeit im Lösungsteil Nr. 83

63. Elektronischer Briefverkehr

Leon hat während der Sommerferien einen griechischen Jungen auf der Insel Kreta kennen gelernt, mit dem er sich angefreundet hat. Nun möchte er seinem neuen Freund Alexandros einen Gruß mit einigen Fotos schicken. Dazu darf Leon Vaters Computer benutzen, denn das Gerät ist ihm schon vertraut. Rasch hat er einen kurzen Brieftext auf den Bildschirm getippt. Auch eine Aufnahme vom Wohnhaus in der Schillerstraße, wohin er Alexandros einladen will, hängt er dem Schreiben an. Nur ein Druck auf die Tasten und in Windeseile rast die Mitteilung mit den Bildern im elektronischen Briefverkehr über Telefonleitungen, Satellit und Unterwasserkabel zu Alexandros. Der freut sich sehr über Leons Blitzsendung und wird sie gleich beantworten. Schon wenige Minuten später kann Leon die Erwiderung aus Kreta auf seinem Bildschirm ablesen.

Ein Hin- und Herschicken von Texten und Bildern auf so schnelle Weise ist längst Computeralltag. Es gibt bereits weltumspannende Netze aus solchen Leitungsstrecken mit Millionen von Computern. Sie verbinden die Rechner von Banken, Wirtschaftsunternehmen, Fluggesellschaften, Reisebüros oder staatlichen Stellen miteinander in allen Teilen der Erde. (172 Wörter)

Übung 1

Fremdwörter mit c = k:

Computer, Countdown, Crew, Couch, Cupfinal, Cover, Caravan, Cousin, Cowboy, Cornflakes, Clique, Cafeteria, Colt, Crash, Comic

Versuche dafür deutsche Bezeichnungen zu finden!

In einigen Wörtern wird c wie z (Celsius, Cellophan), in anderen Wörtern wie s (Cent, City) gesprochen.

Übung 2

Eigenschaftswörter (Adjektive) als Teile von Eigennamen:

Deutscher Bundestag, Französische Revolution, Heiliges Römisches Reich Deutscher Nation, Goldene Bulle, ... Rotes Meer, Friesische Inseln, Rheinisches Schiefergebirge, Fränkischer Jura, ...

Führe die Reihen der geschichtlichen und erdkundlichen Begriffe weiter und entscheide bei den folgenden über Groß- und Kleinschreibung:

____ritische Inseln, ____estfälischer Frieden, ____ayerische Alpen, ____olnische Hauptstadt, ____ächsische Schweiz, ____uropäische Wirtschaftsgemeinschaft, ____ranzösischer Botschafter, ____eutsches ____otes Kreuz, ____rüner Plan, ____estfälischer Schinken, ____talienische Regierungsvertreter, ____urgundische Pforte, ____merikanische Flugzeuge

Arbeitshilfe: Nur in 5 Fällen ist ein kleiner Anfangsbuchstabe erforderlich.

▶ Lösungsteil Nr. 84

Übung 3
Die Dehnung:

a) Verdoppelung des Selbstlautes (Vokal): Staat, Haar, Tee, Heer, Boot, Moor, …
(Beachte die Schreibung bei Umlautbildung: Säle, Bötchen, …)

b) Dehnungs-h steht nur vor l, m, n, r: kahl, Mehl, zahm, lehmig, Sohn, Kühnheit, jährlich, Gefahr, …

c) Unbezeichnete Dehnung bei Wörtern mit sch und qu: Schale, Bescherung, verschönern, Schüler, … quälen, bequem, quer, …

d) Unbezeichnete Dehnung, wenn vor dem langen Selbstlaut (Vokal) zwei oder mehr Mitlaute (Konsonanten) vorkommen: schmal, Geschwür, strömen, Krone, sparsam, Tran, …
(Ausnahmen: prahlen, Strahl, strähnig, Drohne, dröhnen – Hier werden pf und st als ein Mitlaut angesehen: Pfahl, stehlen, …)

e) Unbezeichnete Dehnung bei Fremdwörtern: Karawane, Vulkan, Generator, Atom, Kapital, Patrone, Regal, Thema, …

Suche zu jedem der genannten Punkte weitere Beispiele!

Übung 4
d – dt – t – th:

Grund, Bund, redlich, Todfeind, Heumahd, endgültig, bald, … beredt, Verwandter, Gesandtschaft, … Gewalt, Bundesrat, Schultheiß, Totschlag, Entgelt, Kinderhort, … Thron, Theater, Thermostat, Theologe, …

Setze in die Lücken folgender Wörter die richtigen Buchstaben ein:

Kobol____, Bewan____nis, A____mosphäre, Rückgra____,

Pan____er, rhy____misch, unermü____lich, Industriesta____,

Gemü____lichkeit, zusehen____s, wissen____lich, Gewan____heit,

Hypo____ek, Gesan____er, Wil____nis, Labyrin____, gewan____,

Zi____er, scheinto____, Wei____mann, stä____isch, Bor____stein,

Brann____wein, Ka____edrale

Arbeitshilfe: Je 6 Lücken müssen mit *d*, *dt*, *t* und *th* ausgefüllt werden.

▶ Lösungsteil Nr. 85

64. Dschungelbrände in Indonesien

Diktat

Im Herbst des vorigen Jahres brachen auf der Insel Borneo verheerende Waldbrände aus. Seitdem breitete sich eine riesenhafte Smogwolke über Teile Indonesiens aus. Vor der Küste liegende Inselgruppen verschwanden im Dunst, und selbst hohe Verwaltungsgebäude und Türme lagen unter einer Glocke von Rauch. Wie viele Menschen an den Folgen der verpesteten Luft starben, blieb bisher unbekannt. Endlich setzte der bereits für November erwartete Regen ein, wodurch ein erheblicher Teil der Flächenbrände gelöscht wurde. Doch in Gebieten mit riesigen unterirdischen Kohlelagern waren immer noch Brandnester, die bei den hohen Temperaturen zu schwelen begannen und sich teilweise entzündet haben. Auch die tief im Boden versteckten Torflagen sind in Glut geraten. Nur bei kräftigen, lang anhaltenden Regenschauern können diese Brandnester allmählich gelöscht werden. Da in diesem Jahr der Monsun ausgeblieben ist, trocknete der Regenwald so stark aus wie noch nie und bot den Flammen reichhaltige Nahrung. Aber auch das Verhalten der Einwohner hatte die Feuersbrunst gefördert, da sie durch Brandrodung Boden für die Landwirtschaft gewinnen wollten. Durch die Dürre sind die Feuer außer Kontrolle geraten und haben sich zur größten Umweltkatastrophe entwickelt, die dieses Gebiet Asiens jemals erlebt hat.

(190 Wörter)

Übung 1
Wörter mit ph:
Umweltkatastrophe, Triumph, Alphabet, Prophet, Asphalt, Atmosphäre, Physik, Strophe, Phase, Phosphor, Pharisäer, Pharmazeut, Phrase
Füge zusammengesetzte und verwandte Wörter hinzu (katastrophal, ...)!

Übung 2
Adjektive mit der Endung -isch:
unterirdisch, schwäbisch, atlantisch, regnerisch, ...
Bilde die zugehörigen Adjektive aus:
Stadt, Himmel, Erpresser, Politik, Narr, Laune, Europa, Sturm, Fotografie, Juden, Technik, Literatur, Demokratie, Evangelium, Musik, Verführer

Übung 3
Schwierige Ländernamen:
Tschechien, Indonesien, Skandinavien, Großbritannien, Ägypten, Äthiopien, Libyen, Marokko, Afghanistan, Philippinen, Paraguay, Bolivien, Ekuador, ...
Setze die Reihe fort und bilde zugehörige Eigenschaftswörter (tschechisch, indonesisch, ...) oder erdkundliche Namen. Benutze dazu den Atlas oder ein Wörterbuch!

Übung 4
Umstandswörter (Adverbien) mit -weise:
teilweise, leih-, paar-, stück-, zeit-, dutzend-, stapel-, möglicher-, richtiger-, probe-, raten-, sprung-, schritt-, ruck-, ausnahms-, glücklicher-, kluger-, beispiels-, meter-, merkwürdiger-, tage-, stunden-, dankbarer-, beziehungs-, bedauerlicher-, vernünftiger-, gerechter-, freundlicher-, heimlicher-, ...
Versuche die Reihe fortzusetzen und bilde Sätze!
Beachte die Schreibweise: in geschickter Weise, in gleicher Weise, in fahrlässiger Weise, ... Arbeitsweise, Zahlungsweise, Fahrweise, ...

65. Ein strahlender Sieger bei der Tour de France

Selten war der Jubel in der gesamten Geschichte des Sports so herzlich und nachhaltig wie beim Sieg in der tagelangen Tour de France. Ein bis dahin unbekannter deutscher Rennfahrer hatte das begehrte gelbe

Trikot gewonnen. Jan Ullrich, ein dreiundzwanzigjähriger Rostocker, hatte sich ganz konsequent auf den Radsport vorbereitet. Bei dem weltgrößten Radrennen entpuppte er sich dann als ein kraftvoller, unverbrauchter Rennfahrer und zu einem Senkrechtstarter. Bereits in der Mitte der Tour hatte er mit beträchtlichem Zeitvorsprung das Etappenziel erreicht und schließlich das gelbe Trikot erworben, das er auch nach den kräftezehrenden Teilstrecken durch die französischen Alpen bis zum endgültigen Ziel behalten durfte. Schon unterwegs jubelten die Menschen ihm so begeistert zu, dass dabei die Fahrbahn beengt und die Rennfahrer arg bedrängt wurden. Besonders stolz darf der junge Jan darauf sein, dass er seit fast hundert Jahren der erste Deutsche war, der das weltberühmte Radrennen gewonnen hat. Bei vielen anderen Sportveranstaltungen wurde er als Sieger umjubelt und gefeiert. Immer beeindruckte er dabei durch sein strahlendes Lächeln trotz der starken körperlichen Inanspruchnahmen. Auch wenn er durch die vielen Starts und Werbeverträge aus der Wirtschaft hohe Geldsummen erhielt, blieb er doch der bescheidene Sportsmann. (199 Wörter)

Übung

Übung 1
Zusammengesetzte Mittelwörter:

kräftezehrend, weltberühmt, sonnengebräunt, bahnbrechend, angsterfüllt, freudestrahlend, zeitsparend, siegbringend, schuldbewusst, stadtbekannt, silberglänzend, staubbedeckt, schweißgebadet, schutzgeimpft, wärmespendend

Bilde damit Sätze!

Übung

Übung 2
eu – äu:

deutsch, Abenteuer, Ungeheuer, verleumden, …
zwangsläufig, äußern, Gräuel, schnäuzen, erläutern, Knäuel, Säule, versäumen, …

Setze die Reihen fort und fülle die Lücken in folgenden Wörtern:

Beschl____nigung, L____tewerk, B____le, haarstr____bend,

tr____feln, Sch____sal, Erl____terung, l____tselig, S____fzer,

Spr____, ohrenbet____bend, K____le, ber____en, kr____seln,

Vers____mnis, n____lich, gel____fig, getr____lich, r____spern,

Entt____schung

Arbeitshilfe: In 10 Lücken fehlt *eu*.
► Lösungsteil Nr. 86

Übung 3
Schreibweisen des langen e:
selig, verwehrt, wesensfremd, Elend, Entbehrung, sehnsüchtig, Verheerung
Setze in die Lücken folgender Wörter e, eh oder ee ein:

s____lisch, L____ne, Z____bra, Frikass____, S____nenzerrung,

Th____ma, Livr____, K____lkopf, All____, po____tisch,

S____mikolon, S____lilie, S____stärke, Klisch____, Sch____ma,

l____rreich, Gal____re, P____gel, M____rheit, M____rrettich,

Kr____m, M____t____or, Weizenm____l, Bek____rung, st____len,

Kl____, Frott____tuch, l____mig, Schiffsr____der, Abw____r,

W____rmut, Lorb____rblätter

Arbeitshilfe: In 10 Lücken fehlt *e*, in 11 *eh* und in 12 *ee*.
► Lösungsteil Nr. 87

Übung 4
k, ck oder kk:
Mecklenburg, Diktatur, Mächteblock, Technik, Bakterien, Mokka, Scheckheft, Taktik, Rucksack
Setze in die Lücken folgender Wörter k, ck oder kk ein:

Ma____aroni, Que____silber, Bri____ett, Fabri____dire____tor,

Bara____e, Barri____ade, di____fellig, Physi____, Wra____,

Fortsetzung Seite 130

win____elig, zwi____en, Ma____o, A____usti____, A____azie,

Kerami____, Zwieba____, Maro____o, Bis____uit, Li____ör,

versi____ern, A____ord, Im____er, A____umulator, fla____ern,

A____robat, ele____trisch, Nervenscho____, A____tion

Arbeitshilfe: In 17 Lücken fehlt *k*, in 9 *ck* und in 4 *kk*.

► Lösungsteil Nr. 88

66. Ein Aufsteiger gewinnt die deutsche Meisterschaft

Diktat

Das Stadion in Kaiserslautern tobte und wurde zum brodelnden Vulkan, als für die sportbegeisterten Pfälzer ein Fußballmärchen wahr geworden war. Unter Sektfontänen und begleitet von ohrenbetäubenden Jubelchören tanzte der Trainer ausgelassen auf dem Spielfeld und umarmte alle, die sich ihm in den Weg stellten. Soeben hatte die heimische Mannschaft mit einem klaren Sieg ihren Gegner bezwungen. Bereits im vorletzten Spiel hatten sie den Meistertitel gesichert, da die Münchner Bayern sie nicht mehr einholen konnten. Bis in die frühen Morgenstunden feierten Zehntausende in der Stadt zwischen Hauptbahnhof und Rathaus. In nicht enden wollenden Sprechchören ließen die Menschenmassen in den überfüllten Straßen der Altstadt den Trainer und die Fußballprofis hochleben. Die Gastwirte hatten längst reagiert und ihre Theken auf die Straßen verlegt. Wein und Bier flossen in Strömen. Erfreulich, dass die harmonische, fröhliche Stimmung nicht durch Krawalle und Gewalttaten gestört wurde. Wer hätte das gedacht, dass die Mannschaft, die noch in der vorhergehenden Saison zweitklassig war und den Aufstieg in die Bundesliga schaffte, sofort in dieser Spielzeit den Meistertitel trotz der favorisierten Bayern erringen würde. Zielstrebige Arbeit des Trainers, echter Sportsgeist und gute mannschaftliche Harmonie hatten dieses Fußballwunder Wirklichkeit werden lassen. (195 Wörter)

Übung 1
Hauptwörtlicher (substantivischer) Gebrauch von Zahlwörtern (Numeralien):

eine Zwei im Zeugnis, ein Viertel des Geldes, Hunderte von Menschen, der Erste in der Klasse (der Tüchtigkeit nach), ein halbes Dutzend, er ist Mitte Vierzig, das Dreifache, sein Letztes geben, am Ersten jeden Monats, der Dritte im Bunde, das Nichts, zu Hunderten und Tausenden, Tausende und Abertausende

Nur als Hauptwörter (Substantive) werden gebraucht: Dutzend, Mandel, Schock, Gros, Million, Milliarde, Billion, ...

Bilde Sätze!

Übung 2
Wörter mit th:

These, Bibliothek, Theater, Theologie, theoretisch, Leichtathletik, Hypothek, Thema, Thomas, Edith, Theodolit, Äthiopien, Atheist, Martha, Zither, Thermometer, Prothese, Methode

Setze in folgende Wörter t oder th ein:

Ka____edrale, Op____ik, ____ermalbad, Elisabe____,

____üringen, Ka____eder, Pla____in, ____ibet, Lo____ringen,

Fan____asie, ____eodor, ka____olisch, Kinderhor____,

Rhy____mus, Ä____er, Krö____e, Pan____er, ____eke,

Sympa____ie, Grani____, Apo____eke, Hyazin____e, ____ragödie,

____ermin, Korin____en, Li____eratur, Königs____ron,

Diph____erie, As____ma, e____isch, ____resor

Arbeitshilfe: In 20 Wörter muss *th* eingesetzt werden.

▶ Lösungsteil Nr. 89

Übung

Übung 3

Fremdwörter mit ai:

Trainer, trainieren, Trainingshose, ... Saison, saisonbedingt, Saisonarbeit, ... Air, Airport, Airbag, Airbus

Füge noch weitere verwandte Wörter hinzu und bilde Sätze!

Übung

Übung 4

Fremdwörter mit der Endung -ie:

Harmonie, Chemie, Demokratie, Energie, Galerie, Lotterie, Drogerie, Philosophie, Monarchie, Idiotie, Garantie, Fotografie, Industrie, Partie, Fantasie, Akademie, Gummie, Biologie, Melodie, Prärie, Kolibrie, Geologie, Jalousie, Theorie

Hast du gemerkt, dass in dieser Wortsammlung zwei Fehler enthalten sind?

▶ Lösungsteil Nr. 90

67. Die Olympischen Spiele

Diktat

Bereits in vorchristlicher Zeit fanden in Griechenland sportliche Wettkämpfe statt. Sie wurden zu Ehren des Göttervaters Zeus im heiligen Bereich von Olympia ausgetragen. Alle vier Jahre versammelten sich Männer und Knaben zur sportlichen Auseinandersetzung im Laufen, Springen und Werfen, im Ringen oder im Faustkampf. Auch im leichtathletischen Fünfkampf wetteiferten die Kämpfer um den Sieg. Nicht nur dem jeweiligen Sieger, sondern auch seiner Heimatstadt wurden hohe Ehrungen und lang andauernder Ruhm aller Griechen zuteil. Diese Wettkämpfe erfolgten unter staatlicher Aufsicht und waren gleichzeitig periodisch wiederkehrende religiöse Feste zu Ehren der griechischen Götter. Bis ins vierte Jahrhundert waren die Olympischen Spiele der kulturelle Höhepunkt der Antike.

Diese bedeutenden sportlichen Wettkämpfe wären sicherlich in Vergessenheit geraten, wenn nicht anlässlich von Ausgrabungen an den historischen Stätten in Griechenland der französische Baron Coubertin die Idee des olympischen Geistes zu neuem Leben erweckt hätte. Die erste Olympiade der Neuzeit fand 1886 in Athen statt. Sportler aus 13 Nationen trugen 285 verschiedene Wettkämpfe aus. Nicht nur in der Leichtathletik, sondern in fast allen anderen Sportarten wurden Kämpfe ausgetragen. Männer und Frauen aus allen Teilen der Erde versuchten eine Medaille in Gold, Silber oder Bronze zu erringen. Seit 1924 wurden außerdem alle vier Jahre Olympische Winterspiele durchgeführt. (202 Wörter)

Übung 1

Eigenschaftswörter als Teile von Namen:

Olympische Spiele, Internationales Olympisches Komitee, aber: olympischer Eid, olympisches Dorf, olympisches Feuer, olympische Eröffnungsfeier, …

Entscheide, in welchen Fällen die Eigenschaftswörter großgeschrieben werden müssen! (D/d)eutsche Bundesrepublik, Briefmarken, Bundesländer, Bank – (G/g)roß Ozean, Ferien, Wagen (Sternbild), Staatsmann – (H/h)och Priester, Tauern, Posten, See – (B/b)ayerisch Bier, Wald, Ministerpräsident, Alpen, Hauptstadt – (S/s)ächsisch Porzellanmanufaktur, Schweiz, Mundart

► Lösungsteil Nr. 91

Übung 2

ai oder ei:

Medaille, Maibaum, bereit, beseitigen, Gitarrensaite, Kaiser, Weisheit, Waisenkind, preiswert, Rain, Treibeis, verleihen, Laie, Emaille, meilenweit, beleidigen, Weizenkeim, Main, Meineid, bleich, Leichtgewicht, Froschlaich

Ordne die Wörter nach ihrer Schreibweise mit ai und ei! Fülle die Lücken der folgenden Wörter:

K____serr____ch, ____fersucht, L____enspiel, M____sfeld,

R____sig, M____käfer, ____trig, W____senhaus, bew____sen,

Grießbr____, R____nfarn, Rh____nufer, schw____ßen,

St____nz____t, H____nbuche, langw____lig, Violins____ten,

Blaum____se

Arbeitshilfe: 8 Wörter werden mit *ai* geschrieben.

► Lösungsteil Nr. 92

Übung 3

Wörter mit der Nachsilbe -tion:

Generation, Reaktion, Organisation, Operation, Komposition, Automation, Spedition, Konfirmation, Portion, Fabrikation, Auktion, Station, Inflation, Reformation, Ration, Produktion, Expedition, Infektion, Installation, Kanalisation, Munition, Dekoration, Nation, Revolution, Bastion

Schreibe die Wörter ab und versuche sie durch deutsche Ausdrücke zu ersetzen!

Übung 4

ent – end:

öffentlich, gelegentlich, versehentlich, … entziehen, entgegen, Enthaltung, … Endsilbe, Endpunkt, unendlich, … bildend, vermögend, unwissend, …

Vervollständige folgende Wörter durch Einsetzen der Silbe end oder ent:

______runde, ______gegnen, hoff______lich, eil______s,

eig______lich, ______gültig, ruf______, ______erfolg,

______scheidung, ______los, ergreif______, ______silbe,

______führen, wöch______lich, ______schuldigung,

______ergebnis, bild______, ______lastung, Fußball______spiel,

wiss______lich, voll______s, Wochen______fahrt, wes______lich,

______stehung, ______sieg

Arbeitshilfe: In 14 Wörtern fehlt *end*

► Lösungsteil Nr. 93

68. Die Massenmedien und wir

„Alles, was uns begegnet, lässt Spuren zurück“, hat Goethe in tiefer Erkenntnis schon zu einer Zeit ausgesprochen, da sich das Leben noch viel ruhiger, gemächlicher und sensationsloser vollzog als heute. Welch eine Fülle von Begegnungen stürmt Tag für Tag auf uns ein: Menschen, Ereignisse, Sensationen, Filme, Plakate, Zeitschriften, Bücher, Radio- und Fernsehsendungen. Nach den Worten des großen Dichters sollen all diese Begegnungen Spuren in uns zurücklassen. Stimmt das überhaupt? Hat nicht die Dauerberieselung verschiedenster Einwirkungen zur Folge, dass uns das nicht wesentlich beeindruckt? Sind wir nicht gegen viele Eindrücke gefeit, die einen Menschen vor einem Jahrhundert aus dem seelischen Gleichgewicht gebracht hätten? Es mag sein. Aber sind solche Zustände des Abgebrühtseins und der Gewöhnung nicht deutliche Folgen des Zuviels all dieser Einwirkungen? Besonders in unserer Zeit hat es den Anschein, als ob die Einrichtungen öffentlicher Meinungsbildung unter Ausnutzung der ihr in der Demokratie gewährten Freiheit sich bemühten, Menschen anzulocken und festzuhalten, um sie in ihrem Sinne zu beeinflussen. Presse, Film, Rundfunk und Fernsehen sind nicht nur wichtige, aus dem modernen Leben nicht mehr fortzudenkende Nachrichtenübermittler, sondern sie sind Weltmächte geworden. Gewiss, wir können uns nicht den Begegnungen mit diesen Massenmedien entziehen oder vor ihnen fliehen. Aber wir müssen Herz und Sinn kritisch bewahren und aufpassen, dass unsere eigene Meinung, ein wesentlicher Bestandteil unserer Persönlichkeit, nicht verloren geht oder Schaden leidet. (225 Wörter)

Übung 1

Mehrzahlbildung (Pluralbildung) bei Fremdwörtern auf -en (Medium – Medien):

Einzahlendung -um: Museum, Studium, Ministerium, Präsidium, Evangelium, Aquarium, Terrarium, Martyrium, Kollegium, Podium, Sanatorium, Oratorium, Kuratorium, Stadium, Praktikum, Zentrum, Album

Einzahlendung -us: Radius, Rhythmus, Virus, Diskus

Einzahlendung -a: Basilika, Thema, Drama, Villa, Skala, Prisma, Regatta, Razzia, Veranda

Schreibe die Wörter in der Mehrzahl (Plural)!

Übung 2

Komma bei verkürzten Sätzen:

Gewiss, wir können uns den Begegnungen nicht entziehen. (Es ist gewiss, wir können uns …) – Glücklich, wer den rechten Weg gefunden hat. (Der ist glücklich, wer …) – Wenn möglich, äußert eure Meinung. (Wenn es möglich ist, äußert …) – Schrecklich, wie er litt. (Es war schrecklich anzusehen, wie …) – Es blieb, wie vorausgesagt, bei der nasskalten Witterung. (Es blieb, wie vorausgesagt worden war, bei …)

Bilde zu jeder Verkürzung einen weiteren Beispielsatz!

Übung 3

Wortfeld „Nachricht“:

Nachricht, Mitteilung, Meldung, Kunde, Botschaft, Überlieferung, Aussage, Information, Bekanntgabe, Veröffentlichung, Bericht, Wiedergabe, Brief, Telegramm, Depesche, Zeitungsente, Flugblatt, Flüsterpropaganda, Reportage, Urkunde, Zeugnis, Ankündigung, Zeitungsartikel, Statistik

Ordne alphabetisch!

Übung 4

Fremdwörter aus den Bereichen von Presse, Film, Funk und Fernsehen:

Presse: Redaktion, Redakteur, Reporter, Theaterkritiker, Pressefotograf, Abonnement, Illustrierte, Magazin, Journal, Manuskript, Matrize, Lokales, Klischee, Aktuelles, Offerte, Ressort, Korrektur, Feuilleton, Inserat, Annonce, Karikatur, Kommentar

Film: Filmatelier, Regisseur, Regieassistent, Produktionsleiter, Filmarchitekt, Filmstar, Statist, Komparse, Kopie, Negativ, Kopieranstalt, Mikrofon (Mikrophon), Kamera, Filmkulisse, Filmprojektor, Kinoreklame, Trickaufnahme, Diapositiv, synchronisieren, Fotolabor

Rundfunk und Fernsehen: Hörspielstudio, Toningenieur, Radiotechniker, Regieraum, Reportage, Ultrakurzwelle, Frequenzbereich, Einstellskala, Relaisstation, Radioprogramm, Videotext, Regionalprogramm, Recorder

Ordne die Wörter innerhalb der Gruppen nach dem Alphabet!

69. Der Reiseprospekt

Diktat

Heute hat der Postbote einen Reiseprospekt ins Haus der Familie Richter gebracht. Zwar liegt die Urlaubszeit noch in weiter Ferne, dennoch blättert Frau Richter sogleich interessiert im bunt bebilderten Katalog. Da sind so viele Reiseziele innerhalb und außerhalb der Bundesrepublik angepriesen, dass man beträchtliche Zeit braucht, um alles eingehend durchzusehen. Die beiden Kinder, vor wenigen Minuten aus der Schule heimgekehrt, erblicken den aufgeschlagenen Reiseprospekt. „Fahren wir etwa im Sommer nach Venedig oder Neapel?", fragt Jonas; denn die beiden Heftseiten zeigen Sehenswürdigkeiten dieser Städte. „Oh, wir müssen mit Vaters Monatsgehalt sorgsam haushalten", sagt die Mutter. „Außerdem kann man sich in heimatlichen Gebieten ebenfalls gut erholen." Auf anderen Seiten finden die Kinder noch mehr Abbildungen berühmter Städte und bekannter Ferienaufenthalte Italiens. Da sehen sie farbenprächtige Aufnahmen vom Mailänder Dom, von Triumphbögen der römischen Kaiserzeit, vom Strandbetrieb an der Mittelmeerküste. Doch auch außereuropäische Ferienziele empfiehlt die Reisegesellschaft mit verlockenden Fotoaufnahmen und Beschreibungen. Kulturstätten am Nil, am Euphrat und am Ganges können mit komfortablen Passagierdampfern oder mit schnellen Flugzeugen erreicht werden. Im vorderen Teil des Fahrtenkatalogs sind Ferienvorschläge abgedruckt, die dem Geldbeutel der Familie Richter besser entsprechen. Hier sind Fahrt- und Pensionskosten mit den Abbildungen vieler Nord- und Ostseebäder, von Luftkurorten der Eifel und des Sauerlandes, von Feriengebieten des Bayerischen Waldes und der Alpen. Aus diesen reichhaltigen Angeboten wird die Familie in Anwesenheit des Vaters etwas für sie Geeignetes auswählen. (228 Wörter)

Übung 1

Übung

Die Vorsilbe pro- (für, vor):

Reiseprospekt, Programm, Provinz, Prozent, protestieren, Protest, prominent, Produkt, Professor, Problem, Prophet, Projektor, Prolog, Propaganda, improvisieren, Protokoll, provisorisch, Prognose, Proviant, Prozess, Propeller, Prokurist, Prozession, Provision, produzieren, Prothese, Promille

Ermittle die Bedeutung unbekannter Wörter und bilde Sätze!

Übung 2
g oder ch:

Orangenbäume, Passagierdampfer, beschädigt, Teig, Werkzeug, wollig, Seligkeit, felsig, mehlig, …

Dickicht, Wasserbottich, Trachtenfest, Pächter, reichlich, Gewicht, Verdacht, Sprichwort, bleich, …

Setze die Reihen fort und fülle die Lücken folgender Wörter mit g oder ch:

Wüteri____, Reisi____, Essi____, mehli____, weibli____, Habi____t,

verständi____t, Kehri____t, Predi____t, beruhi____t, öli____,

Zwer____fell, Treibja____d, Segelja____t, Pfirsi____baum,

Krani____, Pfenni____, Teppi____, Röhri____t, Fitti____,

Bienenhoni____, Planta____e, bescheini____t, Mane____e,

Enteri____, Reporta____e, Retti____

Arbeitshilfe: 14 Wörter werden mit *g*, 13 mit *ch* geschrieben.

▶ Lösungsteil Nr. 94

Übung 3
Der f-Laut:

Triumphbogen, Ferienvorschläge, Familie, Passagierdampfer, Euphrat, Eifel, Riviera, komfortabel, Fotoaufnahmen, bevorzugt, vervielfältigen, erforderlich, Pfau, …

Setze in die Lücken folgender Wörter f, pf, ph oder v ein:

Paragra____, ____lieder, Ankun____t, geim____t, bra____,

Le____koje, zusammenschrum____en, passi____, ____jord,

Archi____, Kali____, ____orderung, ____orstand, Ty____us,

____ers____orm, ____ersenbein, Em____ehlung, Athmos____äre,

____re____el, Katastro____e, Eisen____eile, ____erpul____ern,

Kram____, ____etternwirtschaft, sum____ig, ____iloso____,

Ner____, Baumstum____, Lar____e, E____eu, ____lanke,

Cuxha____en, ____arramt, ____os____or

Arbeitshilfe: In 11 Lücken fehlt *f*, in 7 *pf*, in 8 *ph*, und in 13 Lücken fehlt *v*.

▶ Lösungsteil Nr. 95

Übung 4

Wortfamilie „reisen":

reisen, ver-, aus-, ein-, ab-, mit-, an-, fort-, nach-; Reise, -ziel, -zeit, -koffer, -tasche, -beutel, -gesellschaft, -büro, -korb, -leiter, -gruppe, -gast, -vorbereitung, -unterbrechung, -fieber, -begleiter, -bekanntschaft, -scheck, -plan, -wagen, -beschreibung, -dauer, -weg, -führer, -kosten, -gepäck, -zug, -pass, Ab-tag, Sommer-, Ferien-, Dienst-, Geschäfts-, Erholungs-, Ab-, Aus-, Ein-genehmigung, Auslands-, Flug-, Urlaubs-; Reisender, Handlungs-, Mit-; reiselustig, -fertig; weitgereist

Stelle diese Wörter denen der Wortfamilie „reißen" gegenüber (ausreisen – ausreißen, ...)!

70. Ausreichende Lebensmöglichkeiten für alle?

Bei einem Museumsbesuch blieben Andreas und sein Vater staunend vor einer der ältesten Weltkarten stehen. Wie die Erklärungstafel besagte, handelte es sich dabei um die Wiedergabe einer Karte des Griechen Homer, die das Weltbild der vorchristlichen Zeit um das Jahr 700 wiedergab. Es war im Wesentlichen eine Darstellung des Mittelmeergebietes, das noch lange danach Mittelpunkt der damals bekannten Welt blieb. Aus dem Geschichtsunterricht wusste Andreas, dass erst durch den Vorstoß wagemutiger Seefahrer im Zeitalter der Entdeckungen Wege zu neuem Lebensraum für die abendländischen Menschen gewiesen wurden. „Noch am Anfang unseres Jahrhunderts deuteten weiße Flecken auf den Kartenbildern auf unerforschte Gebiete der Erde hin. Unterdessen ist der Mensch überall vorgedrungen und bemüht, die Erträge der Erde voll auszuschöpfen", bemerkte der Vater. Nachdenklich fragte Andreas: „Wird infolge der starken Bevölkerungszunahme der Lebensraum der Erde noch ausreichend sein, da schon jetzt zwei Drittel der Menschheit nicht genügend Nahrung erhalten?" – „Ich habe erst kürzlich gelesen", erwiderte der Vater, „dass die Erde 8 bis 10 Milliarden Menschen zu ernähren vermag, wenn die Trockengebiete bewässert, Sümpfe in fruchtbaren Boden umgewandelt und die Lebensgüter richtig verteilt würden." (184 Wörter)

Übung 1

Lehn- und Fremdwörter, die aus dem Lateinischen zu uns kamen:

Museum, Reproduktion, Tafel, Straße, Fenster, Kiste, Kalender, Datum, Staat, Minister, Wein, Mauer, Kammer, Meile, Schule, Messe, Aula, Lokomotive, Villa, Propeller, Präsident, Republik, Pfund, Ziegel, Krone, Bibel, Fenster, Portal, Teppich, Keller, Rose, Pfirsich, Fest, Rektor, Viadukt, Fabrik, Zirkus, Religion, Pflanze, Rekord, Familie, Motor, Palast, Kalk, Rettich, Klasse, Meister, Rezept, Kohl, Tinte, Doktor, Pflaume, Altar, Dom, Dozent, Konfirmation, Kaiser, Konvikt, Professor, Student, Regierung, Pastor, Partei

Ordne die Wörter nach Sachgebieten (Hauswesen, Gartenbau, Schulwesen, Staatswesen, Technik, Religion) und versuche, die Reihen zu erweitern!

Übung 2

Wagen – Waage – wagen:

wagen; abwägen, erwägen, Wagnis, Wagemut, Wagehals, wagemutig, waghalsig

Wagen, -rad, -schuppen, ... Kraft-, Last-, Hand-, Wohn-, ...

Waage, Fuhrwerks-, Dezimal-, Tafel-, Brief-, Apotheker-, Personen-, -balken, -meister; Waagschale; waagerecht

Schreibe die Wörter vollständig ab und versuche, die Reihen zu verlängern!

Übung 3

Das Geschlecht geografischer Namen:

a) Länder- und Gebietsnamen werden meist ohne Geschlechtswort (Artikel) gebraucht. Es gibt jedoch zahlreiche Ausnahmen, zumal wenn ein Eigenschaftswort (Adjektiv) hinzugefügt wird (das sonnige Italien, das inselreiche Griechenland).

Im Allgemeinen haben diese Namen sächliches Geschlecht (Neutrum): das dicht bevölkerte Deutschland, das tropische Afrika, das waldreiche Thüringen, das südliche China, …
Namen mit ie, ei oder e am Ende sind weiblich (Femininum): die Normandie, die Tschechoslowakei, die Türkei, die Bretagne, die Ukraine, … außerdem: die Eifel, die Pfalz, die Puszta, die Riviera, die Sahara, die Arktis, die Krim, die Schweiz
Nur sehr wenige sind männlich (Maskulinum): der Balkan, der Jemen, der Sudan, der Iran, der Irak, der Peloponnes

b) Gebirgsnamen sind meist männlich (Maskulinum): der Taunus, der Spessart, der Harz, der Kaukasus, der Ural, der Atlas, der Himalaja, …
Ausnahmen: die Rhön, die Eifel, die Hardt
Häufig kommen Gebirgsnamen nur in der Mehrzahl (Plural) vor: die Sudeten, die Vogesen, die Alpen, die Anden, die Karpaten, die Kordilleren, die Appalachen, …

c) Bergnamen sind fast immer männlich („der Berg“, als gedachter Wortbestandteil), wenn das Grundwort nicht weiblich oder sächlich ist (die Schneekoppe, die Zugspitze, das Matterhorn, …): der Brocken, der Kahle Asten, der Großglockner, der Vesuv, der Olymp, der Krakatau, der Fudschijama, der Kilimandscharo, …

d) Deutsche Flussnamen sind überwiegend weiblich (Femininum), ausländische meist männlich (Maskulinum), wenn sie nicht auf e oder a enden (Marne, Themse, Wolga, Lena): die Elbe, die Oder, die Neiße, die Weser, die Ems, die Donau, die Saale, die Ruhr, … aber: der Rhein, der Main, der Neckar, der Lech, der Inn; der Don, der Ob, der Nil, der Niger, der Amazonas, der Euphrat, der Mississippi, …

e) Ortsnamen werden mit sächlichem Geschlechtswort (Neutrum) gebraucht: das neu errichtete Berlin, das ewige Rom, das alte Mainz, …

Schreibe zu den angegebenen Beispielen von a) bis e) weitere hinzu!

Übung 4
Wortfamilie „Land“:

Land, Acker-, Brach-, Moor-, Weide-, Sumpf-, Agrar-, Kultur-, Geest-, Wald-, Weizen-, Wiesen-, Garten-, Tief-, Hoch-, Gebirgs-, Berg-, Bundes-, Heide-, Flach-, Schwemm-, Bau-, Traum-, Märchen-, Niemands-, Siedlungs-, Schlaraffen-, Kinder-, Heimat-, Versuchs-, Industrie-, Frei-, Pacht-, Gras-, Bauern-, Fest-, Öd-, Ei-, Binnen-, Küsten-, Hügel-, -bestellung, -zusammenlegung, -bezirk, -bote, -brücke, -richter, -butter, -spitze, -aufenthalt, -jugend, -haus, -arbeiter, -bevölkerung,

Übung

-enge, -rat, -streicher, -straße, -mann, -wirt, -ratte, -zunge, -junker, -kreis, -besitz, -heim, -gut, -karte, -vogt, -gewinnung, -luft, -rücken, -plage, -sitz, -schule, -gericht, -friede, -tag, -lehrer, -funk, -brot, -strich, -maschine, -heer, -flucht, -fahrzeug, -jäger, -gemeinde, -frau, -graf, -pfleger, -messer, -regen, -volk, -sturm, -wehr; Landschaft, Park-, Gebirgs-, Winter-, Schnee-; Landschaftsbild, -maler, -schutz; Landwirtschaft; Landwirtschaftsschule, -rat, -minister, -ausstellung, -kammer, -statistik; Landsleute, -mann, -knecht, -mannschaft; Landesbehörde, -amt, -herr, -fürst, -teil, -verband, -trauer, -theater, -flagge, -verrat, -regierung, -hauptstadt, -produkte, -sitte, -recht, -kirche, -bischof, -jugendplan, -farben, -verteidigung, -vater, -vermessung, -schützen, -sprache, -verwaltung, -bank, -planung; Länderei; Länderkampf, -spiel, Bundes-; Landung, Flugzeug-, Bauch-, Not-, Bruch-, An-, Blind-, Truppen-; Landungsbrücke, -steg, -boot, -fahrzeug, -manöver; Landeplatz, -bahn, -klappen, -geschwindigkeit, -stelle; Gelände, Berg-, Übungs-, Messe-, Werks-, Bau-, Privat-, Versuchs-, Ausstellungs-, -lauf, -spiel, -ritt, -gang, -fahrt, -marsch, -wagen, -fahrzeug; Ländler; landen, an-, ver-; ländlich; landeinwärts, -fremd, -schaftlich, -wirtschaftlich, -läufig; landesüblich, -herrlich, -eigen; hierzulande; geländegängig

Geografische Namen: Grönland, England, Deutschland, Jütland, Rheinland, Sudetenland, Hessisches Bergland, Helgoland, ...

Ordne die Zusammensetzungen mit dem Wort „Land" nach geografischen, kulturellen und politischen Gesichtspunkten!

71. Die gewaltige Aufgabe der Landwirtschaft in der Gegenwart

Diktat

Infolge des raschen Anwachsens der Weltbevölkerung müssen immer höhere Anforderungen an die Landwirtschaft gestellt werden, zumal noch immer zwei Drittel der Menschheit unzureichend ernährt werden. Da nur noch geringe Möglichkeiten zur Gewinnung und Kultivierung von Neuland bestehen, müssen Bauern und Farmer versuchen, eine noch größere Ertragssteigerung auf dem bereits bearbeiteten Land zu erreichen. In vielen Gebieten Europas ist die Flächenaufteilung in Acker, Wiese und Wald so harmonisch gelöst und der Boden so sorgsam bebaut worden, dass hier eine wesentliche landwirtschaftliche Produktionssteigerung kaum denkbar ist. Es mag sogar schwierig sein, den hohen Leistungsstand in der europäischen Agrarwirtschaft zu halten. Die fortschreitende industrielle Entwicklung, der Verlust von Acker- und Weideland für Siedlungen und Straßenbau bringen spürbare Verschlechterungen der Agrarlage mit sich. Obwohl unsere Bauern infolge intensiver Bodenbearbeitung und Verwendung von hervorragendem Saatgut erstaunlich hohe Hektarerträge erzielen, muss dennoch ein Drittel der erforderlichen Lebensmittel vom Ausland eingeführt werden. Die meisten Lieferungen kommen aus Übersee. Doch in vielen außereuropäischen Ländern ist die Landwirtschaft noch stark verbesserungsfähig. In manchen Gebieten bearbeiten die Bauern den Boden noch wie ihre Urahnen mit Holzpflug und Hackstock. Daher ist die Organisation für Ernährung und Landwirtschaft der Vereinten Nationen bemüht, die Nahrungsmittelerzeugung in diesen Gebieten zu steigern, um den noch Hungernden bessere Lebensbedingungen zu schaffen. Aber nur in der Zusammenarbeit aller Völker wird dieses hohe Ziel erreicht werden können. (227 Wörter)

Übung 1

Kein Komma bei ungleichwertigen Beifügungen (Attributen):
ausreichende landwirtschaftliche Arbeitskräfte; die fortschreitende wirtschaftliche Entwicklung, die ehemaligen ostdeutschen landwirtschaftlichen Überschussgebiete; frische dänische Butter; eine neue elektrische Melkmaschine; junge grüne Bohnen

Merkregel:
Nur Beifügungen (Attribute), zwischen die „und" eingesetzt oder deren Reihenfolge geändert werden kann, sind gleichwertig.
Nur zwischen gleichwertigen Beifügungen (Attributen) steht ein Komma.

Bilde ähnliche Beispiele in Sätzen!

Übung 2

Eigenschaftswörter (Adjektive) mit der Endung -iv:
intensiv, passiv, aktiv, oliv, subjektiv, objektiv, instinktiv, massiv, dekorativ, impulsiv, offensiv, defensiv, qualitativ, naiv, aggressiv, konservativ, negativ, positiv, instruktiv, explosiv
Setze passende Hauptwörter (Substantive) hinzu (intensives Arbeiten, passive Mitglieder, ...)!

Übung 3

Redewendungen von der Landwirtschaft:

jemanden über den grünen Klee loben (jemanden mehr loben, als der grüne Klee im Volkslied gepriesen wird) – da ernten, wo man nicht gesät hat – jemanden sticht der Hafer – sein Weizen blüht (seine Sache steht gut) – sein Feld behaupten – in die Binsen gehen (zugrunde gehen) – sich die Hörner abstoßen – Schwein haben (Das Schwein war das Glückstier bei heidnischen Stämmen.) – mit fremdem Kalbe pflügen (die Leistung eines anderen für sich verwenden) – Ochsen hinter den Pflug spannen (eine Sache falsch anpacken) – wie ein Ochse am Berge stehen – wie ein Pfingstochse geputzt sein (Früher wurden für das Pfingstfest bestimmte Schlachtochsen mit bunten Bändern geschmückt.) – die Schafe von den Böcken scheiden – sein Schäfchen (eigentlich: Schepken – Schiffchen) ins Trockene bringen – der Hahn im Korb sein – mit jemandem ein Hühnchen zu rupfen haben – mit den Hühnern zu Bett gehen – jemandem auf die Hühneraugen treten – eine Gänsehaut bekommen – im Gänsemarsch laufen – wie eine bleierne Ente schwimmen – einen üblen Kuhhandel treiben – Das geht auf keine Kuhhaut!

Schreibe vollständige Sätze!

Übung 4

Hauptwörtlicher (substantivierter) Gebrauch von Mittelwörtern (Partizipien):

um Hungernden bessere Lebensmöglichkeiten zu schaffen – um Trauernde zu trösten – den Sterbenden beistehen – den Verletzten helfen – mit Bekannten und Verwandten sprechen – einem Gestürzten aufhelfen – Gefundenes zurückgeben – ein Kilo Gehacktes – etwas Erfrischendes

Erweitere die Beispiele und bilde Satzpaare! (Die Organisation ist bemüht, Hungernden bessere Lebensmöglichkeiten zu schaffen. – Die Organisation ist bemüht, den hungernden Obdachlosen zu helfen.)

72. Wunderbares Keimen und Wachsen

Wer die harten, trockenen Roggen- oder Weizenkörner eingehend betrachtet, glaubt nicht, dass in ihren Hüllen noch keimfähiges Leben enthalten ist. Wenn so ein Getreidekorn jedoch in feuchten, warmen Boden gelegt wird, erwacht es aus seiner todesähnlichen

Starrheit. Allmählich dringt die Erdfeuchtigkeit durch die Schutzhülle des Kornes und lässt es aufquellen. Aus der unterdessen aufgeplatzten Schale tritt eine feine Wurzelspitze hervor und arbeitet sich kraftvoll in den nährstoffreichen Boden. Bald danach dringt ein zweites Spitzchen, der Spross, aus dem Korn heraus und schiebt sich lichthungrig nach oben. Es ist erstaunlich, dass diese zarten Triebe die Kraft aufbringen, sich durch die oft recht harte Erde zu zwängen. Infolge Zellteilung entstehen an den Wurzelspitzen ständig neue Zellen, die sich vergrößern und dabei einen so heftigen Quelldruck erzeugen, dass sogar festes Gestein gesprengt werden kann. Da das Getreidekorn dabei all seine Kräfte für die Bildung und das Wachstum der jungen Pflanze abgibt, schrumpft das Samenkorn zusammen und geht zugrunde. Für das neue Leben hat es sich ganz verzehrt. Das neue Pflänzchen ist nun selbst in der Lage, mit den feinen Wurzelhärchen dem Boden Nährstoffe zu entnehmen. Der Pflanzensprössling, der nach dem Durchstoßen der Erde durch den Einfluss des Sonnenlichtes ergrünt ist, wächst zu einem schlanken Halm, reift und trägt schließlich selbst eine ernteschwere Getreideähre, in deren Körnern Nährstoffe aufgespeichert werden, bis das Wunder der Keimung von neuem beginnt. (228 Wörter)

Übung 1

Bei Umlautbildung gibt es keinen doppelten Selbstlaut (Vokal):

Wurzelhaar – Wurzelhärchen, Saal – Säle – Sälchen, Paar – Pärchen, Ruderboot – Ruderbötchen

Suche weitere Beispiele!

Übung 2

Wortfamilie „säen":

säen, aus-, ein-, an-, über-, hinein-, zwischen-, nach-; Sämann, -maschine, -kasten; Säer; Saat, Aus-, Reihen-, Breit-, Früh-, Winter-, Spät-, Kleeunter-, -gut, -beet, -krähe, -zucht, -getreide, -furche, -korn; Saatenpflege, -grün, Sämerei; Samen, Blumen-, Gemüse-, Unkraut-, -handlung, -anlage, -kapsel, -korn; Sämling; bedecktsamig, nackt-, viel-

Schreibe eine kleine Geschichte über das Säen, in der du möglichst viele der obigen Wörter unterbringst!

Übung 3

Hauptwörter (Substantive) in festen Verbindungen mit Zeitwörtern (Verben):

zugrunde gehen/zu Grunde gehen, teilnehmen, preisgeben, stattfinden, Haus halten/haushalten, standhalten, wehtun, maßhalten/Maß halten, überhandnehmen, hohnsprechen, teilhaben, instand setzen/in Stand setzen, zutage treten/zu Tage treten, zuwege bringen/zu Wege bringen, zustattenkommen, zumute sein/zu Mute sein, zuteilwerden, beiseite legen, vonstattengehen, zunutze machen/zu Nutze machen, schuld sein, einem angst und bange sein, außerstande sein/außer Stande sein, vonnöten sein, zustande bringen/zu Stande bringen, zuliebe tun, zuleide tun/zu Leide tun, gram sein, infrage kommen/in Frage kommen

Verbindungen mit dem Zeitwort *sein* werden immer getrennt geschrieben.

Ist der erste Bestandteil der Wörterverbindung ein Hauptwort (Substantiv), das eindeutig als solches gebraucht wird, schreibt man es getrennt und groß:

Ski laufen, Auto fahren, Kahn fahren, Bezug nehmen, zu Werke gehen, zu Willen sein, Geduld haben, in Betracht kommen, zu Ende gehen, im Recht sein, Anteil nehmen, Not leiden, von Belang sein, in Acht nehmen, Rad schlagen, Rad fahren.

Ausnahmen: eislaufen, kopfstehen, leidtun, nottun, standhalten, stattfinden, stattgeben, statthaben, teilhaben, teilnehmen, wundernehmen.

Bilde Sätze!

Übung 4

Wortfeld „wachsen“:

wachsen, sich entfalten, sich entwickeln, wuchern, sich ausdehnen, gedeihen, emporranken, hochkommen, sich ausbreiten, überhand nehmen, keimen, sprießen, aufgehen, hervorbrechen, in die Höhe schießen, groß werden, sich hochwinden, hochklettern, Wurzeln schlagen, sich verbreiten, sich bestocken (Gras, Getreide), kümmern, zunehmen

Ordne alphabetisch!

73. Der Europatunnel

Es ist erstaunlich, dass bereits Napoleon den Plan hatte, einen Tunnel unter dem Ärmelkanal bauen zu lassen, um England mit seinem Heer zu erobern. Der Konstruktionsplan, von Ingenieuren ausgearbeitet,

lockte den Feldherrn zur Tat. Doch wegen des Kriegszuges nach Ägypten, dem Land der Pyramiden, unterblieb der Tunnelbau.
Die Idee einer Kanalunterquerung von Calais nach Dover blieb aber lebendig. Nur fehlten für ein solch gewaltiges Unternehmen die notwendigen Geldmittel. Jetzt, zwei Jahrhunderte später, befassten sich Ingenieure erneut mit dem Bau des Europatunnels. Nach langwierigen Überlegungen wurde schließlich damit begonnen, achtzig Meter unter dem Meeresspiegel mächtige Stollen vom europäischen Festland und von der englischen Küste aus durch die Gesteinsmassen zu treiben. Es war ein Freudentag, als nach dreijähriger harter Arbeit der Durchstich an einer Stelle gelang.
Aber es sollte noch lange dauern, bis die drei röhrenartigen Tunnel auf der fünfzig Kilometer langen Strecke fertiggestellt wurden. Nun befördern in den beiden äußeren Schächten schnelle Pendelzüge Autos, Passagiere und Frachtgut. Der kleinere Tunnel dazwischen, der durch zahlreiche Querstollen mit den beiden anderen verbunden ist, soll der Hilfeleistung bei Notfällen dienen.
Anfangs erschien vielen der etwa halbstündige Transport durch die unterirdischen Röhren noch ziemlich riskant. Doch wird der Zug für die Kanalüberquerung längst bevorzugt, da die Überfahrt mit Fähre und Flugzeug mehr Zeit erfordert. (211 Wörter)

Übung 1
Komma bei erweiterten Mittelwortsätzen (Partizipsätzen):

Der Konstruktionsplan, von Ingenieuren ausgearbeitet, lockte den Feldherrn zur Tat. – Der Konstruktionsplan, den Ingenieure ausgearbeitet hatten, lockte den Feldherrn zur Tat. (Mittelwortsätze sind also verkürzte Gliedsätze.)

Verkürze die folgenden Gliedsätze in Mittelwortsätze!

Gestern stieg ich, da ich ganz in Gedanken versunken war, in die falsche Straßenbahn. – Der alte Mann, der die Hand auf einen Krückstock stützt, geht langsam über die Straße. – Da wir vom Gewitterschauer völlig durchnässt waren, liefen wir rasch nach Hause. – Die Beamten gingen, indem sie jeden Raum gründlich durchsuchten, durch alle Stockwerke.

Übung 2
Kommas schließen den Beisatz (Apposition) ein:

Doch wegen des Kriegszuges nach Ägypten, dem Land der Pyramiden, unterblieb der Tunnelbau. (Der Beisatz ist ein verkürzter Gliedsatz und beansprucht die gleiche Zeichensetzung: Doch wegen des Kriegszuges nach Ägypten, das man das Land der Pyramiden nennt, unterblieb der Tunnelbau.)

Setze bei den folgenden Sätzen die erforderlichen Zeichen!

Mozart einer der bedeutendsten Komponisten starb schon mit 37 Jahren. – Frau Müller unsere Deutschlehrerin wird bald pensioniert. – Dresden die Hauptstadt Sachsens ist noch immer eine sehr schöne Stätte der Kunst. – Wir wanderten zum Feldberg der höchsten Erhebung des Schwarzwaldes. – Die Familie Wenzel unsere Nachbarn verzieht im nächsten Monat nach Düsseldorf. – Der Inhaber der Firma Herr Kraus will uns in nächster Zeit aufsuchen.

Übung 3

Komma bei herausgehobenen Satzteilen:

Jetzt, zwei Jahrhunderte später, befassten sich Ingenieure erneut mit dem Plan. (Der zwischen den Kommas stehende Satzteil dient der näheren Bestimmung und wurde eingeschoben.)

Füge in die folgenden Sätze die fehlenden Kommas ein!

Ich bin meistens besonders abends zu Hause. – Wir haben die Großeltern vorgestern also am ersten Weihnachtsfeiertag besucht. – Leider mussten wir schon heute zwei Tage zu früh abreisen. – Ich traf ihn auf der Hofstraße kurz vor seiner Wohnung.

Übung 4

s und z im Auslaut:

Aber Vorsicht! Bei den folgenden Wörtern wurde s sechsmal mit z verwechselt. Du findest sicherlich diese Fehler! ▶ *Lösungsteil Nr. 96*!

Transport, als, bereits, Geizhals, Assistenzarzt, Eisenerz, konkurrenslos, Grenzbezirk, März, abseitz, scherzhaft, morgens, Pulsader, Adventzkranz, Differenz, Harz, Absturz, Pilzsuppe, Glanz, Weihnachtsgans, Finansamt, Nerz, Schwanz, Pfefferminz, vergebenz, Schmalz, anfangs, Mals, Brennholz, Residenz, Geburtstag, Filz

74. Natur in Gefahr

Überall in der Welt schreitet die Industrialisierung immer weiter fort. Wälder und Wiesen müssen für den Bau neuer Fabriken, Wohnhäuser und Verkehrswege mehr und mehr Platz machen. Doch die Naturlandschaften werden nicht nur beträchtlich eingeengt, sie sind auch in ihrer Existenz bedroht. Industrieabgase beeinflussen Wachstum und Leben nahe gelegener Obstbäume und Kulturpflanzen. In letzter Zeit schlagen immer mehr Forstleute Alarm, weil viele gesunde Fichten plötzlich ihre Nadeln verlieren und absterben. Große Baumbestände im Bayerischen Wald, im Sauerland und anderen waldreichen Gebieten sind in ihrer Existenz durch den sauren Regen bedroht, der durch Industrieabgase verursacht wird. Giftige Abwässer verschmutzen unsere Flüsse und verursachen oft ein erhebliches Fischsterben. Um tiefer gelegene Braunkohlenflöze zu nutzen, wird der unterirdische Wasserspiegel durch Abpumpen des lebensnotwendigen Grundwassers gesenkt. In Amerika wollte man durch Rodung ausgedehnter Waldungen neue Weizenanbaugebiete gewinnen und schuf verstepptes, ausgedorrtes Land. Selbst von der Natur völlig abhängige Bauern zerstören mit chemischen Spritzmitteln die natürlichen Lebensgemeinschaften des Feldes. Naturschutzverbände weisen immer wieder auf die damit verbundene Gefährdung unseres Lebensraumes hin.

Je dichter die Menschen ihre Siedlungen bevölkern, je zahlreicher und großflächiger die Industriezentren werden, desto notwendiger ist es, Kraft aus der Natur zu schöpfen. In der Stille der Wälder, inmitten der Wiesen, auf den Höhen der Berge und an den Ufern der Gewässer findet der ermattete, abgearbeitete Mensch wieder neue Kraft und innere Ruhe. Auch die Grünanlagen in den Städten werden immer bedeutungsvoller für die Gesundheit der Menschen. Daher sollte jeder Einzelne dazu beitragen, die Natur zu schützen und sie für das Wohl der Menschheit zu erhalten. (256 Wörter)

Übung 1

Wortfamilie „Industrie“:

Industrie, -zentrum, -betrieb, -bahn, -güter, -zeitalter, -verband, -gebiet, -staat, -erzeugnis, -bau, -landschaft, -abgase, -abwässer, Textil-, Grundstoff-, Eisen-, Nahrungsmittel-, Schwer-, Konsumgüter-, Papier-, Industrialisierung; Industrieller, Groß-; industrialisieren; industriell

Schreibe die Wörter vollständig ab!

Übung 2

Wortfamilie „Natur“:

Natur, Herren-, Über-, Menschen-, -forscher, -mensch, -volk, -kunde, -wissenschaft, -erscheinung, -kraft, -zustand, -trieb, -recht, -gewalt,

-heilkundiger, -freund, -liebe, -talent, -kind, -schutz, -stoffe, -geschichte, -schutzgebiet, -seide; Naturalismus; Naturalist; Naturalien; naturalistisch; natürlich, un-, wider-, über-; naturgemäß, -getreu, -wüchsig, -widrig, -wissenschaftlich, -kundlich, -liebend, -rein, -notwendig; naturalisieren

Schreibe die Wörter alphabetisch geordnet ab und erstelle auch ein Wortfeld zum Thema „Natur"!

Übung 3

tz, zz oder z (mit 3 Schreibfehlern):

Existenz, Platz, Braunkohlenflöze, Weizenanbaugebiete, Spritzmittel, Naturschutz, trotz, Skizze, protzen, reitzvoll, Kapuze, Haubitze, Spatziergang, Blizzard, Razzia, nutzlos, ärtztlich, Metzgerei, Mazedonien, Nizza, Matratze, Matrize, Abruzzen, nutzlos, verletzt, Götzendienst, Quarz, Hyazinthe, Dutzend, spreizen, Glyzerin, Hitzschlag, Intermezzo, verschmutzt, Brezel, Horizont, Bauklotz

Berichtige die Schreibfehler und ordne die Wörter (tz, zz, z)!

▶ Kontrollmöglichkeit im Lösungsteil Nr. 97

75. In unseren Mittelgebirgen

Deutschland ist unendlich reich an großartigen Landschaften und Naturschönheiten. Wenn auch die Ballungsräume des Fremdenverkehrs an den Küsten und in der alpinen Hochgebirgswelt liegen, so bieten doch die oft weniger beachteten deutschen Mittelgebirge eine besonders liebliche, abwechslungsreiche Landschaft mit Tälern und Höhen, Bergen und Seen, Wäldern und Wiesen. Alle paar Schritte erhält hier der wandernde Naturfreund ein völlig anderes Landschaftsbild. Lichtungen inmitten bewaldeter Höhen geben den Blick frei auf sonnenüberflutete Täler mit Blumenwiesen und klaren Bächen. Zwischen dem Braun, Grün und Gelb der Felderstreifen scheinen die Dörfer versonnen zu träumen. In der Ferne erheben sich bewaldete Bergrücken, die im Dunst des Horizonts nur schwach zu erkennen sind. Es ist der eigenartige, immer wieder bezaubernde Reiz der deutschen Mittelgebirge, dass sie bei aller Verwandtschaft landschaftlicher Grundformen in ihrem Charakter so völlig verschieden sind. Welch jäher Unterschied liegt beispielsweise zwischen dem sanften Odenwald und der rauen Rhön! An der Bergstraße am Fuße des Odenwaldes gedeihen in fast südlichem Klima Aprikosen, Mandeln und Edelkastanien. Auf den Hochflächen der Rhön, über die stürmische Winde brausen, suchen Schafherden ihre kärgliche Nahrung. Oder wer möchte den ernsten Schwarzwald mit dem heiteren Elbsandsteingebirge gleichsetzen? So vielfältig die Formen, so verschieden sind die Kräfte, die am Aufbau unserer Mittelgebirge gewirkt haben, bis sie nach vielen Jahrtausenden ihre heutige Gestalt erhielten. Unerschöpflich sind Formenreichtum, landschaftliche Besonderheiten und die Fülle der Naturschönheiten für Menschen, die das alles zu sehen vermögen. (233 Wörter)

Übung 1
Die Schreibung des f-Lautes:

Fremdenverkehr, völlig, überflutet, vielfältig, unerschöpflich, Triumph, Pfau, sanft, empfindsam

Fülle die Lücken in folgenden Wörtern durch Einsetzen von f, v, ph und pf:

trium____ieren, Stati____, ____ers, kram____haft, Em____ehlung,

____orderung, Mikro____on, ____ertigkeit, bra____, Sen____,

Tro____äen, ____ahlhell, Katastro____e, ____öllig, ____ogt,

As____alt, Cuxha____en, Friedrichsha____en, Trum____,

Pro____et, Lar____e, Paragra____, ab____eilen, Fre____el,

Ge____ieder, ____ilipp, ____ehde, ge____legt

Arbeitshilfe: In 8 Lücken muss *f*, in 8 Lücken *v* ergänzt, in 6 Lücken *ph* und in 4 *pf* eingesetzt werden. In eine Lücke kann man *f* oder *ph* einsetzen.

▶ Lösungsteil Nr. 98

Übung 2
Fremdwörter mit ch:

Charakter, Chronik, Christ, Chrom, Chlor, Chronometer, Cherubin, Chrysantheme, Chaos, Chrisam, Cholera, Choral, chronologisch,

Chlorophyll – Champignon, Champion, Chauffeur, Chemiker, Chef, Chaussee, Charme, chiffrieren, chartern

Schreibe abgeleitete oder zusammengesetzte Wörter!

Übung

Übung 3

Hauptwörter (Substantive), die als Verhältniswörter (Präpositionen) gebraucht werden (Kleinschreibung):

inmitten bewaldeter Höhen – kraft seiner Sendung – dank seiner Geschicklichkeit – zeit seines Lebens – angesichts der Gefahr – mangels Beweises – namens der Eltern – zwecks Überprüfung – zufolge der Anordnung – um Gottes willen – anstatt zu kommen – seitens der Angehörigen – statt des Meisters

Bilde daraus Sätze!

Übung

Übung 4

b oder p:

alpin, lieblich, Elbsandsteingebirge, Schwäbische Alb, Krebs, Abteikirche, Knoblauchwurst, Publikum, Plombe

Setze in die Lücken folgender Wörter b oder p:

Klo____s, Re____huhn, Re____u____lik, Al____traum, Rau____tier,

Ra____s, Pro____st, Manuskri____t, Hau____tmann, Ka____sel,

O____dach, Du____likat, Reze____t, erwer____stätig, Schna____s,

Schu____lade, Klem____ner, Gelü____de, le____los, Re____stock,

Stö____sel, Schrau____stock, Gi____s, der____, Pa____st,

Tra____rennen, Schli____s, gewöl____t, Häu____chen

Arbeitshilfe: In 14 Lücken fehlt *b*, in 15 *p*. In eine Lücke kann man statt *b* auch *f* einsetzen.

▶ Lösungsteil Nr. 99

76. Eine teure Reissuppe

Diktat

Eine Gruppe fünfzehnjähriger Jungen hatte frohgemut mit ihren Rädern eine Wochenendfahrt ins Sauerland unternommen. Am Rande einer schützenden Fichtenschonung hatten sie ihre Zelte aufgebaut und hockten nun um die Kochstelle, über der die Reissuppe bereits munter brodelte und verheißungsvoll duftete. Peter, der Gruppenkoch, hatte soeben den Inhalt zweier Fleischkonservendosen in die Suppe geschüttet und probierte noch einmal das fast fertige Mittagessen. Sein Gesichtsausdruck verriet, dass er mit der Suppe völlig zufrieden war. Während zwei Jungen den rußigen, schweren Fahrtentopf vom Feuer hoben, holten die anderen ihre Essgeräte aus den Zelten. Da fuhr plötzlich ein Windstoß in die nicht mehr abgedeckte Feuerstelle, sodass ein starker Funkenflug entstand, der trockenes Gras und dürres Unterholz entzündete. Behände versuchten die Jungen den entstehenden Brand auszuschlagen. Aber trotz aller verzweifelter Bemühungen gelang es ihnen nicht, das sich rasch ausbreitende Feuer einzudämmen. Bald stand ein Großteil der angrenzenden Fichtenschonung in lichten Flammen. Prasselnd und knisternd stob das Feuer, weithin sichtbar, über die Baumkronen. Sirenengeheul ertönte in der Ferne und alarmierte etliche Löschkommandos. Doch auch Feuerwehrleute und Forstarbeiter konnten nicht verhindern, dass trotz heldenhaften Einsatzes zahlreiche Hektar wertvollen Baumbestandes vernichtet wurden. Das Kochen der Reissuppe war für die Jungen teuer geworden, da sie wegen fahrlässiger Brandstiftung von einem Jugendgericht bestraft wurden. (208 Wörter)

Übung 1

Übung

ä – e:

Schwierigkeiten: behände – eigenhändig, Schlegel – Beschläge, Krempel – Kram, Schenke – Ausschank, Wildbret – Wildbraten, überschwänglich – Überschwang, Schwemmland – Schwamm, Stängel – Gestänge, Eltern – älter

Setze e oder ä in die Lücken folgender Wörter ein:

Kr____mpe, vorm____rken, D____mmerung, br____nzlig,

Kal____nder, Sch____rpe, T____rpentin, eink____rkern,

Fortsetzung Seite 154

widersp____nstig, rückw____rts, H____rmelin, g____rben,

Sch____lle, ans____ssig, vielf____ltig, Glassch____rben,

verd____rblich, schw____tzen

Arbeitshilfe: In 6 Lücken muss *ä* eingesetzt werden.
▶ Lösungsteil Nr. 100

Übung 2
Schwierigkeiten bei der Schreibung des s-Lautes:
Reissuppe, verheißungsvoll, rußig, Essgeräte, fahrlässig, prasseln, Forstarbeiter, Muskel, verblassen, bisschen, Grieß
Setze in die Lücken folgender Wörter s, ss oder ß ein:

prei____wert, nachlä____ig, Rei____brett, Kürbi____, Karu____ell,

Pa____ierschein, Qua____te, wi____begierig, mei____tens,

grie____grämig, Grie____pudding, Nutznie____ung,

Kohlengru____, Flie____enleger, Streu____elkuchen,

verpa____en, Bu____ard, Mu____keln, Firni____, Bi____tum,

Prei____elbeeren, Profe____or, ru____isch, ru____ig

Arbeitshilfe: In 12 Wörtern fehlt *s*, in 8 *ss* und in 4 *ß*.
▶ Lösungsteil Nr. 101

Übung 3
Wortfamilie „spielen“:
spielen, ab-, an-, auf-, aus-, ein-, mit-, nach-, über-, ver-, vor-, zu-, zusammen-; Spiel, Ab-, An-, Ball-, Bei-, Bundesjugend-, Glücks-, Versteck-, Gedulds-, Lieblings-, Lotterie-, Roulett-, Karten-, Skat-, Quartett-, Mühle-, Dame-, Brett-, Halma-, Schach-, Würfel-, Kegel-, Kugel-, Wett-, Kampf-, Lauf-, Golf-, Zu-, Hockey-, Tennis-, Fang-, Rate-, Versteck-, Unterhaltungs-, Übungs-, Puppen-, Kreis-, Stegreif-, Rollen-, Sing-, Kinder-, Schul-, Märchen-, Theater-, Schau-, Lust-, Trau-

er-, Laien-, Schatten-, Zwischen-, Vor-, Fernseh-, Bühnen-, Orgel-, Flöten-, Gast-, Mienen-, Wind- (Zwergwindhund), Kirch- (Pfarrbezirk), -schule, -ball, -schrank, -zeug, -leidenschaft, -schuld, -geld, -beginn, -dauer, -film, -marke, -figur, -puppe, -karte, -uhr, -plan, -ordnung, -weise, -führer, -zeit, -trieb, -gruppe, -sachen, -platz, -tisch, -art, -glück, -tag, -automat, -feld, -zimmer, -kasino, -brett, -laune, -kamerad, -gefährte, -regel, -stand, -dose, -kiste, -hölle, -verderber, -waren, -oper, -raum, -saal, -wiese, -bank, -leute, -mannszug; Spieler, Klavier-, Geigen-, Glücks-, Gegen-, Ersatz-, Zither-, Theater-, Fußball-, Laien-, Schau-, Platten-, Mit-; Spielerei; Anspielung; spielmüde, -frei, kostig, -entscheidend, -erfahren; spielerisch; verspielt
Beschreibe dein Lieblingsspiel, indem du möglichst viele Wörter der Wortfamilie „spielen" verwendest!

Übung 4
Wortfeld „Fortbewegungsmöglichkeiten in der Freizeit":
reisen, wandern, spazieren, stolzieren, gehen, bummeln, schlendern, schreiten, marschieren, umherstrolchen, tippeln, stapfen, pilgern, zotteln, klettern, laufen, erklimmen, ersteigen, pirschen, strolchen, joggen; rudern, segeln, gondeln, paddeln, waten, gleiten, schwimmen, surfen; reiten, galoppieren, traben; fahren, rollen, radeln, kutschieren, kurven; fliegen, schweben, aufsteigen, segeln, landen
Ordne die Wörter innerhalb der Gruppen (zu Fuß, im Wasser, zu Pferd, im Fahrzeug, in der Luft) alphabetisch!

77. Sonnenaufgang in den Alpen

Kurz nach Mitternacht war eine Gruppe fünfzehnjähriger Jungen in der Garmischer Jugendherberge aufgebrochen, um von einem günstige gelegenen Gipfel den Sonnenaufgang mitzuerleben. Zunächst war es der Anblick des sternklaren, mondlosen Nachthimmels, an dem sogar einige Sternschnuppen entlanghuschten, der bei den Großstadtjungen echte Bewunderung auslöste. Dann nahm der Bergwald die jungen Nachtwanderer auf, die ihre Aufmerksamkeit auf den schmalen, grasbewachsenen Pfad richten mussten, da er nur schwach im matten Lichtkegel einiger Taschenlampen zu erkennen war. Steiler und steiniger wurde der serpentinenreiche Weg, sodass trotz der Nachtkühle auf mancher Jungenstirn Schweiß perlte. Das Marschtempo durfte nicht verlangsamt werden, wenn man rechtzeitig bei Sonnenaufgang am Gipfel sein wollte. Allmählich wurde der Bergwald lichter. Nur noch einzelne Fichten und Krüppelkiefern hoben sich schwarz gegen den sich langsam aufhellenden Himmel ab. Unmerklich verblassten die Sterne. Ein orangeroter Streifen wurde hinter der grauvioletten Bergsilhouette sichtbar und verbreitete sich. Undurchdringliche, weißgraue Nebelschwaden sammelten sich im Tal. Endlich hatten die Jungen den Gipfel erreicht. Bald war der Zeitpunkt des Sonnenaufgangs gekommen. Gebannt schauten die Jungen, als die Sonne orangefarben aus der am Horizont befindlichen Wolkenwand auftauchte. Ihre Strahlen wärmten die frierende Jungenschar und ließen die obersten Bergkuppen in lichtem Rot erstrahlen. Doch beim Höhersteigen der Sonne wurde die Färbung der Felswände rasch fahler. Nur wenige Sekunden hatte diese Pracht gedauert. Dennoch waren die Jungen froh, einmal einen Sonnenaufgang im Gebirge miterlebt zu haben. (229 Wörter)

Übung 1

Zusammengesetzte Eigenschaftswörter (Adjektive) – Farbbezeichnungen:

a) Zusammensetzung zweier Farbbezeichnungen: Das Grundwort gibt die Grundfarbe an: weißgrau, orangerot, rotorange, blaurot, grauviolett, schwarzbraun, braunviolett, …
aber: blau-rot, gelb-grün (jeweils zwei Farben unvermischt nebeneinander)

b) Zusammensetzung mit Eigenschaftswörtern (Adjektiven), die den Helligkeitsgrad angeben: hellgelb, lichtgrün, mittelbraun, tiefblau, dunkelrot, mattrosa, blassgrün, hochrot, …

c) Zusammensetzung mit Hauptwörtern (Substantiven): kanariengelb, karminrot, moosgrün, veilchenblau, purpurlila, rostbraun, schiefergrau, …

Setze die Reihen fort!

Übung 2

Schreibweisen des langen a:

Fülle die Wortlücken (8 Wörter werden mit aa, 17 mit ah geschrieben) und setze anschließend die Reimreihen fort!

Schar, P____r, kl____r, H____r, M____r, St____r, Not____r, J____r,

Honor____r, Gef____r, B____r, S____r, r____r

schmal, T____l, ____l, k____l, Pok____l, Pf____l, Str____l,

Merkm____l, Z____l, Festm____l, Kan____l, Port____l, Karnev____l

Pfad, St____t, Dr____t, Orn____t, N____t, Sal____t, Zitron____t,

S____t, B____d, Aggreg____t, Plak____t, priv____t,

Schwan, W____n, Tr____n, Ork____n, H____n, Marzip____n,

Holzsp____n, B____n, Kr____n, Porzell____n, Fas____n

lahm, z____m, Sch____m

Schale, Sand____le, ____le, Ped____le, S____le, Kathedr____le

Regenplane, F____ne, S____ne, Ban____ne, Ur____ne, Li____ne,

Karaw____ne

▶ Lösungsteil Nr. 102

Übung 3
Schärfung mit pp (mit 3 Schreibfehlern):
Gruppe, Krüppelkiefer, knapp, Krappe, Stoppelfeld, Kaulquappe, verdoppeln, Pappel, appetitlich, üppig, galoppieren, Tappete, ertappt, klappern, rappeln, schlapp, schnuppern, struppig, zappelig, Sirupp, Apparat, knapp, Teppich, verschleppen, suppig
Berichtige die 3 Schreibfehler und ordne nach Wortarten!
▶ Kontrollmöglichkeit im Lösungsteil Nr. 103!

Übung 4
Schärfung mit tt:
Mitternacht, Silhouette, matt, Krawatte, Ringelnatter, Ballett, flattern, ermitteln, kaputt, Parkett, Kompott
Setze in die Lücken folgender Wörter tt oder t:

Kapi____el, spö____isch, Table____, Schni____lauch, Na____ur,

Ersta____ung, Gi____arre, Kilowa____, A____entat, Kri____ik,

Zigare____e, Ba____erie, A____rappe, A____oll, Karo____en,

Konfe____i, Ma____erial, Qui____ung, Me____all, Ku____sche,

Ku____e, E____age

Arbeitshilfe: In 13 Wörtern fehlt *tt*, in 9 *t*.

► Lösungsteil Nr. 104

78. An der Isarquelle

Diktat

Lukas und Jonas, zwei Natur- und Wanderfreunde, durchwandern während der Sommerferien einen Teil des Karwendelgebirges. Dabei kommen sie durch ein wildromantisches Hochtal zum Quellgebiet der Isar. Sie fänden die Quelle bestimmt nicht, wenn sie nicht ein Ortskundiger führen würde. Halb unter einem Baumstumpf versteckt, entdecken sie ein unscheinbares, sprudelndes Rinnsal. Munter plätschert das Quellwasser über Felsen und Geröll und bahnt sich schon recht kraftvoll und eigenwillig seinen Weg. Schmelzwasser von den schneebedeckten Gipfeln des Karwendelmassivs und Wasserfälle lassen die Isar rasch zu einem schäumenden Wildbach anwachsen. Nicht weit unterhalb der Quelle stärken sich die Jungen in einer Hütte, deren Wirt das Wildwasser zur Stromerzeugung nutzt. Während die Wanderer ihre Erbsensuppe löffeln, erzählt der Hüttenwirt von seinen Wildwasserfahrten auf der Isar, die bis zur Mündung einen Höhenunterschied von 1 500 Metern überwindet. Jahrhundertelang haben Flößer das Gefälle genutzt, die im Gebirge gefällten Baumstämme zur Verarbeitung bis München oder sogar nach Passau und Wien zu transportieren. Jonas denkt an die warmen Sommertage des Vorjahrs, als er nahe der bayerischen Hauptstadt in der Isar oftmals gebadet hat. Dort ist aus dem tosenden Wildwasser ein gemächlich dahinziehender Fluss geworden. Wehre, Kraftwerke und Stauseen haben ihn gezähmt und ihm die ursprüngliche Kraft genommen. Bevor die beiden Jungen zum Abstieg aufbrechen, füllen sie ihre Feldflaschen mit dem kristallklaren Bergwasser der Isar. (218 Wörter)

Übung 1

b oder p:

unterhalb, Abstieg, Erbsensuppe, Hauptstadt, geprobt, Herbsttag, Stoppelfelder, Betrieb, schwebt, Obstbau, hopsen, zerlumpt, Körbchen, Schlips, Abt, Krebs, Papst

Ordne nach der Schreibweise und füge verwandte Wörter hinzu (Herbst, herbstlich, ...)!

Fülle die Lücken in den folgenden Wörtern durch Einsetzen von b oder p:

ster____lich, Gi____s, verder____lich, Re____huhn, hü____sch,

Ra____s, Er____se, betäu____t, Sie____, Häu____tling,

Gelü____de, Schu____karre, O____dach, Poly____, O____tiker,

Schwäbische Al____, Repu____lik, Ze____ter, Ter____entin,

Kla____s, belau____t, gesträu____t, schu____sen

Arbeitshilfe: In 9 Wörtern muss *p* eingesetzt werden.

► Lösungsteil Nr. 105

Übung 2

Wörter mit ff:

löffeln, hoffentlich, zutreffend, Pfiff, Karaffe, raffiniert, Riff, offizi ell, Affekt, Koffer

Setze in die Lücken ff oder f ein:

In____ektion, o____ensiv, Beschä____tigung, Erscha____ung,

Geschä____t, Tre____punkt, Ö____nung, Pfe____erkörner,

Angri____, vergrei____en, Eiswa____eln, Gira____en

Arbeitshilfe: In 8 Wörtern muss *ff* eingesetzt werden.

► Lösungsteil Nr. 106

Übung 3

s, ss oder ß:

Flößer, Imbiss, Kürbis, Griesgram, Grießsuppe, bisschen, Muskeln, vergesslich, vorgestern, Fließband, Atlas, Iltis, Reisfeld, Reißbrett, Verschleiß, Bahngleis, Ausland, außen, Gewissheit, Weisheit, Weißlack, bloß, Absolutismus, preiswert, fleißig

Ordne die Wörter nach der Schreibung des s-Lautes!

Übung 4

Zusammengesetzte Mittelwörter (Partizipien):

schneebedeckte Gipfel (mit Schnee bedeckt), moosbewachsene Steine (von Moos bewachsen), kampferprobte Männer (im Kampf erprobt), eine eisgekühlte Erfrischung (durch Eis gekühlt)

Bilde zusammengesetzte Mittelwörter aus: vor Schmerz verzerrt; mit der Hand gearbeitet; im Schreiben gewandt; von Dank erfüllt; mit Blut befleckt; vor Wind geschützt; mit Schuld beladen

79. Ebbe und Flut

Für einen Teil der Sommerferien hat sich Sabine in einer Jugendherberge an der deutschen Nordseeküste einquartiert. Doch als sie am nächsten Morgen schwimmen will, ist kein Wasser zu sehen. Es ist Ebbe. Barfuß wandern einige Leute am Strand entlang oder stapfen durch das Watt. Als Sabine im Vorjahr an der Ostsee war, hatte sie die durch die Gezeiten bedingten Unterschiede nicht bemerkt. Wegen der umschließenden Landmassen kann sich die atlantische Flutwelle in diesen Randmeeren kaum auswirken. Hier aber sieht Sabine die Wirkung der gegenseitigen Anziehung von Erde und Mond sehr deutlich. Auf der dem Mond zugewandten Seite bildet sich auf dem Ozean eine verstärkte Wasseransammlung. Infolge der Erddrehung und der Fliehkraft wiederholt sich dieser Vorgang nochmals während eines Tages. Dabei zieht sich das Wasser von den Küsten zurück, um nach sechs Stunden in der Gegenrichtung zu fluten. Infolge des Mondumlaufes verzögert sich dieser Vorgang täglich um fast fünfzig Minuten. So wechseln Ebbe und Flut mit exakter Regelmäßigkeit. Damit Sabine die Badezeiten in ihren Tagesablauf einplanen kann, besorgt sie sich einen Tidenkalender, auf dem die Zeiten von Hoch- und Niedrigwasser für die nächsten Wochen eingetragen sind. Bis zur einsetzenden Flut will sie ein Stück an dem von den Wellen gerillten und von Muschelschalen bedeckten Strand entlangwandern und es sich am Deich bequem machen. Doch sie freut sich jetzt schon auf das Schwimmen bei Flut am frühen Nachmittag. (229 Wörter)

Übung 1
Wörter mit tsch:

Lutscher, rutschen, Kutscher, latschen, quietschen, deutsch, tratschen, patschen, fletschen, klatschen, quetschen, zwitschern, Peitsche, watscheln, plätschern, Pritsche, quatschen

Schreibe die Wörter ab und trenne sie dabei! (Lut-scher, ...)
Bilde davon verwandte Wörter!

Übung 2
äu – eu:

bedeutungsvoll, Handelshäuser, Kaufleute, kreuzen, heute, verträumt, säuerlich, beschleunigen, Gebäude, Scheune, verräuchert, läuten, keuchen, Geräusch, Zigeuner, Spreu, betäubt, häufig, Beule, kräuseln, meutern, bläulich, neulich, heulen, träufeln, Knäuel, seufzen, scheu, säuseln, vergeuden, Säule, erläutern, scheußlich, sträuben, steuern, Gräueltat, häuten, schäumen, ungläubig

Ordne die Wörter nach ihrer Schreibweise (äu – eu)!
Ergänze folgende Wörter:

vers____men, Bed____tung, L____chter, S____gling,

Verl____mder, r____spern, h____cheln, M____terei, S____re,

T____schung, verstr____en, H____ptling, ohrenbet____bend,

K____chhusten, Schl____der, Wollkn____el, versch____chen,

R____ber, Gestr____ch, anf____ern, S____fzer, Kr____ter,

Kr____zer, s____bern, d____tlich

Arbeitshilfe: 13 Wörter werden mit *eu* geschrieben.

► Lösungsteil Nr. 107

Übung 3

Unterscheiden von end – ent:

a) Wortfamilie „Ende": Ende, Lebens-, Monats-, Jahres-, Kriegs-, Spiel-, Zug-, Wurst-; Endpunkt, -silbe, -kampf, -runde, -station, -lauf, -spiel, -spurt, -zweck, -ung; Unendlichkeit; Beendigung; Zwölfender; endlich; endlos; endgültig; enden, be-, ver-, ...
b) Mittelwörter der Gegenwart: singend, laufend, springend, kämpfend, wissend, ringend, schützend, gestaltend, ...
c) Vorsilbe ent-: entfernt, entdeckt, entehrt, entzwei, Entführung, Entscheidung, entreißen, entkommen, unentwegt, unentbehrlich, unterentwickelt, Entstehung, ...
d) -ent- vor der Nachsilbe -lich: versehentlich, hoffentlich, gelegentlich, öffentlich, wesentlich, eigentlich, wöchentlich, ...
e) -ent am Ende der Fremdwörter: Student, Advent, Zement, Talent, Dozent, Testament, Regiment, Patent, Dirigent, Patient, ...

Erweitere die Reihen!

Übung 4

Die Nachsilbe -ung bei der Silbentrennung:

Ansamm-lung, Wande-rung, Gegenrich-tung, Anzie-hung, Beschaf-fung, Schlie-ßung, Sit-zung, Fes-tung, Verteidi-gung
Bilde aus folgenden Zeitwörtern (Verben) Hauptwörter (Substantive) und schreibe sie nach Silben getrennt in dein Heft: beschreiben, bestellen, vertreten, erfassen, belasten, entscheiden, prüfen, versetzen, retten, pflanzen, strecken

80. Die Entwicklung der Raumfahrt

Seit Beginn der Weltraumfahrt haben wir mehr Einblicke in das Weltall übermittelt bekommen als es die Astronomen in den vergangenen Jahrhunderten ermöglichen konnten. Allerdings kosten diese Unternehmungen im All jedes Mal Millionen Dollars, jedoch die wissenschaftlichen Auswertungen sind für die gesamte Menschheit von hohem Wert. Diese Raumflugunternehmungen liefern wertvolle Messergebnisse aus dem erdnahen Weltraum. So haben wir schon bestaunenswerte Kenntnisse von Mond und Sonne sowie von den Nachbarplaneten Venus und Mars erhalten.
Schon seit langem umkreisen Wettersatelliten den Erdball, fotografieren die Oberfläche und senden ihre Fernsehbilder zu den Bo-

denstationen, wo sie von den Meteorologen ausgewertet werden. Je nach Art und Verteilung der Wolkenfelder lassen sich wichtige Schlüsse für die Wettervorhersage ziehen. Ebenso wertvoll sind die Nachrichtensatelliten, die wichtige Meldungen und Ereignisse schnell in alle Kontinente der Erde übermitteln. In den letzten Jahren wurden auch bemannte Raumfähren ins All geschickt. Einige Wochen oder auch mehrere Monate führen die Astronauten in ihrer Kapsel Beobachtungen und Untersuchungen durch. Sie verlassen sogar ihr enges Gehäuse und schweben im All, um notwendige Reparaturen an irgendeinem Weltraumteleskop durchzuführen. (177 Wörter)

Übung 1

Die Vorsilben ver- und zer-:

verbinden, Versuch, vertrauen, … zersägen, zerstören, Zerlegung, …
Prüfe, zu welchen Zeitwörtern die Vorsilben ver- oder zer- passen!
teilen, irren, reiben, spalten, rechnen, reißen, fluchen, setzen, beißen, trampeln, fallen, ankern, wühlen, hauen, streuen, schreiben, laufen, tauschen, schneiden, füttern, knautschen, setzen, kratzen, drehen, fließen
Hast du gemerkt, dass oft beide Vorsilben passen?

Übung 2

Zeitwörter in der Verbindung mit „zu“:

einen Brief zukleben – jemandem gut zureden – beim Flug zuschauen – das Paket zustellen – die Taschen fest zuhalten – eine Lücke zumauern – unser Erscheinen zusagen –
Aber „zu“ unverbunden bei der Nennform: Ich habe nichts zu kleben. – Er beginnt zu reden. – Es war schwer, das Gewicht zu halten. – Sie wusste nichts zu sagen. – Vergiss nicht, die Fenster zu schließen! – Sie bemühten sich, schnell Hilfe zu leisten.
Suche weitere Beispiele (zufügen, zutrauen, …)!

Übung 3

mal – Mal, Male:

Kleinschreibung (dann Zusammenschreibung als Umstandswort): jedesmal, keinmal, manchmal, diesmal, mehrmals, tausendmal, vielmals, mit einemmal, vierhundertmal
Großschreibung (Getrenntschreibung als Hauptwort): das erste Mal, vom vergangenen Mal, beim letzten Mal, zum allerletzten Mal, voriges Mal, kein einziges Mal, letztes Mal, manches Mal, viele hundert

Mal, ein ums andere Mal, dieses Mal, übernächstes Mal, zum soundsovielten Mal, zum wiederholten Mal, zum ersten Mal, unzählige Mal, duzend Mal, verschiedene Mal, ein für alle Mal, vom zweiten Mal, das dritte Mal

Mit den Endungen -e oder -en muss „Mal" mit großem Anfangsbuchstaben geschrieben werden: etliche Male, beim vorigen Male, nach dem zehnten Male, viele Male, zu wiederholten Malen, bei verschiedenen Malen

Bilde Sätze!

Übung 4

weise, weisen – Waise – weiß:

Weissagung, Weisheit, Weisheitszahn, Beweis, Ausweis, Nachweis, Hinweis, Verweis, Überweisung, Zuweisung, weissagen, jemandem etwas weismachen, weisen, anweisen, abweisen, vorweisen, zurückweisen, einweisen, ausweisen, wohlweislich

Waise, Waisenhaus, Waisenkind, Vollwaise, verwaisen

weiß, weißlich, Eiweiß, Deckweiß, Edelweiß, Kohlweißling, Weißlack, Weißwein, Weißwaren, Weißnäherin, Weißbrot, Weißkäse, Weißglut, Weißdorn, Weißbuche, Weißkohl, Weißwurz, Weißfisch, Weißgerber, Weißrusse, Weißwurst, Weißblech, weißen

Diktiere die Wörter auszugsweise deinem Nachbarn!

81. Ein verlockendes Angebot

Schon zum dritten Mal nacheinander war Peter Schulte zum Bürgermeister einer westfälischen Kreisstadt gewählt worden. Diesmal war seine Wiederwahl bei der letzten Stadtratssitzung sogar einstimmig erfolgt. Mit Recht konnte Schulte darauf stolz sein, dass ihm auch sonst seine Mitbürger voll vertrauten. Immer wieder kamen sie mit ihren Anliegen und Schwierigkeiten zu ihm, um Rat und Hilfe zu finden. In seiner Amtszeit als Bürgermeister war es in der Kreisstadt beachtlich aufwärts gegangen. Viele Gebäudeschäden waren längst beseitigt, ein Gymnasium und drei andere Schulen wurden errichtet. Das Rathaus hatte den notwendigen Erweiterungsbau erhalten, und eine gepflegte Parkanlage verschönte mit ihrer Blumenpracht seit Jahren die Stadt. Es war vorgesehen, nun auch den längst fälligen Krankenhausneubau durchzuführen. Über die bereits vorliegenden Baupläne verschiedener Architekten sollte in der nächsten öffentlichen Stadtratssitzung entschieden werden. Wenige Tage vorher erschien einer der Architekten beim Bürgermeister und versprach ihm, falls er die Ratsmitglieder zur Annahme seines Planes beeinflussen könnte und ihm die Bauleitung übertragen würde, einen ansehnlichen Geldbetrag oder den kostenlosen Umbau seines Eigenheims in ein behagliches, neuzeitliches Einfamilienhaus. Das war ein verlockendes Angebot. Schulte wusste, dass es ihm nicht schwerfallen würde, den Stadtrat, der sich hauptsächlich aus Fraktionskollegen zusammensetzte, für diesen Architekten zu gewinnen. Aber er war sich sofort im Klaren, dass er auch diesmal aus seinem Ehrenamt als Bürgermeister keinen materiellen Nutzen ziehen würde. (221 Wörter)

Übung 1

Recht – recht:

Großschreibung: mit Recht, nach Recht und Gewissen, ohne Recht, im Recht sein, Recht sprechen (suchen, finden), sein Recht fordern (erhalten, begehren), ein Recht haben (verleihen, verteidigen), von Rechts wegen, zu Recht bestehen (erkennen, behaupten), das Rechten, auf seinem Recht bestehen (pochen, hinweisen), Unrecht leiden, zu Unrecht, an den Unrechten kommen

Kleinschreibung: erst recht, es ist recht und billig, recht sein, es jemandem recht machen, recht tun, nichts recht machen, sich zurecht finden, unrechtmäßig, rechtmäßigerweise

Bilde Sätze!

Übung

Übung 2

Schärfung mit ll:

Kollege, materiell, Porzellan, Karussell, Flanell, Medaille, Ballon, Kastell, Allianz, Ellipse, Parallele, Alliierte, Pullover, Grill, Emaille, Pupille, Krawall, Cellophan, Bagatelle

Setze in folgende Wörter l oder ll ein:

Übung

A____uminium, Krista____, Wa____nuss, Gese____schaft,

Geschwu____st, Me____odie, Nachtiga____, Gefä____igkeit,

Ko____onie, A____kohol, Gori____a, A____arm, Tunne____,

Fortsetzung Seite 166

Mode____, Sche____fisch, A____mosen, Mo____kerei, gre____,

Po____itik, He____mut, Mi____itär, Mi____igramm

Arbeitshilfe: In 9 Wörter muss *ll* eingesetzt werden.

► Lösungsteil Nr. 108

Übung 3

Wortfamilie „helfen":

helfen, ab-, auf-, aus-, be-, fort-, hinauf-, herunter-, mit-, nach-, ein-, durch-, ver-, weiter-, zurück-; Helfer, Not-, Helfers-, Pfarr-, Flucht-, Seelsorge-, Schul-, Kranken-, Armen-, Geburts-; Behelf, Not-; Behelfsheim, -mittel; behelfsmäßig; Hilfe, Kranken-, Alter-, Nach-, Aus-, Bei-, Ab-, Not-, Mit-, Arbeits-, Entwick-lungs-, Sprechstunden-, Putz-, Selbst-, Sofort-, Wirtschafts-, Ernte-, Büro-, Land-, Küchen-, Schreib-, -ruf, -stellung, -leistung; Hilfsquelle, -schule, -arbeiter, -bereitschaft, -dienst, -zeitwort, -werk, -aktion, -mittel, -kreuzer, -gelder, -truppen, -gemeinschaft, -mannschaft, Aus-kraft; Gehilfe, Forst-, Heil-, Handlungs-; Gehilfin, Haus-; Gehilfenprüfung; hilflos, -reich, be-lich; hilfsbereit, -bedürftig, aus-weise; Hilfe bringend, – suchend, – flehend; unbeholfen

Ordne so viele Wörter wie möglich folgenden Sachgebieten zu: Schule, Beruf, Medizin, Religion!

Übung 4

Wörter mit ts:

bereits, Ratssitzung, abseits, Hochzeitsreise, stets, nichts, aufwärts, Geburtstag, nachts, jenseits, Rätsel, Arbeitstag, Wirtshaus, ...

Setze die Wortreihe fort!

82. Die Notwendigkeit unabhängiger Gerichte

Bereits in den Anfängen menschlichen Gemeinschaftslebens hat es, wie wir aus der Kulturgeschichte wissen, Richterämter gegeben. Kein Staat kann auf Gerichte verzichten, da sonst das Recht des Stärkeren Gültigkeit hätte. Müsste jeder einzelne selbst für sein Recht sorgen, herrschte das Faustrecht, und chaotische Zustände gefährdeten die Existenz jeder menschlichen Gemeinschaft. Allerdings wurden die richterlichen Aufgaben nicht immer von Personen wahrgenommen, die ausschließlich für die Rechtsprechung eingesetzt waren. In früheren Zeiten war oft der König gleichzeitig Herrscher und Richter. Noch im vergangenen Jahrhundert war in Deutschland vielerorts der Posten des Landrats mit dem des Amtsrichters vereinigt. Eine Koppelung des Richteramtes mit den Aufgaben von Gesetzgebung und Verwaltung widerspricht aber den geltenden demokratischen Grundsätzen und könnte die Unabhängigkeit der Rechtsprechung infrage stellen. Sie verlangt, dass Richter in ihren Entscheidungen völlig unbeeinflusst sind und an keinerlei Weisungen von Staat, Parteien oder Vorgesetzten gebunden sind. Früher entschied der Richter in Streitfällen oft zugunsten des Vornehmeren, oder man erzwang durch Quälereien und Folterungen Geständnisse. Beim mittelalterlichen Gottesurteil blieb die Urteilsfindung sogar dem Zufall überlassen. Oft wurden dabei völlig Unschuldige als Verbrecher grausam hingerichtet. Eine derartige Rechtsprechung ist in einem modernen Staat nicht mehr denkbar. In einem Rechtsstaat hat jeder ohne Rücksicht auf Herkunft, Rasse, Besitz, Stellung, religiöse oder politische Zugehörigkeit Anspruch auf Gerechtigkeit. In gleichem Maße wahren Gesetze die Rechte aller Bürger in sämtlichen Lebenslagen. (225 Wörter)

Übung 1
Wortfamilie „wahr“:

wahr, für-, un-, -haft, -haftig, -scheinlich, -lich, -heitsliebend, -heitsgemäß; wahren, aufbe-, be-, ver-; wahrnehmen, -sagen, -haben, sich be-heiten; Wahrheit, -scheinlichkeit, -nehmung, -sager, -haftigkeit, -zeichen, Be-ung, Aufbe-ung, Ver-ung, Sicherheitsver-ung, Ge-sam, -heitsliebe; bewähren; Bewährung; Bewährungsfrist, -helfer; Bewährtheit
Schreibe die Wörter vollständig ab!

Übung 2
Wörter mit x:

Existenz, Textilien, Explosion, Examen, Experiment, Lexikon, exportieren, Taxe, Fixstern, Xylofon, Express, exerzieren, Axt, verhexen, Exil, Text, Boxen, Exempel, Saxofon, kraxeln, Exekution, Extrakt, expulsiv, fixieren, Exzellenz, Foxtrott, Plexiglas, Oxyd
Bilde davon abgeleitete oder zusammengesetzte Wörter!

Übung

Übung 3

Wörter mit qu:

Quälerei, Äquator, Quark, quer, Quartier, erquicken, Aquarium, quadratisch, Quaste, quietschen, Quecksilber, Quelle, quieken, Bequemlichkeit, Quantität, Qualität, quatschen, quirlen, Quarz, Quäker, quetschen, Quadrille, Quader, Kaulquappe, Quittung, Quartett, qualifiziert, bequem, hervorquellen

Ordne nach Wortarten!

Übung

Übung 4

Die Nachsilbe -nis:

Geständnisse, Wildnis, Erkenntnisse, Geheimnis, Ergebnisse, Bündnis, Gleichnis, ereignisreich

Bilde aus folgenden Zeitwörtern (Verben) mithilfe der Nachsilbe -nis Hauptwörter (Substantive) und setze sie in die Mehrzahl (Plural):

erlauben, ersparen, erleben, begraben, hindern, faulen, betrüben, gestehen, wagen, versäumen, bewenden, verhalten, vorkommen, geschehen, bekennen

83. Hohe Verantwortung

Diktat

Wieder wird ein Angeklagter in den großen, weißen Sitzungssaal des Landgerichts hereingeführt. Alle Anwesenden warten gespannt auf die Eröffnungsworte des Richters. Der Verteidiger und der Staatsanwalt überschauen noch einmal flüchtig die vor ihnen liegenden Akten oder überdenken ihre Reden. Der Gesichtsausdruck einiger Zeugen spiegelt das Verantwortungsbewusstsein wider, da sie zwischen Wahrheit und Trug unterscheiden und dem Richter zur richtigen Entscheidung verhelfen sollen. Jede noch so unbedeutend erscheinende Nebensächlichkeit kann plötzlich eine hohe Bedeutung bekommen. Sie alle fühlen sich verantwortlich für das Schicksal ihres Mitmenschen, auch wenn er gegen die Ordnung des gesellschaftlichen Lebens verstoßen hat. Auf diese Verantwortung weist der Richter nochmals alle Zeugen hin, die versprechen müssen, nichts als die reine Wahrheit zu sagen. Dadurch soll Intrigen und Verleumdungen wirksam vorgebeugt werden. Die größte Macht hat der Richter, jedoch ist mit diesem Amt eine hohe Verpflichtung gegenüber seinen Mitmenschen verbunden. Daher muss er ein unparteiisches, gerechtes Urteil fällen, das den Belangen der menschlichen Gemeinschaft wie auch denen des Angeklagten gerecht wird. Bevor der Richter auf seinem verantwortungsvollen Posten das schicksalsschwere Urteil fällt, hört er sich, Recht und Unrecht dabei sorgsam gegeneinander abwägend, die Rede des Verteidigers und des Anklagevertreters an und fordert die Zeugen gegebenenfalls zu weiteren Stellungnahmen auf. Dann liegt die Entscheidung allein beim Richter und den anwesenden Schöffen. Welchen Weg der Angeklagte künftig einschlagen wird, hängt wesentlich vom Urteilsspruch ab, den der Richter mit seinen menschlichen und juristischen Fähigkeiten treffen muss. (236 Wörter)

Übung 1

i oder ie:

Intrige, widerspiegeln, Prinzip, Sinfonie/Symphonie, Marine, spazieren, Kiellinie, Revier, Gummi, Genie, Krankenvisite

Setze in folgende Wörter i oder ie ein:

Kompan____, erw____dern, W____derholung, Med____z____ner,

Blütenst____l, Baust____l, Pr____mel, Detekt____v, Vert____fung,

Kam____n, Ge____sichtsm____ne, Bleistiftm____ne, Kal____ber,

Augenl____d, Rept____l, F____bel, Vent____l, Gard____ne

Arbeitshilfe: In 5 Lücken muss *ie* eingesetzt werden

▶ Lösungsteil Nr. 109

Übung 2

Wortfamilie „Recht“:

Recht, An-, Vor-, Erb-, Land-, Haus-, Stand-, Un-, Straf-, Zivil-, Kriegs-, Schul-, Kirchen-, Staats-, Wohn-, Faust-, Heimat-, Gast-, Eltern-, Familien-, Natur-, Gewohnheits-, Mitsprache-, Münz-, Markt-, Völker-, Wahl-, Vorschlags-, -losigkeit, -schreibung, -sprechung, -gläubigkeit, -fertigung, -eck, -schaffenheit, -mäßigkeit, -haber; Menschenrechte, Lebens-, Ehren-, Grund-, Bürger-; Rechtsanwalt, -lage, -pfleger, -grundlage, -sicherheit, -mittel, -staat, -streit, -kraft, -wissenschaft, -wesen, -weg, -schutz, -beistand, -fall, -gelehrter, -empfinden, -gefühl, -geschäft, -missbrauch; Gerechtigkeit; Berechtigung, Spiel-,

Fahr-; recht, un-, ge-, auf-, waage-, senk-, -schaffen, -haberisch, -mäßig, -gläubig, -winkelig, -zeitig, -lich, -los, -fertigen, wider-lich; rechtskräftig, -gültig; entrechten; be-igen; Richter, Amts-, Jugend-, Scharf-, Preis-, Schieds-, Untersuchungs-, Grundbuch-, Laien-, Linien-, Kampf-, Ring-, Gleich-, -amt, -spruch; Bericht, Nach-, -schnur, -fest, -kranz, -linie, -stätte, -strahler, -preis, -spruch, -maße, -feuer, -fernrohr, -kreis; Richtung, Grund-, Hin-, Vor-, Aus-, Ein-, Marsch-, Fahrt-, Himmels-, Wind-, Kunst-, Glaubens-; Richtungsänderung, -pfeil, -anzeiger; Berichtigung; Gericht, Amts-, Land-, Oberlandes-, Reichs-, Bundesverfassungs-, Bezirks-, Verwaltungs-, Kammer-, Schöffen-, Sozial-, Jugend-, Kriegs-, Vormundschafts-, Arbeits-, Schwur-, Stand-, Bezirks-, Militär-, Prisen-, Handels-, Zivil-, Straf-, Jugendschöffen-; Gerichtssitzung, -präsident, -herr, -gefängnis, Bundes-hof, -verhandlung, -gebäude, -diener, -vollzieher, -saal, -schreiber, -person, -barkeit, Amts-rat, -kasse; Bericht, -erstatter, Jahres-, Klassen-, Polizei-; richten, be-, er-, an-, ver-, auf-, ein-, zu-, ab-, aus-; berichtigen, benach-; richtig, auf-, un-; richtig stellen, - machen, - gehen; Richtigstellung

Ordne die verschiedenen Gerichte in alphabetischer Reihenfolge und schreibe deren Zuständigkeitsbereich hinzu (Amtsgericht im Stadt- oder Landkreis, ...)!

Übung 3

Wortfeld „Recht sprechen":

richten, verurteilen, freisprechen, bestrafen, für schuldig erklären, eine Schuld nachweisen, die bürgerlichen Ehrenrechte aberkennen, jemanden einer Tat überführen, einen Untersuchungsgefangenen entlassen, einen Urteilsspruch überprüfen, verhandeln, vernehmen, anklagen, vereidigen, begnadigen, verwarnen, ermitteln, Zeugen vorladen, verhören, entscheiden, beraten, Angeklagte vorführen lassen, beurkunden, den Eid vorsprechen, ermahnen, ein Verfahren einstellen, ein Urteil revidieren, einen Vergleich vorschlagen, eine Klage abweisen, auf freien Fuß setzen, den Prozess machen, zur Verantwortung ziehen, begutachten, ins Kreuzverhör nehmen, brandmarken, die Verhandlung vertagen, beschließen, einen neuen Termin festsetzen, die Beweisaufnahme abschließen, das Urteil verlesen, das Strafmaß bestimmen, schlichten, belehren, jemanden die Härte des Gesetzes spüren lassen

Ordne in die Bereiche „Gerichtsverhandlung" und „Urteilsspruch"!

Übung 4

Fremdwörterbereich aus dem Rechtswesen:

Gerichtsassessor, Justizbeamter, Juristen, Protokollführer, Advokat, Notar, Landgerichtspräsident; Kriminalistik, Delikt, Attentat, Sabotage, Spionage; Prozess, Akten, Revision, Disziplinarverfahren, Amnestie, Plädoyer, Strafregister, Indizienbeweis, Lokaltermin, Paragrafen, Zivilkammer, Präzedenzfall, Bagatellsache, Berufungsinstanz, Konkursverfahren

Ordne die Wörter innerhalb der Gruppen in alphabetischer Reihenfolge!

84. Der Totogewinn

Mit großen Schritten eilt der vierzehnjährige Daniel zu seinem gleichaltrigen Freund. „Tom, stell dir vor, ich habe beim Fußballtoto fast vierhundert Euro gewonnen!" Tom starrt sprachlos seinen Freund an und macht ein ungläubiges Gesicht. Erst als Daniel seinen Tippschein aus der Tasche zieht, sind alle Zweifel beseitigt, und Tom gratuliert mit einem kräftigen Schlag auf die Schulter. „Ich möchte mir davon ein Moped auf Teilzahlung anschaffen, doch meine Eltern sind dagegen und wollen das Geld auf meinem Sparkonto gutschreiben lassen. Ich kann doch mit dem gesamten Betrag machen, was ich will; denn den Tippzettel habe ich ausgefüllt und den Einsatz von meinem Taschengeld bezahlt!", erzählt Daniel in sichtlicher Erregung. Tom weiß Rat: „Wir fragen meinen Vater, der kennt sich in Rechtsangelegenheiten gut aus." Tatsächlich kann Toms Vater genaue Auskunft geben. „Nach den geltenden Bestimmungen kannst du, Daniel, erst nach deinem achtzehnten Lebensjahr über das Geld frei verfügen. Da du ohne elterliches Einverständnis noch keinen Kaufvertrag abschließen darfst, haben Vater und Mutter das Recht, deinen Gewinn bis zu deiner Volljährigkeit zu verwalten. Das geschieht nicht, um dich in deinen Rechten oder in deiner persönlichen Freiheit einzuengen. Der Jugendliche, dem es oft noch an ausreichender Erfahrung mangelt, soll vor Ausbeutung und Schaden bewahrt werden." (204 Wörter)

Übung 1

Getrennt- und Zusammenschreibung von Zeitwörtern (Verben):

auf einem Konto gutschreiben lassen – in der Schule gut schreiben; einen Schaden feststellen – einen wackeligen Stuhl fest stellen; von einer Schuld freisprechen – bei einem Vortrag frei sprechen; sehen, wie Farben zusammenlaufen – Wandergefährten, die zusammen laufen; Sitzplätze freihalten – der Jongleur, der etwas frei halten kann

> **Merkregel:**
> Wenn ein adjektivischer Bestandteil mit einem Verb verbunden wird und das Verb dadurch eine neue Gesamtbedeutung erhält, schreibt man es zusammen.
> (etw.) fertig machen – (jmd.) fertigmachen
> Pudding kalt stellen – (jmd.) kaltstellen

Bilde Gegenüberstellungen mithilfe von Satzpaaren!

Übung 2

p oder pp:

Tippzettel, tippen, Stoppuhr, Apparat, Kapitel, operieren, Galopp, Stöpsel, Sirup, Kapelle, Kapital

Setze in die Lücken folgender Wörter p oder pp ein:

> Te____ich, La____land, Kre____, Ta____ete, Hä____chen,
>
> za____elig, A____etit, Ka____sel, A____ell, verdo____eln, Ra____s,
>
> Pa____el, Mo____s, Geri____pe, ü____ig, A____otheke,
>
> hy____notisieren, Attra____e, O____tiker, A____ostel, sto____elig,
>
> Pro____eller, Tru____

Arbeitshilfe: In 14 Lücken muss *pp* eingesetzt werden.

▶ Lösungsteil Nr. 110

Übung

Übung 3

d oder t (mit 5 Schreibfehlern):

Gerhard, Moped, gesamt, jugendlich, Taschengeld, Entgelt, Branndwein, Gewalt, öffentlich, totwund, Versandabteilung, Endspiel, abendlich, wöchendlich, Rückgrat, Gradzahl, Soldbuch, Weidmann, Widerstand, Blindschleiche, schuldlos, entgültig, blond, Gurt, Brandgeruch, Bussard, Segeljacht, unermütlich, Gemütlichkeit, Totschlag, eilends, Backbord, Leitwerk, Spalt, zusehends

In 5 Wörtern wurde d mit t verwechselt. Suche die Fehler und ordne die Wortreihe (d – t)!

► Kontrollmöglichkeit im Lösungsteil Nr. 111

Übung

Übung 4

Zeichensetzung bei Grundformsätzen (Infinitivsätzen):

a) Die Verhältniswörter (Präpositionen) um, ohne, als, anstatt gelten als Erweiterung der Grundformsätze (Infinitivsätze) und werden wie diese behandelt.

b) Hängt die Infinitivgruppe von einem Substantiv ab, so wird ein Komma gesetzt.
Er fasst den **Plan**, heimlich abzureisen.

c) Hängt die Infinitivgtruppe von einem Verweiswort ab, so setzt man ein Komma.
Anita **liebt** es, lange auszuschlafen

Beachte: Wenn die reine Grundform vorliegt, können bei b) und c) die Kommas weggelassen werden, sofern keine Missverständnisse entstehen: Die Angst(,) zu fallen(,) lähmte seine Schritte.

Schreibe zu den Beispielen von a) bis c) andere Sätze hinzu!

85. Von der Metallmünze zum bargeldlosen Zahlungsverkehr

Diktat

In den griechischen Städten und an der kleinasiatischen Küste wurden bereits sieben Jahrhunderte vor Christi Geburt die ersten Metallmünzen geprägt. Infolge des lebhaften Handels besaßen schon kurze Zeit später fast alle Länder des Mittelmeeres eigene Münzen. In Persien prägte man damals Gold- und Silbermünzen mit Herrscher- und Götterbildern. Da sich mithilfe des neuen Zahlungsmittels günstigere Handelsmöglichkeiten als auf dem bisher üblichen Tauschweg ergaben, stellten bald alle anderen Länder derartige Münzen her, die sich allmählich zum heutigen Geld entwickelten. Längst aber besitzt die Geldmünze nicht mehr den materiellen Wert, den sie anzeigt. So ist auch das besonders für hohe Werte überall eingeführte Papiergeld lediglich ein Ersatzmittel, das jederzeit gegen stofflich viel wertvollere Gegenstände eingetauscht werden kann. Dennoch ist das Geld ein allgemein anerkanntes Tausch- und Zahlungsmittel, das außerdem einen genauen Wertmaßstab für Güter und Leistungen darstellt. Durch Sparen führt das Geld zu einer Vermögensbildung, das dem Besitzer zu Privateigentum verschiedenster Art verhelfen kann. Das Kapital, das der Sparer einem Geldinstitut übergibt, bringt ihm Zinsen und kommt dann irgendeinem Wirtschaftsbetrieb zugute. Immer mehr wird in der Wirtschaft der bargeldlose Zahlungsverkehr bevorzugt. Nicht nur Geschäftsleute, sondern in zunehmendem Maße auch Lohn- und Gehaltsempfänger verfügen bei einer Bank oder Sparkasse über ein Konto. Von diesem können sie mithilfe von Schecks Zahlungen vornehmen, die als Gutschriften bei anderen Kontoinhabern verbucht werden. Das ist besonders bei hohen Geldbeträgen eine sehr bequeme Zahlungsweise. Der ordnungsgemäß ausgefüllte Scheck ist gleichwertiges Zahlungsmittel anstelle von Münzen und Banknoten. (244 Wörter)

Übung 1
gut – Gut:

a) Kleinschreibung: zugutekommen, jemandem etwas zugute halten, etwas gut machen/etwas gutmachen, kurz und gut, gut und gern

b) Großschreibung: etwas im Guten sagen, Guten Tag sagen, Gutes und Böses, alles Gute, des Guten zuviel, zum Guten wenden, Gutes tun, Hab und Gut, nichts Gutes

Bilde Sätze!

Übung 2
Schreibweisen des langen ä:

allmählich, Strähne, Währung, ... nämlich, Gebärde, gären, ...

Setze die Reihen fort und fülle die Lücken folgender Wörter mit ä oder äh:

w____rend, sp____rlich, M____re, M____rchen, Versp____tung,

Kapit____n, Gef____rdung, ____nlichkeit, Verm____lung,

h____misch, s____en, ausw____len, g____nen, str____nig,

erw____nen, Font____ne, L____mung, Tr____ne, qu____len

Arbeitshilfe: In 10 Lücken fehlt *äh*.

▶ Lösungsteil Nr. 112

Übung 3

Wortfamilie „gelten":

gelten, ab-, ent-, ver-; Entgelt; unentgeltlich; Geltung, Welt-, Ver-, Wiederver-; Geltungsdrang, -streben, -trieb, -bedürfnis, -sucht; Geld, Klein-, Wechsel-, Falsch-, Kriegs-, Fahr-, Papier-, Hart-, Hand-, Spar-, Not-, Eintritts-, Buß-, Stand-, Reise-, Haushalts-, Sonntags-, Taschen-, Lehr-, Steuer-, Schmerzens-, Kranken-, Fersen-, Trink-, Bar-, Pacht-, Miet-, Wohnungs-, Kinder-, Schul-, Spiel-, Tage-, -wert, -börse, -kassette, -menge, -währung, -brief, -buße, -strafe, -schein, -stück, -schrank, -katze, -geber, -markt, -gewinn, -entwertung, -erwerb, -quelle, -ausgaben, -summe, -mittel, -opfer, -institut, -transport, -beutel, -wirtschaft, -spende, -überweisung, -wesen, -mangel, -reserve, -betrag, -zuteilung, -sammlung; geldlich, -gierig, bar-los; gültig, gleich-, un-; Gültigkeit

Ordne die Wörter nach ihrer Schreibweise mit d oder t!

Übung 4

Zusammensetzungen mit „gleich":

gleichwertig, -gültig, -zeitig, -mäßig, -schenklig, -altrig, -geschlechtlich, -seitig, -winklig, -namig, -berechtigt, -falls, -bedeutend, -farbig, -förmig

aber: gleich alt (groß, gut, lang, schnell, ...)

Bilde Sätze!

86. Der Hamburger Hafen, ein wichtiger Handelsplatz

Es lohnt sich, in Hamburg an Bord eines Motorschiffes zu gehen, um eine Hafenrundfahrt zu beginnen. Doch schon von den Landungsbrücken aus bekommt man einen unvergesslichen Eindruck von dem geschäftigen Treiben im Hafenbereich. Hier liegen Fährschiffe und Motorboote für den Personenverkehr bereit. Flinke Barkassen flitzen vorüber und kleine wendige Schlepper ziehen riesige Ozeandampfer zu den Anlegestellen. Hinter geräumigen Lagerhallen und den Gebäuden der Hafenverwaltung ragt der Michel auf, das Wahrzeichen Hamburgs. Er grüßt schon von weitem die ein- und ausfahrenden Seeleute. Soeben wird ein großer Frachter in ein Schwimmdock geschleppt, um nach langen Fahrten überholt zu werden. An den Kaimauern liegen Frachtschiffe der verschiedensten Nationen. Unmengen von Gütern werden mit elektrischen Kränen aus dem Schiffsinneren gehoben. Immer wieder greifen die Kranarme tief in die Laderäume der Dampfer und bringen Ballen, Fässer und Kisten ans Tageslicht, um sie dann wieder in Güterzüge und Lastwagen abzusetzen, die pünktlich zum Verladen bereitstehen. Ein Teil der Ladungen wird in weiträumigen, am Hafenbecken befindlichen Lagerhallen oder Kühlhäusern aufbewahrt. Es vergeht vom frühen Morgen bis zur einbrechenden Dunkelheit keine Stunde, in der nicht Frachtschiffe ein- und auslaufen. Geschäftig nehmen flinke Motorboote und tuckernde Schlepper ihren Kurs kreuz und quer durch die Hafenbecken. Der Lärm dieses unruhigen Treibens reißt nicht einen Augenblick ab. Diese Eindrücke lassen uns die Bedeutung erahnen, die Hamburg als Umschlaghafen zukommt. (224 Wörter)

Übung 1

Die Schreibung des x-Lautes:

bugsieren, ringsum, wechseln, Achsel, Keks, volkstümlich, Klecks, explodieren, Xylofon

Schreibe noch andere Wörter mit dem x-Laut und fülle die Wortlücken durch x, chs, ks, cks oder gs:

Te______tilien, Hä______el, Dre______ler, schnurstra______,

Fi______stern, Blechbü______e, Ko______, e______istieren,

Kni______, Dei______el, kra______eln, E______port, glu______en,

Gewä______, Le______ikon, Eide______e, A______e, A______tstiel,

Ple______iglas, Bu______baum, ta______ieren, sä______isch,

Arbeitshilfe: In 9 Wörtern fehlt *x*, in 8 *chs*, in 4 *cks*, in 2 *ks*.

► Lösungsteil Nr. 113

Übung 2
ei – ai:
Setze in folgende Wörter ei oder ai ein:

K____mauer, ver____digen, M____sfelder, k____serlich,

Wegw____ser, b____zen, R____nfarn, Blaum____se, Violins____te,

s____twärts, L____enspielschar, k____men, aufsp____chern,

Froschl____ch, L____chnam, Korbw____de, W____zenkl____e,

R____sig, Vollw____se, W____ssagungen, Lak____,

H____delerche, H____nbuche, t____lw____se, W____dmann,

R____sez____t, B____, W____hrauch, Brotl____b, Eingew____de,

H____, M____n____d, Verst____gerung, M____schbottich,

Rh____nw____n, Vert____digung, ____fersüchtig, m____grün

Arbeitshilfe: In 15 Lücken muss *ai* eingesetzt werden.

► Lösungsteil Nr. 114

Übung 3
Wortfeld „Verkaufsstätten":
Fachgeschäft, Juweliergeschäft, Pelzgeschäft, Schreibwarenhandlung, Elektrohandlung, Briefmarkenhandlung, Fischladen, Milchladen, Kaufhaus, Möbelhaus, Großhandelsfirma, Weinlokal, Stehbierhalle, Milchbar, Eisdiele, Spielwarenmesse, Tankstelle, Fahrkartenschalter, Reisebüro, Zeitschriftenkiosk, Sargmagazin, Ersatzteillager, Bastlerzentrale, Würstchenbude, Obststand, Gastwirtschaft, Im-bissstube, Restaurant, Konditorei, Bäckerei, Gärtnerei, Drogerie, Apotheke, Parfümerie, Optiker, Boutique, Antiquariat, Supermarkt
Setze die Wörter Bäcker, Bier, Blumen, Buch, Einzelhandel, Eisen, Erfrischung, Fleischer, Garten, Gast, Gemüse, groß, Jahr, Kauf, Lebensmittel, Leder, Markt, Musikalien, Reform, Reiseandenken, Schuh, Selbstbedienung, Speise, Sportartikel, super, Süßwaren, Tabakwaren,

Versand, Versteigerung, Waren, Wein, Wochen, Zeitung, Zigaretten mit den passenden Hauptwörtern (Substantiven) Geschäft, Handlung, Halle, Haus, Kiosk, Laden, Lokal, Markt, Stand *zusammen*!
(Bäckerladen, Bierlokal, Bierhalle, ...)

Übung 4
Wortfeld „fahren":
fahren, rollen, kutschieren, kurven, rattern, starten, sausen, flitzen, huschen, losbrausen, abdampfen, losgondeln, rudern, kreuzen, paddeln, navigieren, segeln, staken, in See stechen, den Anker lichten, treiben, gleiten, fliegen, aufsteigen, hochschrauben, Höhe gewinnen, schweben, trudeln, kreisen, Tempo erhöhen, zurücksetzen, Fahrt beschleunigen, transportieren, bugsieren, abschleppen
Ordne die Wörter (allgemeine Ausdrücke, Tätigkeiten der Land-, Luft- und Wasserfahrzeuge)!

87. Die Verkehrslage in der Bundesrepublik

Das Bundesgebiet ist das Land der größten Verkehrsdichte in Europa. In keinem anderen europäischen Teil finden wir eine so starke Verkehrsbelastung wie auf den von Norden nach Süden führenden Reisewegen der Bundesrepublik. Das gilt für die Schienenstrecken, für den Rhein, den bedeutendsten europäischen Schifffahrtsweg, und für die deutschen Fernverkehrsstraßen. Überbelastet sind nicht nur die Autobahnen, sondern auch die Bundesstraßen. Daher bemühen sich Bund, Länder, Kreise und Gemeinden durch ständigen Ausbau des Straßennetzes, den Wettlauf gegen die rasche Zunahme der Motorisierung zu gewinnen.
Die Deutsche Bundesbahn hat in den vergangenen Jahren erhebliche Anstrengungen unternommen, ihren umfangreichen Betrieb zu modernisieren. Durch erhöhten Einsatz von Diesellokomotiven und elektrischen Zugmaschinen wurde eine wesentliche Beschleunigung und Verbesserung des Eisenbahnverkehrs erzielt. Besonders schnell und deshalb beliebt sind die Intercityzüge.
Der Ausbau der Bundeswasserstraßen wird weiterhin nach festgelegten Plänen durchgeführt. Laufend müssen die Binnenschifffahrtswege erhalten und durch Kanalneubauten verbessert werden. Im Küstenbereich ist es erforderlich, die Seewege zu unseren Häfen an

Trave, Elbe, Weser, Jade und Ems für die immer größer werdenden Ozeanriesen noch weiterhin zu vertiefen.
Auch im Luftverkehr konnte die Bundesrepublik einen hoffnungsvollen Anfang finden. Die Deutsche Lufthansa hat sich trotz erheblicher Schwierigkeiten ein gutes Ansehen im Weltverkehr erworben und verbindet nun die Bundesrepublik mit allen wichtigen Flughäfen der Welt. (210 Wörter)

Übung 1

Dehnungs-h:

a) Nur vor l, m, n oder r: Pfahl, Mehl, Sohle; Rahmen, Lehm, rühmen; Zähne, wohnen, Hühner; Fahrzeug, Verkehr, Ohr
b) Nicht nach sch, qu oder mehreren Mitlauten: Schar, Schere, Schule, schon; quälen, bequem, überqueren; kramen, Plan, Blume, Spur
c) Nicht in Fremdwörtern: Banane, Kostüm, Rakete, Margarine, Telefon, Drama, Kamel

Schreibe zu den Beispielen bei a) bis c) eigene hinzu!

Übung 2

Eigenschaftswörter (Adjektive) als Bestandteile von Namen:

Deutsche Bundesbahn (aber: deutsche Autobahn, deutsche Eisenbahnen, ...), Deutsche Lufthansa, Württembergische Metallwarenfabrik, Rheinische Post, Westfälische Rundschau, Bayerische Staatsbank, Badische Anilin- und Soda-Fabrik, Kölnisch Wasser
Führe die Reihe fort!

Übung 3

Der Ergänzungsstrich:

Straßen-, Schienen- und Wasserstraßennetz; Privat- und Staatsbahnen; Elektro-, Diesel- und Dampflokomotiven, Güter- und Personenwagen, Fahrrad- und Fußgängerwege
Schreibe ähnliche Beispiele!

Übung 4

Wortfamilie „fahren":

fahren, an-, ab-, auf-, aus-, be-, ein-, heim-, her-, hinauf-, fort-, nach-, mit-, nebeneinander-, weg-, ver-, vor-, vorbei-, vorüber-, zurück-, zusammen-, zwischen-, über-, dazwischen-, hoch-, zu-, nieder-; gefährden; Fahrrad, -bahn, -weg, -geld, -karte, -gelegenheit, -gestell, -weise, -ausweis, -schein, -stuhl, -gast, -zeug, -plan, -schule, -spur, -rinne, -zeit, -lehrer, -dienstleiter, -lässigkeit, -werk, -wasser, -straße; Fahrt, -richtung, -wind, -dauer, Auto-, Autobus-, Rad-, Eisenbahn-, Motorrad-, Wander-, Schul-, Wochenend-, Gesellschafts-, Himmel-, Berg-, Tal-, Rück-, Aus-, Ab-, Auf-, Ein-, Sonder-, Vor-, Über-, See-, Schiff-, Dampfer-, Kahn-, Boots-, Luft-, Nacht-, Hin-, Wall-, Rhein-, Schlitten-, Droschken-, Weltraum-; Fahrtenmesser, -buch; Fahrer, -flucht, Selbst-, Fernlast-, Sonntags-, Bei-, Rad-, Ski-, Renn-, Autobus-, Werks-, Kraft-, Meister-; Erfahrung, Lebens-; Vorfahren, Ver-, Nach-; Gefahr, Brand-, Lebens-, Kriegs-, Explosions-, -losigkeit; Gefahrenstelle, -zone, -herd; gefahrdrohend, -los, -voll; gefährlich; fahrlässig, -ig, -bar, -bereit, -untüchtig; erfahren, welt-, lebens-; Gefährdung; Gefährt; Gefährte, Lebens-, Weg-, Wander-; Gefährtin; Fährte, Fuchs-; Fähre, Eisenbahn-, Schiffs-, Auto-, Wagen-, Rhein-; Fährunglück; fertig, fried-, leicht-, un-; fertigen, an-, ab-, aus-, ver-; fertig bringen, -stellen, -machen; Fertigkleidung, -stellung, -ware, -keit; Fertigung, An-, Ab-, Aus-; führen, durch-, ab-, fort-, an-, ein-, herauf-, hinunter-, mit-, ver-, vor-, zu-, über-; Führer, -schein, -stand, -sitz, -schaft, -besprechung, Gruppen-, Heer-, Zug-, Lokomotiv-, Fremden-, Berg-, Reise-, Flugzeug-, Partei-, Wander-, Ver-, Ent-, Betriebs-, Geschäfts-, Straßenbahn-, Fahrzeug-, Sprach-, Rädels-; Führung, Auf-, Unter-, Ver-, Aus-, Ein-, Stadt-, Fremden-, Betriebs-, Durch-, Vor-, Über-, Fort-, Weiter-; Führungszeugnis, -anspruch, -leiste, -schiene; Fuhre, Holz-; Fuhrlohn, -mann, -werk, -park, Ein-, Aus-, Zu-, Ab-; Furt

Beschreibe deine liebste Fahrweise (mit dem Fahrrad, Auto, Schiff, ...) und verwende dabei möglichst viele Wörter aus dem Wortfeld „fahren"

▶ *Text 86, Übung 4! und der Wortfamilie „fahren"!*

88. Die Entwicklung des Luftverkehrs

Die ersten Versuche der Menschen, den Luftraum fliegend zu erobern, haben uns bereits die Griechen schriftlich überliefert. Wenn es sich hierbei zwar nur um eine Sage und ein Wunschbild der Menschheit handelte, so ist doch dieser Traum innerhalb zweier Jahrtausende von der Technik verwirklicht worden. Zahlreich waren die vergeblichen Versuche, mit von Muskelkraft bewegten Schwingen sich wie die Vögel in die Lüfte zu erheben. Erst im achtzehnten Jahrhundert gelang mithilfe eines Heißluftballons ein erfolgreicher Flug. Nach diesem ersten Beginnen ging es in der Luftfahrttechnik unaufhaltsam vorwärts. Fessel- und Freiballons wurden weiterentwickelt und führten zum Bau lenkbarer Luftschiffe, mit denen erstmals zahlreiche Passagiere und Postsachen auf dem Luftweg befördert wurden. Aber der bahnbrechendere Erfolg war dem Flugzeug beschieden, das schon wenige Jahre nach dem 1. Weltkrieg den Zeppelin an Leistungsfähigkeit übertraf. Seit den Flügen der Gebrüder Wright wandelte sich die Form der Flugzeuge stetig. Schon bald sorgten stärkere Motoren und günstigere Verkleidungen für stärkere Leistungskraft, Schnelligkeit und erhöhte Sicherheit. Besonders im letzten Weltkrieg wurde die Weiterentwicklung und Vervollkommnung sehr rasch vorangetrieben. Düsentriebwerke verdrängen mehr und mehr die Propellerturbinen. Jedes Verkehrsflugzeug ist so komfortabel ausgestattet, dass es höchsten Ansprüchen genügt. Gegenwärtig werden Maschinen gebaut, die ein Vielfaches der Schallgeschwindigkeit erreichen können. Ein dichtes Netz von Fluglinien umspannt den Erdball und verbindet die Kontinente. In letzter Zeit hat die Weiterentwicklung der Raketentechnik der Luftfahrt neue Möglichkeiten erschlossen, die den Menschen sogar in den Weltraum vordringen lassen. (238 Wörter)

Übung 1

Fremdwörter mit der Endung -on:

Luftballon, Balkon, Waggon, Beton, Kokon, Kanon, Bonbon, Kanton, Elektron, Patron, Person, Baron, Garnison, Natron, Bouillon, Mammon, Karton, Hormon, Saxofon (auch: Saxophon), Pavillon

Schreibe die möglichen Pluralformen!

► Lösungsteil Nr. 115

Übung 2

Fremdwörter mit den Endungen -in und -ine:

Benzin, Stearin, Kamin, Paraffin, Nikotin, Medizin, Disziplin, Glyzerin, Musselin, Turbine, Maschine, Saline, Limousine, Mandoline, Margarine, Apfelsine, Violine, Sardine, Rosine, Gardine, Marine, Kabine, Gelatine, Lawine, Ruine, Kantine, Clementine, Mandarine, Praline

Bilde zusammengesetzte Substantive (Benzinkanister, Stearinkerze)!

Übung 3

Wortfamilie „fliegen":

fliegen, ab-, auf-, an-, aus-, durch-, herein-, ein-, hin-, hinaus-, fort-, nach-, heimwärts-, weg-, über-, vor-, ver-, vorüber-, vorbei-, zurück-, hoch-; Fliege, Eintags-, Schmeiß-; Fliegenpilz, -schnäpper, -fänger, -klappe, -gewicht, -fenster, -draht, -schwarm; Flieger, -horst, -bombe, -ei, -angriff, Kunst-, Jagd-, Segel-, Sport-, Kriegs-, Tief-, Marine-, Heeres-; Flug, -platz, -abwehr, -bahn, -linie, -gesellschaft, -hafen, -schrift, -blatt, -gast, -tag, -verkehr, -wesen, -stützpunkt, -post, -kapitän, -schüler, -lehrer, -wetter, -dauer, -reise, -karte, -wart, -basis, -sand, -taxi, -route, -asche, -geschwindigkeit, -saurier, -sicherung, -boot, Nacht-, Blind-, Tief-, Ab-, An-, Ein-, Sturz-, Gleit-, Segel-, Vogel-, Landstrecken-; Flugzeug, -träger, -führer, -absturz, -unglück, -besatzung, -halle, -konstrukteur, -rumpf, -industrie, -werk, -bau, Raketen-, Überschall-, Strahlen-, Düsen-, Motor-, Segel-, Wasser-, Bomben-, Kampf-, Kriegs-, Sport-, Verkehrs-, Transport-; Flügel, -spannweite, -altar, -haube, -rad, -samen, -tür, -mann, -schraube, Gänse-, Hühner-, Windmühlen-, Tür-, Fenster-, Konzert-, Vogel-, Trag-, Seiten-; Hautflügler, Starr-; flügellahm, -schlagend; flügelig, ein-, mehr-; geflügelt; beflügeln; Geflügel, -farm; flügge; Flocke, Schnee-, Seifen-; flockenförmig, -weise; flockig, groß-

Schreibe alle genannten „Flieger" und „Flugzeuge" heraus und erweitere die Reihen (Ferienflieger, ... Passagierflugzeug, ...)!

Übung 4

Wörter mit sk:

Muskel, Skorpion, Mikroskop, Diskus, Skandinavien, Ski, Maske, Skizze, Skalp, Skelett, Sklave, Kiosk, Muskat, Oskar, Baske, diskutieren, skeptisch, Skandal, skrupellos, Obelisk, riskieren, Moskau, Omsk, Skunk, Baskenmütze, asketisch, Eskimo, Skorbut, Skat, Eskorte, Skonto, Diskont, Skala, Skulptur, Minsk, Skutari, Hygroskop, Cherusker

Bilde abgeleitete oder zusammengesetzte Wörter!

89. In der Halle des Frankfurter Flughafens

Vor wenigen Minuten ist Melanie mit ihren Eltern vom Frankfurter Hauptbahnhof am Rhein-Main-Flughafen angekommen. Sie haben zum ersten Mal eine Flugreise gebucht. Jetzt stehen sie in der weiträumigen Empfangshalle des größten deutschen Flughafens. „Ist das hier ein Betrieb“, denkt Melanie und schaut etwas verwirrt auf das Menschengewimmel. Fluggäste aller Hautfarben aus den verschiedensten Ländern sieht sie hier und auf den Rolltreppen, die zum Untergrundbahnhof, zu den Tiefgaragen und den oberen Stockwerken führen. Dicht neben Melanie stehen einige Inderinnen, ganz in lange, seidige, farbenfrohe Umhänge gehüllt, und eine Delegation aus Zentralafrika. Dazwischen drängen sich die Spieler einer pakistanischen Hockeymannschaft. Sicherlich wollen sie mit der Linienmaschine nach Paris, auf deren Abflug soeben durch den Lautsprecher in Deutsch und Englisch hingewiesen wurde. „Bleibt hier an dieser Säule stehen, damit wir uns nicht in diesem Gedränge verlieren“, sagt der Vater und bringt die Koffer zur Gepäckannahme am Lufthansa-Schalter. Interessiert schaut Melanie auf die Informationstafel, auf der laufend neue Flüge der etwa sechzig Fluggesellschaften angezeigt werden, die Frankfurt täglich im Liniendienst anfliegen. Häufig leuchten auch Namen von Charterflugzeugen auf, die besonders in der Ferienzeit an große Reiseunternehmen vermietet werden. Von den kilometerlangen Pisten hört man das Dröhnen der Triebwerke landender oder startender Maschinen. Inzwischen hat der Vater die letzten Formalitäten erledigt und sich nach dem Weg zu ihrem Flugsteig informiert. Bald werden auch sie in die Luft gehen. (229 Wörter)

Übung 1

Wortfamilie „Mann“:

Kaufmann, Sports-, Hinter-, Vorder-, See-; Mannschaft, Hockey-, National-, Olympia-, Vereins-, Jugend-; Mannschaftsbetreuer, -aufstellung; Männerstimmen, -gesangverein, Männlichkeit; Männchen, Heinzel-, Strich-; mannhaft, männlich, mannshoch, bemannt, unbemannt

Bilde Zusammensetzungen mit folgenden Wörtern: Berg, Amt, Schnee, Haupt, Tor, neben, Geschäft, Verbindung, Handel, Eis, wandern, Schutz, Medizin, leben, Dienst, Land, Ersatz, Fähre

Setze die Zusammensetzungen mit dem Grundwort „Mann“ in die Mehrzahl! (Bergmänner, Schneemänner, ...)

Übung

Übung 2

Komma bei wörtlicher Rede:

Die wörtliche Rede wird von Anführungszeichen umschlossen. Steht der Beisatz (= Ansagesatz) vor dem Sprechsatz, steht ein Doppelpunkt als zusätzliches Vorzeichen (Beispiel: Der Vater sagt: „Bleibt hier an dieser Säule stehen, damit wir uns nicht in diesem Gedränge verlieren.").
Steht der Beisatz (= Ansagesatz) hinter dem Sprechsatz, setzt man auch dann ein Komma, wenn der Sprechsatz mit einem Ausrufe- oder Fragezeichen schließt (Beispiel: „Bleibt hier!", sagt der Vater.).
Ein Punkt steht nur am Ende des abschließenden Beisatzes (= Ansagesatz) (Beispiel: „Bleibt hier an dieser Säule stehen, damit wir uns nicht in diesem Gedränge verlieren", sagt der Vater.).
Steht der Beisatz (= Ansagesatz) zwischen Teilen des Sprechsatzes, wird er wie ein eingeschobener Satz durch zwei Kommas abgegrenzt (Beispiel: „Bleibt hier an dieser Säule stehen", sagt der Vater, „damit wir uns nicht in diesem Gedränge verlieren.").
Schreibe weitere Sätze mit wörtlicher Rede, in denen du die Beisätze unterschiedlich positionierst!

Übung

Übung 3

Mal – Mahl:

Denkmal, Malheft, Kunstmaler, Ölgemälde, Malerei, abmalen – Mahlzeiten, Gemahl, Mehl, mehlig, zermahlen, Mühle, Mühlrad, Müller
Verbinde folgende Wörter mit Mal oder Mahl:
Erkennung, Buch, Gast, Grab, Mittag, merken, Fest, Werk, Schande, Brand, Stifte, Hochzeit
► Lösungsteil Nr. 116

Übung

Übung 4

g in Fremdwörtern:

Garage, Etage, Regie, Manege, Massage, Passagier, Jongleur, Sabotage, Genie, Dränage, Plantage, Ingenieur, Gage, Montage, Loge, Gelee
Bilde davon zusammengesetzte Hauptwörter (Tiefgarage, Etagendusche, ...)!

90. Künstliche Satelliten

Eine Sensationsmeldung überraschte im Oktober 1957 die gesamte Weltöffentlichkeit. Den Sowjets war es gelungen, mit einem künstlichen Satelliten die Erde in einer elliptischen Bahn zu umkreisen. Für eine Umlaufzeit brauchte Sputnik, wie die Sowjets den neuen Erdtrabanten nannten, annähernd hundert Minuten. Viele Menschen reckten damals ihre Hälse oder griffen zu Ferngläsern, um den künstlichen Stern als regelmäßig wiederkehrendes Lichtpünktchen zu erspähen. Mit dem Start dieses Satelliten hatte das Zeitalter der Raumfahrt begonnen. Seitdem umkreisen weit mehr als fünfzig winzige Monde unseren Planeten in unterschiedlicher Höhe auf genau vorbestimmter Bahn. Allerdings hatten manche dieser Satelliten nur eine kurze Lebensdauer von wenigen Stunden, Tagen oder Wochen. Sie verschwanden spurlos im All oder wurden zur Erde zurückgeholt. Diese künstlichen Erdtrabanten haben die verschiedensten technischen oder wissenschaftlichen Aufgaben zu erfüllen. Daraus erklären sich auch die großen Unterschiede in ihrer Gestalt und Ausrüstung. Aber alle sind mit einer Sendeanlage ausgerüstet, die von einer Stromquelle gespeist wird. Die ersten Satelliten waren mit Batterien ausgerüstet, deren Lebensdauer jedoch beschränkt ist. Schließlich gelang es, die im Weltraum in unbegrenzter Menge vorhandene Sonnenenergie für den Betrieb der Apparaturen und der Sendeanlagen zu nutzen. So entstanden Sonnenbatterien, die durch die Fähigkeit mancher Stoffe das Licht unmittelbar in elektrischen Strom umwandeln. Die Wissenschaftler sind überzeugt, dass diese Flugkörper auf diese Weise noch nach hundert Jahren die Erde umkreisen und als Wetter-, Nachrichten- oder Fernsehsatelliten der Menschheit unschätzbare Dienste erweisen. (230 Wörter)

Übung 1

wieder – wider:

wiederkehren, anwidern, wieder finden, erwidern, widerlich, Wiederholung, wiederkommen, widersinnig, widerstehen

Verbinde folgende Wörter mit wieder oder wider:

Belebung, Stand, Hall, Aufnahme, holen, borstig, Haken, geben, Spruch, Wahl, Ruf

▶ Lösungsteil Nr. 117

Übung 2

ss – ß:

Wissenschaftler, Russen, Vermessung, genießen, Schlüssel, Wasser, blass, anfassen, reißen, Hass, Flüssigkeit, essbar, Russland, abmessen, Schließfach, Genuss, wässrig, Gefäß, Blässe, rissig, hassen, Fluss, Essbesteck, wissbegierig, russisch, Maßband, Schlosser, Genossenschaft, erblassen, Gewässer, Fassung, Riss, hässlich, fließen, Mittagessen, Gewissen

Je 3 Wörter gehören zu einer Familie. Suche sie zusammen und schreibe sie in dieser Reihenfolge auf!

Übung 3

Fremdwörter und Begriffe aus dem Bereich der Raumfahrt:

Satellit, Trabant (Begleiter), Astronaut (Sternenfahrer), Kosmonaut (Weltraumfahrer), Countdown (herunterzählen), Ballistik (Lehre von der Flugbahn der Geschosse), Atmosphäre (Lufthülle), Orbit (Erdumlaufbahn außerhalb der Atmosphäre), Sensor (Gerät für Messungen im Weltraum), Silizium (Hauptbestandteil der Sonnenbatterien), Kosmos (Weltall) – Rakete, Düse, Schub, Brennkammer, Steuerpult, Abschussrampe, Sonde, Mondfähre, Raumschiff, Sonnenbatterie, Erdtrabant

Bilde abgeleitete oder zusammengesetzte Wörter (atmosphärisch, kosmisch, ...)!

Übung 4

Zusammensetzungen mit Mittelwörtern (Partizipien):

wiederkehrend, wegweisend, ferngelenkt, eingefahren, windgeschützt, welterfahren, voraussehend, aufbrausend, heilbringend, stadtbekannt, luftgekühlt, verwarnt, ausgewiesen, Wasser abstoßend, blutbefleckt, tierliebend

Ordne die Wörter (Partizipien im Präsens, im Perfekt)!

91. Die fliegende Tankstelle

Wenn ein Jet während eines weiten Aufklärungsfluges Sprit benötigt, dann erfolgt das Tanken bei fast 800 km Stundengeschwindigkeit in neun Kilometern über der Erde. Schon seit Jahren landen Militärflugzeuge nicht mehr um den notwendigen Kraftstoff nachfüllen zu lassen. Von einer Nato-Luftwaffenbasis an der deutsch-holländischen Grenze startet ein Flugzeugtanker, der in seinem

Rumpf hunderttausend Liter Treibstoff transportiert. Zwischen Ulm und Augsburg nähert sich der Tanker dem Fernaufklärer. Durch ein Sichtfenster am Heck beobachtet der Tankwart das Näherkommen des „durstigen“ Flugzeugs. Direkt unter ihm ist der Tankausleger mit dem Füllrohr bereits ausgefahren. An der Oberseite des Cockpits ist die Öffnung, in die die Rohröffnung mechanisch einrastet. Fast viertausend Liter Flugbenzin werden je Minute in den Aufklärer gepumpt. Die größte Schwierigkeit für die Piloten ist es, den Abstand zwischen den beiden Maschinen und die Geschwindigkeit während der zehnminütigen Übernahme des Kraftstoffes exakt einzuhalten. Dann wird der Kontakt mit dem Abziehen des Tankrohres beendet, und der Aufklärer entschwindet in der vorgegebenen Richtung. Nach etwa drei Stunden landet das Tankflugzeug wieder auf dem heimatlichen Flughafen. (173 Wörter)

Übung 1

Fremdwörter mit dem Anfangsbuchstaben J:

Jet, Jogging, Joghurt, Jeep, Jalousie, Jackett, Jeans, Jam, Junkie, Jurist, Job, Junior, jobben, Jiu-Jitsu, Juwelier, Journal, Jazz

Ordne die Wörter nach ihrer Aussprache (j – dz) und versuche deutsche Bezeichnungen dafür zu finden!

Übung

Übung 2

Die Vorsilbe ent- (m rei Schreibfehlern):

Entfernung, entschwinden, entdecken, Unentlichkeit, unentwegt, entlassen, enttäuscht, Entziel, Entscheidung, unentschieden, entreißen, Entwurf, entsichert, unentbehrlich, Entstation, entwurzelt, entzwei

Berichtige die drei Fehler!

▶ Lösungsteil Nr. 118

Übung

Übung 3

Mehrzahlbildung (Pluralbildung) bei Fremdwörtern durch -e und -en:

Die Endung -e wird ohne Umlautbildung angehängt: Kurs, Metall, Ballon, Balkon, Akkord, Admiral, Rezept, Prozess, Kompass, Revier, Portal, Autobus, Ventil

Die Endung -e wird angehängt, außerdem Umlautbildung: General, Choral, Abt, Altar, Kaplan, Bass, Palast, Chor

Die Endung -en wird angehängt: Typ, Athlet, Rektor, Doktor, Insekt, Plastik, Fabrik, Nation, Professor, Operation

Übung

Die Einzahlendungen (Singularendungen) -us, -a, -um werden gegen -en ausgetauscht: Gymnasium, Museum, Album, Ministerium, Radius, Rhythmus, Virus, Regatta, Villa, Prisma, Basilika, Skala, Thema, Drama
Schreibe die Pluralformen auf!

Übung 4
Kommas zwischen einander untergeordneten oder gleichwertigen Gliedsätzen:
Niemand wird Langeweile empfinden, wenn er für die freie Zeit eine Lieblingsbeschäftigung hat, von denen es so viele gibt, dass man sie kaum aufzuzählen vermag. (einander untergeordnete Gliedsätze) – Vielerorts gibt es Jugendgruppen, die selbst Filme drehen, die ihre fotografischen Erzeugnisse ohne fremde Hilfe entwickeln und vergrößern. (gleichwertige Gliedsätze)
Bilde andere Satzgefüge mit mehreren Gliedsätzen!
Beachte: Zwischen Gliedsätzen, die nicht durch „und" oder „oder" verbunden sind, steht jeweils ein Komma.

92. Die Chinesische Mauer

Im Geografieunterricht erzählte unser Lehrer von seinem Ferienaufenthalt in China. Besonders beeindruckt war er von den gewaltigen Ausmaßen der Chinesischen Mauer. Sie ist das einzige Bauwerk, das die Astronauten vom Mond aus erkennen konnten. Fast 2500 Kilometer ist sie lang und durchschnittlich 16 Meter hoch. Ihre Breite reicht aus, dass zwei Fahrzeuge aneinander vorbeifahren können. Zweistöckige Wachttürme und Mannschaftshäuser unterbrechen die Mauerführung und teilen sie in überschaubare Abschnitte ein. Die Türme waren früher mit Beobachtungsposten besetzt, die beim Anrücken hunnischer Reiterhorden die nächste Garnison alarmierten. Die für den Mauerbau in vorchristlicher Zeit erforderlichen Steinmassen hätten ausgereicht, einen zwei Meter hohen Wall um den Äquator zu legen. Die Mauer steigt mit den steilsten Bergen zu wolkenverhangenen Gipfeln empor, führt durch öde Gebirgslandschaften bis in tiefste Täler. Nach zeitgenössischen Angaben reichte eine Armee Soldaten für die Schaffung dieses Monumentalbaus nicht aus, sodass jeder dritte männliche Chinese zum Bau dienstverpflichtet wurde. Man kann nur ahnen, welche gewaltige Zahl an Menschen hierbei

Blut und Leben eingebüßt hat. Nach Hunderten von Jahren können Touristen noch heute die Chinesische Mauer bewundern, die immer wieder stückweise renoviert werden muss. (185 Wörter)

Übung 1

-isch bei Eigenschaftswörtern von Ländernamen:

chinesisch, portugiesisch, dänisch, kolumbianisch, rheinisch, sächsisch, …

Bilde die Eigenschaftswörter von Westfalen, Frankreich, England, Italien, Südamerika, Japan, Griechenland, Polen, Franken, Afrika!

Übung 2

m – mm (Schwierigkeiten):

Programm, nummerieren, Nummer, Dammhirsch, Bahndamm, Kompass, Kommunismus, sämtlich, Dromedar

Fülle die Lücken folgender Wörter durch Einsetzen von m oder mm aus:

Ko_____ode, A_____boss, Tro_____ler, Ko_____et, Bräutiga_____,

Versa_____lung, Gesa_____theit, Zi_____t, Ko_____andant,

Hi_____beere, gekrü_____t, Ka_____eradschaft, tra_____peln,

Bro_____beere, Ra_____pe, ru_____oren, E_____igrant,

Bu_____erang, Ku_____pan, schi_____lig, Kre_____pe,

ko_____ponieren, Ko_____pott

Arbeitshilfe: In 6 Wörtern muss *mm* eingesetzt werden.

▶ Lösungsteil Nr. 119

Übung 3

Fremdwörter mit ou:

Touristen, Boullion, Cousine, Roulade, Limousine, Nougat, Couch, Patrouille, Countdown, Gouverneur, Souffleur, Potpourri

Verwende diese Wörter in Sätzen!

Übung 4

Wörter mit qu:

Äquator, Quelle, bequem, quetschen, quer, Quartier, Quiz, Quecke, qualmen, Quartal, quietschen, Quark, quälen, Quader, quaken, Quittung, Qualm, Qualität, quarzhaltig

Suche dazu zusammengesetzte oder abgeleitete Wörter (äquatorial, quellen, ...)!

93. Auf der Suche nach Erdöl

Erdöl ist einer der allerwichtigsten Rohstoffe für die moderne Technik. Es liefert nicht nur die Antriebsenergie für unsere Maschinen in Form von Petroleum, Benzin, Heizöl, Dieselkraftstoff und Düsentreibstoff. Erdöl wird auch zur Herstellung von mehr als 5 000 verschiedenartigsten Erzeugnissen benötigt. Bei dem ständig steigenden Bedarf werden aber die bisher bekannten Erdölreserven in einigen Jahrzehnten aufgebraucht sein. Daher ist man eifrig bemüht, noch unentdeckte Lager zu finden. Seitdem man weiß, wie sich das Öl in der Erdkruste gebildet hat, bohrt man nicht mehr auf gut Glück wie in den Anfängen der Erdölsuche. Vor den Probebohrungen horcht und tastet man mit Spezialinstrumenten den Boden ab und macht Luftaufnahmen. Dazu holen die Ölsucher Gesteinsproben oft sogar aus mehreren tausend Metern Tiefe. Ist nach langwierigen und kostspieligen Voruntersuchungen endlich die Stelle gefunden, an der eine Bohrung Erfolg versprechend zu sein scheint, wird ein Bohrturm errichtet. An seiner Spitze hängt an Drahtseilen ein riesiger Flaschenzug, der das Bohrgestänge hält. Dieses besteht aus einzelnen etwa zehn Meter langen Stahlrohren, die zusammengeschraubt werden. Je nach Art des Gesteins, das durchstoßen werden muss, wählt man den entsprechenden Bohrkopf, der manchmal sogar mit Diamanten besetzt ist. Fernsehaugen an der Bohrspitze ersparen das Hochziehen und Zerlegen der Gesteinsproben. Zur Kühlung des Bohrmeißels muss ständig eine Spülflüssigkeit durch das hohle Gestänge hinuntergepumpt werden. Sobald die Erdölschicht erreicht ist, wird das Bohrgestänge gegen ein Abflussrohr ausgewechselt, dessen Messgeräte eine genaue Kontrolle des Ölstromes ermöglichen. (238 Wörter)

Übung 1
Wortfamilie „stellen“:

stellen, auf-, ab-, an-, aus-, be-, ein-, er-, ent-, fest-, frei-, her-, heraus-, anheim-, dar-, hin-, nach-, vor-, ver-, fertig-, zurück-, zu-, zusammen-, unter-, um-, bereit-; Stelle, Halte-, Bau-, Arbeits-, Schrift-, Post-, Grab-, Bett-, Schlaf-, Neben-, Dienst-, Brand-, Zahl-, Prüf-, Unfall-, Pfarr-, Außen-, Gefahren-, Naht-, Frei-, Lauf-, Wasser-, Geldwechsel-, Bild-, Abwehr-, Beförderungs-, Anlege-, Sammel-, Koch-; Stellenangebot, -vermittlung, -gesuch, -ausschreibung; Stellvertreter, -macher, -werk, -age; Gestell, Holz-, Bett-, Bretter-, Bücher-; Schriftsteller, Weichen-, Fest-; Stellung, Ein-, An-, Be-, Zu-, Vor-, Um-, Aus-, Auf-, Fest-, Frei-, Fertig-, Her-, Lebens-, Ab-, Grund-, Bereit-, Schlüssel-, -nahme; Stellungskrieg, -bau; Angestellter; Stall, Hühner-, ... -tür; Stallung; Anstalt, Schwimm-, Lehr-, Heil-, Straf-, Pflege-; Anstaltsleiter; stellungslos; stellenweise, -mäßig; stellvertretend; einstellig, mehr-, viel-, an-
Erweitere die Wortfamilie, indem du die Reihen mit „Stall“ und „Stellen“ fortsetzt (Kuhstall, ... Stellensuche, ...)!

Übung 2
Wörter mit ff:

Pfefferminz, Kaffee, Riff, hoffentlich, Griff, Schaffner, Haff, Pantoffel, schlaff, treffen, Stoff, Schliff, Büffel, Affe, Offizier, Puffer, Pfiff, Offensive, Hoffart, Kartoffel, Giraffe, Waffeln, öffnen, Raffinesse, Muff, schnüffeln, Trüffel, Löffel, Kniff, Erschaffung, Scheffel, Karaffe, Griffel, knuffen, straff, Koffer, kläffen, Ziffer, bewaffnen, aufriffeln, betreffs, Raffinerie, Chauffeur, Souffleur
Ordne die Wörter nach dem Alphabet! Sammle die Fremdwörter!

Übung 3
Langes ü:

Flügel, kühl, berühren, Gefühl, Blüte, Ungetüm, Gestühl, Kür, Gestüt, wühlen, betrübt, Düne, Geschwür, Hüne, schwül, Führung, kühn, Gebühr, Schüler, spülen, verblüht, natürlich, sühnen, Mühle, vergüten, Gemüse, gemütlich, brüten, ausführlich, behütet, wütend, verschnüren, Brühe, früh, Grünspan, Führer, für, müde, demütig, Parfüm, Krümchen, Hühnchen, Bühne, Drüse, Kostüm, ungestüm, berühmt, Übel, bügeln, rühren
Ordne die Wörter (unbezeichnete Dehnung, hl, hm, hn, hr, silbentrennendes h)!

Übung 4

Aufeinanderfolge gleicher Mitlaute bei Zusammensetzungen:
errichten, auffangen, Strohhut, mitteilen, annehmen, Abbau, auffällig, unterrichten, verringern, vorrechnen, Erregung, Verrat, aussuchen, abblättern, forttragen, Ausstellung
Seit der Rechtschreibreform werden auch 3 gleiche Mitlaute geschrieben. Zur besseren Lesbarkeit kann man zwischen diese Zusammensetzungen Bindestriche setzen (Bett-Tuch, Schiff-Fahrt, ...)
Betttuch, Schifffahrt, Fußballländerspiel, Krepppapier, Brennnessel, Schnelllauf, Schwimmmeister, Wolllappen, Rollladen, stilllegen, Stofffülle, Kontrolllampe, Schlammmassen, programmmäßig, Stammmiete, Stalllaterne, Stilllegung, Balletttänzerin
Verbinde er-, ver-, zer- oder vor- mit folgenden Wörtern:

______raten, ______rechnen, ______reißen, ______riegeln,

______rücken, ______raum, ______rinnen, ______richtung,

______retten, ______ruf

In einigen Fällen hast du mehrere Möglichkeiten.

94. Hilfe durch Roboter

Immer mehr übernehmen Roboter heute die früher von Menschen ausgeübten Tätigkeiten. Von besonderem Nutzen sind sie bei industriellen Arbeiten, die eintönig, langweilig und unangenehm sind. Das gilt besonders für das Schweißen und Nieten in Montagebetrieben oder in Autowerkstätten beim Lackieren der Karosserien. Hierfür sind Roboter sogar besser geeignet. Da sie nicht müde werden und mit gleichbleibender Genauigkeit und Qualität ohne Ruhepausen die Arbeiten ausführen, sind sie dem Menschen überlegen. Besonders Tätigkeiten, die gefährlich oder gesundheitsschädlich sind, kann der Mensch dem Roboter überlassen. Er kann auch an Arbeitsplätzen eingesetzt werden, die für den Menschen temperaturmäßig ungünstig sind, weil dort zu große Hitze oder unerträgliche Kälte herrscht. Besonders beim Entschärfen von Bomben oder anderen lebensgefährlichen Arbeiten sind Roboter äußerst nützlich. Für Weltraumeinsätze sind sie ideal, da sie bei Reparaturen an Erdsatelliten ohne Luft im All arbeiten können. Um alle diese Tätigkeiten auszuführen, braucht der Roboter wie der menschliche Körper Arme und Gelenke, die sich unabhängig voneinander bewegen können. So vielfältig und wertvoll so ein Roboter sein kann, darf er immer nur Helfer des Menschen sein, ihn aber nicht ganz vom Arbeitsplatz verdrängen. (183 Wörter)

Übung 1

Die Vorsilbe ent-:

entschärfen, Entfernung, entbehrlich, Entspannung, entzwei, Entdeckungen, entrinnen, Entschuldigung, ...

Überprüfe, vor welche der folgenden Wörter die Vorsilbe passt!

führen, Kleidung, reißen, Zug, lachen, täuschen, Scheidung, wickeln, Kampf, Haltung, blättern, Wurf, Station, arbeiten, Schädigung

Bei 4 Wörtern ist sie unangebracht. ▶ Lösungsteil Nr. 120

Übung 2

mpf – nf:

stumpf, krampfartig, versumpft, Empfehlungen, empfindlich, Impfung, auftrumpfen, Klampfe, kämpfen, schimpfen – sanft, Konferenz, Zukunft, Hanf, vernünftig, Sen f

Schreibe davon verwandte Wörter (Baumstumpf, abgestumpft, ... besänftigen, Sänfte, ...)!

Übung 3

ng – nk am Wortende:

Drang, jung, flink, schlank, Zwang, Ring, Zank, Wink, Schrank, Buchfink, Dank, Schmetterling, Anfang, lang, gering, Strang, Frühling, Gestank, Strunk, Rang, Schwung, Schwank, Rundfunk, Bank, Empfang, Prunk, Gesang, Öltank, Sprung, blank, Trunk, Zwilling, schlank, krank, eng, Gelenk, Ding, Frühling, streng, Geschenk

Setze die Wörter zu Reimreihen zusammen (Drang, Zwang, ... Ring, Ding, ... flink, Wink, ...)!

Übung 4

Dehnungs-h steht nur vor l, m, n oder r:

bezahlen, Stuhl, Lehm, berühmt, Sahne, Sohn, kehren, gefährlich

Bei Wörtern mit sch und qu gibt es aber kein Dehnungs-h: Schale, schamhaft, verschonen, Schere - Qualen, bequem, überqueren

Stelle eine möglichst lange Reihe von Beispielwörtern zusammen!

95. Trümmer im Weltall

Diktat

Die zahlreichen Satelliten, die seit Beginn der Raumfahrt ins Weltall geschossen wurden, verglühen dort nicht vollständig, sondern umkreisen die Erde als Trümmerstücke. Dieser Weltraummüll ist eine große Gefahr für die Raumfahrzeuge. Ausgediente Satelliten, Trümmer explodierender Trägerraketen, Teile von Kameras und Teleskopen schwirren mit hohen Geschwindigkeiten durch den erdnahen Raum. Eine Kollision selbst winziger Teilchen kann bei einem Raumfahrzeug verheerende Folgen haben. Nur mit Glück entging eine amerikanische Raumfähre einer Katastrophe. Nach der Landung stellten Techniker an einer Verschlussklappe einen sechs Millimeter tiefen Einschlagskrater fest. In ihm befand sich ein Klümpchen aus Zinn, Silber und Blei, das vermutlich von einem explodierten Satelliten stammte. Bei geöffneter Ladeluke hätte das Metallstück leicht den Sauerstofftank zerstören können. Dies hätte fatale Folgen für die Astronauten bedeutet. Um die Bedrohung durch den umherschwirrenden Schrott zu verringern, werden alle wichtigen Teile eines Raumschiffes mit einer zusätzlichen Aluminiumschicht versehen. Daran werden auftreffende Weltraumtrümmer abgebremst und unschädlich gemacht. Trotz dieser Maßnahme bleibt die Gefahr für die Raumstation erschreckend hoch. Trümmerstücke von nur einem Zentimeter können die Schutzhülle und die Außenwand durchschlagen und das Leben der Besatzungsmitglieder gefährden. (181 Wörter)

Übung

Übung 1

e – ä:

Anstrengung, emsig, zielstrebig, Schlegel, ausmerzen, Schenke, Hutkrempe, … Beschäftigung, beständig, verdrängt, Qualität, Schärpe, schäbig, selbstständig, erklären, besänftigen, überschwänglich

Setze die Wortreihen fort und fülle die Lücken folgender Wörter durch Einsetzen von e oder ä:

kr____chzen, ____nglisch, h____ftig, g____ren, G____rte,

Verh____ngnis, absp____nstig, D____mmerung, k____ntern,

S____nfte, Geb____rde, hartn____ckig, m____rkwürdig,

Kr____mpel, tr____ge, verg____llen, ver____chtlich,

Schneeschm____lze, F____lge, Schnürs____nkel, verh____rmt

Arbeitshilfe: In 16 Wörtern fehlt *ä*.

▶ Lösungsteil Nr. 121

Übung 2

Fremdwörter mit der Vorsilbe -inter:

Interesse, Intermezzo, Interview, international, Intervall, Internist, intervenieren, interkontinental, Internet, interparlamentarisch

Bilde abgeleitete Wörter (interessant, interessieren, ...)!

Übung 3

t als Gleitlaut vor der Nachsilbe -lich:

wesentlich, Öffentlichkeit, eigentlich, vermeintlich, unkenntlich

Setze an folgende Wörter die Nachsilbe -lich:

Name, wissen, flehen, Woche, offen, hoffen, Versehen, Ordnung

Aber beachte die Schreibung folgender Wörter (d gehört zum Wortstamm): jugendlich, freundlich, befremdlich, abendlich, verständlich, unvermeidlich, schändlich, endlich, stündlich, unhandlich, ländlich

Bei „morgendlich" ist ausnahmsweise ein d anstelle des ursprünglichen t eingeschoben.

Übung 4

Maßnahme – Familienname:

Verbinde -nahme und Name mit

vor, fest, an, Straße, bei, Ort, über, Stellung, spitz, Taufe, Rücksicht, ein, Verein, mit, ab, zu!

Bei zwei Verbindungen bestehen beide Möglichkeiten.

96. Die industrielle Revolution und ihre Auswirkungen

Ein in der Menschheitsgeschichte bisher noch nie erlebter wirtschaftlicher Aufschwung setzte ein, als in England die Dampfmaschine erfunden wurde. Der Kohlenreichtum des Inselstaates mag dazu beigetragen haben, dass diese bahnbrechende Erfindung rasch und

vielseitig ausgenutzt werden konnte. Bis dahin waren Fabriken unbekannt, und alle benötigten Waren wurden von Handwerkern oder in eigener Heimarbeit hergestellt. Nun erzeugten Webstühle, von Dampfmaschinen betrieben, schneller und billiger Tuche, als es bei der üblichen Handarbeit möglich war. Die englischen Fabrikanten führten ihre Waren so preisgünstig nach dem Festland aus, dass die hier hergestellten Erzeugnisse nicht mehr abzusetzen waren. Um wieder konkurrenzfähig zu sein, wurden jetzt auch in anderen europäischen Ländern Spinnmaschinen und mechanische Webstühle für die Textilherstellung verwendet. Auch viele andere Gebrauchsgüter, die bisher handwerksmäßig hergestellt worden waren, entstanden jetzt in Spezialfabriken. Viele möglichst billige Arbeitskräfte wurden benötigt, daher wurden Frauen und sogar Kinder Fabrikarbeiter. Die Menschen zogen scharenweise aus den ländlichen Gebieten in die Nähe der Fabriken, sodass innerhalb weniger Jahrzehnte in den Industriezentren eine Menge Großstädte entstanden. Immer größer und vollkommener wurden die Maschinen, die von Ingenieuren entworfen und in besonderen Maschinenfabriken gebaut wurden.
Zunächst war England die auf dem Weltmarkt führende Nation. Doch allmählich gelang es den Industriestaaten auf dem Festland, diesen Vorsprung aufzuholen und das Mutterland der Maschinen auf verschiedenen Gebieten der Produktion zu überflügeln. So hatte auch Deutschland bald eine leistungsfähige Industrie besonders in den Bereichen der Chemie und der Elektrotechnik. (238 Wörter)

Übung 1
r – rr (Schwierigkeiten):
Setze r oder rr in die Lücken folgender Wörter ein:

Konku___enz, behe___bergen, Verwi___ung, he___aus,

Ba___ikade, Ba___acke, He___mann, Te___asse,

Ziga___ette, Ziga___e, Ka___awane, O___ient, Kata___h,

unbehe___scht, verdo___t, Ko___idor, Ka___ussell

Arbeitshilfe: In 16 Lücken muss rr eingesetzt werden.
► Lösungsteil Nr. 122

Übung 2

v oder w in Fremdwörtern:

Krawall, Karawane, Sklave, Ventil, Graveur, Juwelier, Visier, Whisky, Wadi, olivgrün, Provinz, Wacholder, Devisen, Krawatte, Novelle, Vene

Verwende die Wörter als Partnerdiktat und setze in die Lücken folgender Wörter v oder w ein:

Uni____ersität, Pa____ian, Ju____elen, eingra____ieren,

Ad____entszeit, ____it____e, La____ine, ____eranda,

____entilator, Mö____e, Oli____enöl, ner____ös, ____rack,

____iolett, Kur____e, Di____an, ____ulkan, ____olontär

Arbeitshilfe: 20 *v* und 10 *w* müssen in die Lücken eingesetzt werden.

▶ Lösungsteil Nr. 123

Übung 3

Fremdwörter mit -ie am Wortende:

Chemie, Industrie, Batterie, Partie, Drogerie, Lotterie, Bürokratie, Monarchie, Demokratie, Garantie, Kolonie, Harmonie, Philosophie, Telegrafie, Fantasie, Theologie, Melodie, Energie, Fotografie, Sympathie, Kompanie, Genie, Zoologie, Despotie, Aristokratie, Sinfonie/ Symphonie, Gemäldegalerie

aber: Gummi, Wadi, Kali

Ordne die Wörter alphabetisch!

Übung 4

Schreibweisen des langen ä (mit 4 Schreibfehlern):

allmählich, konkurrenzfähig, europäisch, Nähe, Quarantäne, Rarität, Kapitän, Gährung, verjährt, wärend, Träne, spährlich, Währung, unerklärlich, Äthiopien, wählerisch, hoffärtig, Äther, jäten, dämonisch, Kornähre, Prämie, Haarsträne, Domäne, Ernährung, Endmoräne

Berichtige die 4 Schreibfehler (Kontrollmöglichkeit im Lösungsteil Nr. 124) und ordne die Wörter nach ihren Schreibweisen (ä, äh)!

97. Neuer Lebensraum in den Trockengebieten der Erde

Diktat

Große Gebiete der Erdoberfläche sind menschenleer, weil sie völlig unfruchtbar sind. Riesige Landstriche sind Trockenzonen. Das größte dieser Gebiete erstreckt sich von der atlantischen Afrikaküste quer durch die Sahara bis nach Arabien und weiter von Pakistan bis nach China. Aus der Geschichte wissen wir, dass manche dieser Gebiete einst bedeutendes Kulturland waren. Die Täler des Euphrats und Tigris, des Nils und des Indus sind heute weitgehend versandet, und doch haben hier früher mächtige Völker Wohnraum und Nahrung gefunden. Das jetzt ausgedörrte Nordafrika war die Kornkammer des römischen Weltreiches. Ausgrabungen in Wüsten beweisen, dass es eine Zeit gegeben hat, in der dort Elefanten und Flusspferde gelebt haben. Durch Raubbau und radikale Rodungen der Wälder, durch falsche Bearbeitung oder Vernachlässigung des Bodens ist wertvolles Land verödet. Zurzeit wird nur etwa ein Zehntel der Oberfläche aller Kontinente landwirtschaftlich genutzt. Menschen vieler Staaten sind unterernährt und hungern. Durch die rasche Zunahme der Weltbevölkerung um täglich mehr als hunderttausend Menschen wächst der Bedarf an Lebensmitteln und Wohnraum in erheblichem Maße. Daher müssten die Völker in gemeinsamen Bemühungen versuchen, die Trockengebiete zu bewässern, indem sie das Grundwasser aus tiefen Schichten hochpumpen oder entsalztes Meerwasser nutzen. Die dazu erforderlichen Energien könnten Wind, Sonne oder Atomkraft liefern. Nur in weltumfassender Forschertätigkeit und internationaler Zusammenarbeit wird es schließlich gelingen, Nahrung aus einem Erdboden zu gewinnen, auf dem seit Jahrhunderten nicht einmal mehr spärliches Gras gedeihen kann. Hierbei würde ein wichtiger Beitrag zur Existenzsicherung künftiger Generationen geleistet. (243 Wörter)

Übung

Übung 1

Komma bei gleichartigen Satzteilen:

a) Mehrere Subjekte: Wind, Sonne oder Atomkraft könnten die erforderlichen Energien liefern.
b) Mehrere Prädikate: Viele Menschen hungern, verelenden und sterben.
c) Mehrere Attribute: Die Täler des Tigris und Euphrats, des Nils und des Indus sind weitgehend versandet. – In zielstrebiger, weltumfassender Forschertätigkeit kann ein Wandel geschaffen werden.

d) Mehrere Objekte: Die Menschen benötigen Nahrung, Kleidung und Wohnraum.

e) Mehrere adverbiale Bestimmungen: Durch Raubbau und radikale Rodungen der Wälder, durch falsche Bearbeitung oder Vernachlässigung des Bodens ist wertvolles Land verödet. – Das Land liegt ausgedörrt, unfruchtbar und völlig versandet in der prallen Sonne.

Schreibe zu den angegebenen 5 Arten andere Beispiele!

Übung 2

z oder tz:

genutzt, entsalzen, Existenz, Dutzend, Filz, beschützen, Medizin, Lizenz, Verletzung, sozial, Prozess, plötzlich, Residenz, Steinpilz, Schlitz, schmerzhaft, Gewürz, erhitzt, …

Ergänze folgende Wörter durch tz oder z:

Pel___, schwi___en, gli___ern, Schwei___, Bli___, Ar___t,

Hei___ung, Mär___, wi___ig, Kan___ler, tro___ig, ri___en,

nü___lich, Klo___, Pfeffermin___, Ta___e, Ker___e, Kau___,

zerpla___t, fli___en, Gru___e, Matra___e, abbei___en,

(Arbeitshilfe: 14 Wörter werden mit *tz* geschrieben.

▶ Lösungsteil Nr. 125

Übung 3

Schreibweisen des langen e:

Lebensraum, Generation, Demut, Ger, Wermut, Sirene, Seligkeit, …
angenehm, lehmig, unversehrt, Ehrfurcht, Naturlehre, sehnsüchtig, …
Meerwasser, verheerend, Allee, Komitee, seelisch, Pappelallee, …

Setze die Reihen fort und fülle folgende Lücken mit e, eh oder ee:

H___rzog, Probl___m, Z___bra, Arm___führer, s___lig,

Himb___rsaft, Schiffsr___der, R___be, Gel___, L___rling,

Sch___mel, F___de, Beschw___rde, Lorb___rblätter,

Fortsetzung Seite 200

Klisch___, unbequ___m, pr___digen, G___stland,

Entb___rung, L___seite, Briefkastenl___rung, Ausd___nung,

W___rdienst, sch___l, Empf___lung, S___ne, T___leobjektiv

Arbeitshilfe: In 8 Wörtern fehlt *eh* und in je 10 *e* und *ee*.

▶ Lösungsteil Nr. 126

Übung 4

s oder z im Auslaut:

Existenz, Fels, Konkurrenz, als, gleichfalls, Malzbier, Eisenerz, Audienz, Hals, Schmerz, abends, vergebens, Weihnachtsgans, Raps, reizvoll, März, rechts, abseits, Pulsader, Mainz, Schweiz, Differenz, …

Ordne nach der Schreibweise (s – z)! Setze s oder z in die Lücken ein:

Bestand___aufnahme, Glan___, Schmal___, nacht___,

bereit___, Gip___, Schwan___, Konsequen___, Fil___hut,

Stur___helm, Arbeit___tag, anfang___

Arbeitshilfe: Je 6-mal sind *s* und *z* erforderlich.

▶ Lösungsteil Nr. 127

98. Verdrängt die Technik die menschliche Arbeitskraft?

Schon vor Jahrtausenden verwendeten die Menschen zur Erleichterung schwerer körperlicher Arbeit Hilfsmittel. So verstanden sie, mit Hebeln, Rollen und Rädern bereits in der Frühzeit erstaunliche Leistungen zu erreichen. Als aber später die Dampfmaschine Tier- und Menschenkraft zu ersetzen begann und die ersten Maschinen aufgestellt wurden, zerstörten Arbeiter und Handwerker das vermeintliche Teufelswerk. Sie befürchteten, dadurch ihre Existenz zu verlieren. Ein Leben ohne Maschinen ist inzwischen an keinem Arbeitsplatz mehr denkbar. In Handwerk und Industrie, im öffentlichen und privaten Leben erleichtern sie den Alltag. Wissenschaft und Technik arbeiten laufend an der weiteren Verbesserung der Maschinen, die immer mehr die Menschen entlasten sollen. Sie helfen nicht nur bei der Güterherstellung, sie schreiben, vervielfältigen, rechnen, sortieren und beginnen sogar schon für die Menschen zu denken. Daher befürchten viele, dass die Automation große Teile der arbeitenden Bevölkerung erwerbslos machen könnte. Wenn auch manche Berufe an Bedeutung einbüßen oder sogar aussterben, so gibt es doch immer wieder neue Arbeitsmöglichkeiten. Auch künftig wird man Häuser und Straßen bauen und instand halten, Lebensmittel und Gebrauchsgüter herstellen, Maschinen und Fahrzeuge schaffen. Trotz zunehmender Mechanisierung und Automation werden immer tüchtige Facharbeiter und Handwerker dringend benötigt. Jede Maschine bedarf nämlich des Menschen, der über sie Herr ist. (203 Wörter)

Übung 1

Fremdwörter mit der Endung -enz:

Existenz, Konkurrenz, Konferenz, Exzellenz, Eminenz, Intelligenz, Potenz, Reagenzglas, Abstinenz, Lizenz, Essenz, Audienz, Korrespondenz, Kompetenz, Tendenz, Referenz, Karenzzeit, Prominenz
aber: Regens, Dispens

Schreibe die Wörter im Plural (Existenzen, ...)!

Übung 2

Mit Hauptwörtern (Substantiven) zusammengesetzte Zeitwörter (Verben):

teilnehmen, notlanden, handhaben, stattgeben, stattfinden, heimgehen, haushalten, teilhaben, heimkehren, heimzahlen, segelfliegen, wettrennen, bergsteigen

Bilde die Mittelwörter der Vergangenheit (Partizipien im Perfekt), die Grundformen mit „zu" und verwende sie in Sätzen!
(teilnehmen: teilgenommen – teilzunehmen – Wir hätten gern bei deiner Feier teilgenommen.)

Übung 3

Wortfeld „arbeiten":

arbeiten, schaffen, herstellen, erzeugen, werken, wirken, sich beschäftigen, handeln, sich anstrengen, sich regen, sich rühren, zupacken, etwas leisten, sich plagen, sich mühen, sich abschinden, bewältigen, schuften, sich abquälen, sich placken, sich betätigen, sich abrackern, sein Brot verdienen, einen Beruf ausüben, produzieren, anfertigen, seinen Dienst versehen, ein Gewerbe betreiben, ein Ge-

schäft führen, eine Arbeit ausführen, einen Posten ausfüllen – bauen, tragen, schleppen, graben, eggen, pflügen, säen, beschneiden, vulkanisieren, betonieren, drechseln, reinigen, jäten, roden, umbrechen, fällen, schmieden, hämmern, schweißen, löten, feilen, fräsen, schleifen, verzinken, vernieten, schrauben, nageln, hobeln, bohren, leimen, sägen, polieren, abbeizen, lackieren, tapezieren, anstreichen, weißen, kalken, mischen, kehren, putzen, wischen, spülen wringen, waschen, bügeln, messen, zuschneiden, heften, nähen, sticken, häkeln, stricken, weben, färben, spinnen, kneten, mengen, formen, backen, garnieren, schlachten, hacken, wursten, räuchern, verkaufen, bedienen, sortieren, stapeln, lagern, ernten, kochen, dünsten, rösten, rechnen, schreiben, überprüfen, beaufsichtigen, lehren, predigen, unterrichten, anweisen, anleiten, üben, studieren, lernen
Schreibe von den Verben das Partizip Perfekt (gearbeitet, ...)!

Übung 4
Die Vorsilbe auto-:
Automation, Autogramm, Autobus, autonom, Automobil, autogen, Autokratie, Autodidakt, Automat, Autonomie, automatisieren
Schreibe die Bedeutung der Wörter hinzu!

99. In einem Chemielabor

Wer erstmals in seinem Leben ein großes Laboratorium eines chemischen Werkes besucht, hat zunächst nur den einen Wunsch, recht schnell wieder ins Freie zu kommen. Die meist nicht sehr angenehmen Gerüche verschlagen dem Besucher den Atem. Außerdem ist er verwirrt über die vielen Menschen in weißen Kitteln, die auf langen, marmornen Tischplatten Flüssigkeiten mischen, filtern, destillieren oder an hochempfindlichen Waagen arbeiten. Eine Fülle von Glaskolben, Standzylindern und Reagenzgläsern sind an jedem Arbeitsplatz griffbereit. Verschiedenfarbige Rohrleitungen durchziehen den Raum. In Gefäßen, die über Bunsenbrennern erhitzt werden, brodelt und knattert es. Dampf wird abgelassen, Druckluft zischt, Behälter klappern. Der Uneingeweihte glaubt sich in eine moderne Hexenküche versetzt. Die hier schaffenden Menschen spüren die dem Fremden auffallenden Unannehmlichkeiten längst nicht mehr. Sie wissen, dass das Labor die Herzkammer jeder chemischen Fabrik ist. Hier wird erfunden, untersucht, gemischt und zusammengesetzt, was im Werk erzeugt wird. Viel Geduld und Ausdauer sind dazu erforderlich, denn oft sind Tausende von Versuchen notwendig, bis das gewünschte Ergebnis vorliegt. Außerdem werden den Produkten des Werkes im Labor nach allen Regeln der chemischen Kunst Stichproben entnommen und Fertigwaren auf ihre Bestandteile überprüft. Von der Kopfschmerztablette bis zum Pflanzenschutzmittel, vom Kunstleder bis zum Plastikbeutel werden die vielfältigen in chemischen Werken hergestellten Gegenstände ausprobiert und kontrolliert. Ohne die gewissenhafte Kleinarbeit der im Labor tätigen Menschen wären viele Dinge nicht vorhanden, die uns im alltäglichen Leben zur Selbstverständlichkeit geworden sind. (230 Wörter)

Übung 1

Schreibweisen des langen a:

Waage, verstaatlichen, Maar, Saal, …
Strahl, Wahrzeichen, Mahnung, Bundestagswahl, Stahl, prahlen, …
Atem, Fertigware, schmal, Marmelade, Denkmal, Schicksal, …
Setze die Reihen fort und fülle die Lücken folgender Wörter durch Einfügen von a, aa oder ah:

____sgeier, Rauchschw____den, Abendm____l, Kapl____n,

Port____l, S____tbeet, Ork____n, gef____rvoll, Holzsp____n,

Dr____t, M____t, Tom____te, f____l, Kr____n, Skl____ve,

w____gerecht, w____gemutig, pr____lerisch, qu____lvoll,

Kapit____l, K____rfreitag, W____nsinn, h____rig, ____nungslos

Arbeitshilfe: In 12 Wörtern fehlt *a*, in 7 *ah* und in 5 *aa*.
► Lösungsteil Nr. 128

Übung 2

Fremdwörter mit -ik:

Fabrik, Technik, Physik, Astronautik, Botanik, Gotik, Tragik, Optik, Panik, Republik, Athletik, Grammatik, Statistik, Politik, Romantik, Plastik, Akustik, Gymnastik, Keramik
Bilde abgeleitete Wörter (fabrizieren, …)!

Übung 3

Wortfamilie „schaffen“:

schaffen, an-, ab-, be-, bei-, er-, herbei-, fort-, herauf-, hin-, mit-, ver-, zurück-, weg-; Schaffensdrang, -freude, -kraft; Schaffner, Straßenbahn-, Autobus-, Zug-, Post-; Anschaffung, Ab-, Er-, Be-; Geschäft, Lebensmittel-, Einzelhandels-, Discount-, Schuh-, Blumen-, Tausch-, Geld-, Verlust-, Dienst-; Geschäftsleben, -inhaber, -mann, -zeit, -gewinn, -zimmer, -führer, -bereich, -bücher, -stelle, -freund, -grundlage, -träger, -verbindung; Geschäftemacher; rechtschaffen; geschäftlich, -ig; geschäftsfreudig, -fähig, -kundig, -mäßig; schöpfen, er-, aus-, ab-; Schöpfeimer, -brunnen, -werk, -kelle; Schöpfer; Schöpfung, Ton-; Schöpfungswerk, -geschichte; Geschöpf; schöpferisch; Schöffe; Schöffengericht, -stuhl

Schreibe die Verben als Partizipien im Perfekt (angeschafft, ...) und die Substantive im Plural!

Übung 4

rr – r (mit 5 Schreibfehlern):

verwirrt, Korektur, Gitarre, Beherrschung, sperrig, verdorrt, Parkett, Arrak, Katarrh, Terror, knurren, Zigarrette, Karrabiner, Kardinal, mürrisch, Garrage, Forelle, Terrasse, Starrsinn, Autorität, Koridor, Perlon, Arrest, Keramik

Berichtige die 5 Schreibfehler! Ordne die Wörter nach der Schreibweise des r-Lautes und füge verwandte und zusammengesetzte Wörter hinzu!

▶ Kontrollmöglichkeit im Lösungsteil Nr. 129.

100. Der erste Morgen in der Lehrwerkstatt

Fast zwei Jahrzehnte war Kevins Vater schon in einem großen Stahlwerk tätig; denn Arbeitsweise und Betriebsklima behagten ihm hier. Daher hatte sich Kevin um eine Lehrstelle in diesem Werk beworben und war nach einer kurzen Eignungsprüfung angenommen worden. Nun stand Kevin heute zum ersten Mal mit einigen anderen Jungen in der weiten, geräumigen Lehrwerkstatt, in der reihenweise Werkbänke und Maschinen aufgestellt waren. Noch etwas scheu schaute Kevin den Leiter der Lehrwerkstatt an, der ihm zunächst seinen Spind und anschließend den künftigen Arbeitsplatz zeigte. Mit einem aufmunternden Klaps sagte der Ausbilder zu Kevin: „Ich hoffe, dass du auch so ein tüchtiger, zuverlässiger Qualitätsarbeiter wie dein Vater wirst." Dann reichte ihm der Ausbildungsleiter ein Werkstück aus Stahl, dessen Schnittflächen er glatt feilen sollte. „Na, das machst du schon recht geschickt", meinte der Meister, der ihm eine Zeit lang beim Arbeiten zuschaute. Kevin, durch dieses Lob angespornt, bemühte sich nun noch mehr, seinen ersten Auftrag sorgfältig und gewissenhaft auszuführen; denn er wollte von Anfang an einen guten Eindruck machen. Außerdem wusste er, dass eine einzige Unachtsamkeit beim Feilen das Werkstück unbrauchbar machen konnte. Besonders war Kevin bedacht, dass keine Rillen oder gar Einkerbungen entstanden. Schließlich zeigte er seine Erstlingsarbeit dem Meister, der sie von allen Seiten kritisch betrachtete und mit der Schieblehre die Ausmaße überprüfte. „Bis auf ein paar kleine Unebenheiten schon ganz gut. Aber jetzt machen wir erst einmal Mittag, und dann weiter so!", sagte der Ausbildungsleiter. Froh über den guten Start folgte Kevin den Übrigen in die Kantine. (253 Wörter)

Übung 1

Schreibung der Tageszeiten:

Übung

Mittag machen; zu Mittag essen; gegen Mittag; bis zum Mittag; es ist Mittag; des Mittags; am Sonntagmittag; heute Mittag; seit gestern Mittag; jeden Freitagmittag – mittags; von morgens bis mittags; dienstagmittags

Übe auch mit anderen Tageszeiten und bilde Sätze!

Übung 2

Wortfeld „Industriebetriebe":

Übung

Werk: Stahl-, Flugzeug-, Volkswagen-, Elektro-, Großkraft-, ...
Fabrik: Farben-, Lack-, Strumpf-, Lampen-, Waggon-, Textil-, ...
Hütte: Glas-, Kupfer-, Eisen-, Blei-, Zink-, Schmelz-, ...
Halle: Werks-, Montage-, Maschinen-, Lager-, ...
Werkstatt: Lehr-, Reparatur-, Schlosser-, Schreiner-, Industrie-, ...
Porzellanmanufaktur, Weberei, Spinnerei, Färberei, Eisengießerei, Siederei, Raffinerie, Schiffswerft, Laboratorium, Ziegelei

Setze die Reihen fort!

Übung 3
Fremdwörter aus dem Bereich der Industrie:

-or: Motor, Generator, Labor, Kontor, Transformator, Reaktor, Ventilator, Kondensator, Traktor, Kompressor, Phosphor
-ik: Fabrik, Technik, Mechanik, Optik, Keramik, Statik, Physik, Dynamik
-al: Mineral, Kapital, Material, Potential, Windkanal
-ine: Maschine, Turbine, Margarine, Vaseline, Limousine, Draisine
-tät: Kapazität, Elektrizität, Stabilität, Elastizität
-il: Textil, Automobil, Ventil, Profil
-ie: Industrie, Energie, Batterie, Chemie, Maschinerie, Aktie, Raffinerie
-eur: Konstrukteur, Patroneur, Monteur, Installateur, Graveur
-ent: Patent, Element, Zement, Transparent, Ferment, Produzent
-tion: Konfektion, Fabrikation, Produktion, Kalkulation, Konstruktion, Automation, Rotation
-on: Ballon, Perlon, Nylon, Dralon, Waggon, Karton, Elektron
-ur: Reparatur, Glasur, Tinktur, Politur, Manufaktur
-at: Apparat, Automat, Fabrikat, Inserat, Format, Plakat
-ieren: vulkanisieren, fabrizieren, konstruieren, produzieren, isolieren, konservieren, transportieren, rotieren, montieren, galvanisieren, mechanisieren

Finde für jede der Endungen weitere Beispielwörter!

Übung 4
Wortfeld „sprechen":

sprechen, sagen, erwidern, erkundigen, fragen, vortragen, antworten, entgegnen, schimpfen, fluchen, schreien, rufen, flüstern, tuscheln, jammern, beteuern, bemerken, klagen, plaudern, unterhalten, erzählen, berichten, stottern, meinen, bekräftigen, schwatzen, schelten, murren, jubeln, einwenden, prahlen, erwähnen, reden, äußern, lallen, babbeln, lispeln, schluchzen, bedauern, fordern, behaupten, bekunden, zustimmen, schwören, ergänzen, zu Bedenken geben, seufzen, vorschlagen, empfehlen, grölen, lügen, feilschen, verbieten, abstreiten, erklären, danken, murmeln, nörgeln, raunen, soufflieren, schnauzen, quatschen, zetern, raten, zitieren, unterrichten, vorlesen, debattieren, betteln, bitten, bestreiten, tratschen, sabbeln, verurteilen, entschuldigen, diskutieren, mahnen, quasseln, nennen, kommandieren, befehlen

Schreibe zu jedem dieser Wörter ein zusammengesetztes oder abgeleitetes!

4. Tabellen der Rechtschreib- und Grammatikschwierigkeiten

4.1 Tabelle der Rechtschreibschwierigkeiten 8. Schuljahr

Schärfung mit

c. Wortbildung

Seite

Vorsilben

Nachsilben und Endungen

Zusammensetzungen mit

d. Groß- und Kleinschreibungen — Seite

e. Gegenüberstellungen — Seite

f. Wortfamilien und Wortreihen Seite

g. Wortfelder Seite

h. Zeichensetzung Seite

4.2 Tabelle der Rechtschreibschwierigkeiten 9. und 10. Schuljahr

Nachsilben und Endungen

Zusammensetzungen mit

d. Groß- und Kleinschreibungen — Seite

e. Gegenüberstellungen — Seite

f. Wortfamilien und Wortreihen — Seite

g. Wortfelder **Seite**

h. Fremdwortbereiche **Seite**

i. Zeichensetzung Seite

5. Verzeichnisse der Diktattexte

5.1 Verzeichnis der Diktate für das 8. Schuljahr

5.2 Verzeichnis der Diktate für das 9. und 10. Schuljahr

6. Lösungen

Lösung 1
Die Nachsilben -heit und -keit: Männlichkeit, Kühnheit, Gesundheit, Mutwilligkeit, Seltenheit, Gemütlichkeit, Annehmlichkeit, Mühseligkeit, Dankbarkeit, Reichhaltigkeit, Flüssigkeit, Trübheit, Seligkeit, Beschränktheit, Schuldigkeit, Wählbarkeit, Freundlichkeit, Geschwindigkeit, Hoheit, Bequemlichkeit, Helligkeit, Dunkelheit, Kleinlichkeit, Zähigkeit, Fröhlichkeit

Lösung 2
Zusammengesetzte Eigenschaftswörter mit „voll" und „reich": leidvoll, siegreich, gramvoll, jammervoll, kinderreich, ehrenvoll, angstvoll, unheilvoll, ideenreich, geschmackvoll, prachtvoll, verlustreich, schmachvoll, waldreich, maßvoll, schwungvoll, freudenreich, wildreich, zahlreich, trostreich, klangvoll, gefühlvoll

Lösung 3
Gleich- und ungleichwertige Eigenschaftswörter: eine großartige sportliche Leistung – weiße, gelbe und rote Nelken – ein netter, freundlicher Herr – die schneebedeckten, hohen Berge – ein kleines vierblättriges Kleeblatt – die siegreiche deutsche Mannschaft – feuchtes, kaltes Wetter – stark duftender schwarzer Tee – die alte, kranke Frau – frische grüne Bohnen

Lösung 4
Die Nachsilbe -ung: Ein-rich-tung, Un-ter-stüt-zung, Er-hal-tung, Un-ter-ord-nung, Rei-ni-gung, Emp-feh-lung, Stel-lung, Be-ob-ach-tung, Über-trei-bung; Genehmigung, Besorgung, Störung, Beachtung, Leistung, Bereicherung, Bemühung, Verheiratung, Begrüßung, Anfertigung, Bearbeitung, Segnung, Bestrebung, Nahrung, Kleidung, Verzögerung, Erklärung, Heilung, Erfindung, Belohnung

Lösung 5
Die Nachsilben -ig, -isch und -lich: eigentümlich, italienisch, eckig, erfinderisch, säuberlich, afrikanisch, sterblich, wellig, französisch, genießerisch, barfüßig, windig, stürmisch, schmeichlerisch, artig, göttlich, fleißig, kränklich, vergeblich, bäurisch, bäuerlich, neblig, ölig, teuflisch, winklig, spanisch, kindlich/kindisch, schriftlich, wohnlich

Lösung 6

ä oder e: Gelände, wertlos, verstärken, quälen, Terpentin, ehrlich, Getreideähren, zuverlässig, Verletzung, beschädigen, Heringe, Pächter, mächtig, Unterschenkel, Verschwendung, Kniegelenk, quer, schwerfällig, Verständnis, Vertretung, Gedränge, Geschenk, herbstlich, ärztlich, glänzend, Pech, schwächlich

Lösung 7

Paar oder paar: ein paar Kilometer, ein Paar Fußballschuhe, ein paar Briefmarken, ein paar Bleistifte, ein Paar Trauringe, ein Paar Socken, ein paar Kirschen, ein paar Steine, ein Paar Strümpfe, ein Paar Skier, ein paar Aufnahmen, ein Paar Stiefel, ein paar Wochen, ein Paar Sandalen, ein paar Streichhölzer

Lösung 8

Komma bei erweiterter Grundform (Die erweiternden Satzteile sind unterstrichen.): Er glaubte, fest zu träumen. – Das Kind rannte, ohne auf den Verkehr zu achten, über die Straße. – Sie versuchte, gegen den Strom zu schwimmen. – Die Eltern beabsichtigen, bald nach Österreich zu verreisen. – Es gelang ihnen, gegen die Favoriten zu siegen. – Sie öffnete das Fenster, um frische Luft hereinzulassen.

Lösung 9

Die Nachsilben -bar, -haft und -sam: furchtbar/furchtsam, glaubhaft, schamhaft, essbar, heldenhaft, heilbar/heilsam, wunderbar/wundersam, arbeitsam, haftbar, flatterhaft, standhaft, verschließbar, greifbar, kostbar, boshaft, hörbar, kleidsam, gewaltsam, dankbar, fruchtbar, schadhaft, wirksam, erreichbar, schmackhaft, streberhaft/strebsam, trinkbar, lachhaft, schuldhaft, mannbar/mannhaft, fassbar, greisenhaft

Lösung 10

ä oder e (Stammwörter auf a): Jahr, Pfahl, schaffen, Wasser, Kraft, Schaden, stark, Kamm, Stange, Trank, Hass, klar, lachen, Pracht, fahren, Stand, lange

Lösung 11

d oder t: Unterschied, Weltrekord, grundlos, Gewalt, ungemütlich, Schlüsselbund, Buntstift, Elektroherd, Kinderhort, blind, tödlich, scheintot, Rathaus, Fahrrad, Monat, Brandstelle, Branntwein, endgültig, Verständnis, zärtlich, Kundschaft, bald, nirgends, wöchentlich, abends, Gehalt, Verband, Steuerbord

Lösung 12

wieder – wider: Wiederaufnahme, widerstehen, wiederkäuen, widerwillig, wieder erzählen, wiederholen, Widerhaken, Widerhall, Widerruf, Wiederbelebung, wieder finden, Widerwort, widernatürlich

Lösung 13

p – pp: Komponist, Kapital, tappen, Tapete, abstoppen, plappern, Aprikose, tapsen, klappern, Kapelle, appetitlich, Gips, zerlumpt, Truppen, Kuppel, Schnaps

Lösung 14

Wörter mit dt (die berichtigten Fehler): Versandabteilung, Bekanntschaft, Lehrwerkstatt

Lösung 15

ai oder ei: Kaiserreich, Eifersucht, Laienspiel, Maisfeld, Reisig, Maikäfer, eitrig, Waisenhaus, beweisen, Grießbrei, Rainfarn, Rheinufer, schweißen, Steinzeit, Hainbuche, langweilig, Violinsaiten

Lösung 16

wieder – wider: wiederkommen, Widerschein, wiederherstellen, widerwillig, Wiedergabe, wieder erzählen, Wiederaufbau, widerborstig, widerlegen, wiedererlangen, wiederkäuen, Wiedervergeltung, widerspiegeln, widersinnig, Wiederaufnahme, Widerschlag, Widerruf, wiederbringen, Wiederherstellung, widernatürlich, wiederholen, Widerhaken, Widerspruch, Wiederbelebung, Widerrede

Lösung 17

g oder k: Geschenk, Reaktor, Bauwerk, versenkt (oder auch versengt), Angst, Betrug, anfangs, Markt, Buchfink, Unfug, schräg, Messing, Volkstanz, Pfingsten, Quark, Teig, rings, links, Birke, langweilig, Sekt, winklig, versengt (oder auch versenkt), Rang, Takt

Lösung 18

Die Nachsilbe -schaft: Grafschaft, Freundschaft, Feindschaft, Elternschaft, Sippschaft, Bürgerschaft, Mannschaft, Kameradschaft, Bürgschaft, Landschaft, Botschaft, Verwandtschaft, Gesandtschaft, Beamtenschaft, Belegschaft, Arbeiterschaft, Kundschaft, Turnerschaft, Bauernschaft, Lehrerschaft, Pflegschaft, Genossenschaft, Patenschaft

Lösung 19

Zusammengesetzte Eigenschaftswörter mit -los: brotlos, wohnungslos, fehlerlos, rücksichtslos, spurlos, geschmacklos, ehrlos, sorglos, rechtlos, gefühllos, konzentrationslos, schmachlos, schuldlos, witzlos, glaubenslos, zahnlos, verlustlos, bargeldlos, ziellos, ahnungslos, widerstandslos, arbeitslos, schamlos, lustlos, wolkenlos, farblos, vorurteilslos

Lösung 20

Die Nachsilbe -nis: Hindernis-Hindernisse, Ersparnis-Ersparnisse, Verhältnis-Verhältnisse, Gefängnis-Gefängnisse, Gleichnis-Gleichnisse, Bündnis-Bündnisse, Geständnis-Geständnisse, Vorkommnis-Vorkommnisse, Begräbnis-Begräbnisse, Betrübnis-Betrübnisse, Besorgnis-Besorgnisse, Wagnis-Wagnisse, Erlaubnis-Erlaubnisse, Fäulnis-Fäulnisse, Gelöbnis-Gelöbnisse

Lösung 21

e, eh oder ee: lehmig, Blumenbeet, Gebet, Gelee, Vertreter, Hefe, Demut, ausgedehnt, Meer, Vermehrung, Teer, Telefon, Kriegsheere, Herkunft, Lehrgang, entleeren, Benehmen, Kamel, Speer, Seligkeit, Seele, Roggenmehl, Zentimeter, Kleeblatt, reden, Reederei, Sehnsucht, Abwehr, Wermut

Lösung 22

k oder ck: Werkzeug, verschlucken, Stöcke, verdeckt, Rückkehr, wickeln, wanken, Getränk, ausgestreckt, eckig, gezackt, Birke, geschickt, Oberschenkel, Heckenschere, blank, Versteck, bücken, verwelken, nackt, Quark, Lücke, locker

Lösung 23

Mit Hauptwörtern zusammengesetzte Eigenschaftswörter: aalglatt, bärenstark, blütenweiß, butterweich, essigsauer, federleicht, glasklar, kugelrund, marineblau, mausgrau, messerscharf, orangegelb, pechschwarz, rehbraun, riesengroß, spindeldürr, stahlhart, stockfinster, wieselflink

Lösung 24
Die Nachsilbe -sam: folgsam, wachsam, sparsam, achtsam, furchtsam, mitteilsam, empfindsam, gehorsam, fügsam, bedeutsam, duldsam, wirksam, heilsam, schweigsam, enthaltsam, strebsam, arbeitsam, aufmerksam, biegsam

Lösung 25
k oder ck: Hektar, Block, erschreckt, Frikadelle, Schokolade, zwinkern, Takt, nackt, Scheckbuch, vertrocknet, lackieren, Wrack, Zink, bedrückend, Doktor, elektrisch, diktieren, verschluckt, Schicksal, Tabak, Sekt, zwecklos, Schock, Reck, Rekord, Hektik, fleckig

Lösung 26
r oder rr: Herzog, Sperling, Sperre, herrisch, Barrikade, dürr, Zigarette, Herberge, heraus, Terror, Beherrschung, verirrt, abgeschwirrt, Wirtschaft, Hermann, schärfen, schnurren, Kerker, Gerber, surren, Sperber, Hirt

Lösung 27
l oder ll: Aluminium, Kristall, Walnuss, Gesellschaft, Geschwulst, Melodie, Nachtigall, Gefälligkeit, Kolonie, Alkohol, Gorilla, Alarm, Tunnel, Schellfisch, Almosen, Molkerei, grell, Politik, Helmut, Militär, Milligramm

Lösung 28
s oder z (die berichtigten Fehler): abends, Steinpilz, bereits, ganz, ebenfalls, abseits

Lösung 29
s oder ß (die 8 Wörter mit ß): Gefäß, süßlich, entblößen, begrüßen, Grieß, außen, Strauß, mäßig

Lösung 30
Adjektive als Teile von Eigennamen: Bayerische Alpen – Westfälische Pforte – sächsische Minister – Atlantischer Ozean – spanische Apfelsinen – Großer Arber – Chinesische Mauer – Stiller Ozean – belgische

Hauptstadt – Großer Kurfürst – Britische Inseln – portugiesische Ölsardinen

Lösung 31

Das einfach s (Wörter mit zwei Mehrzahlformen): Atlasse/Atlanten, Globusse/Globen

Lösung 32

ü oder üh: ungestüm, zerkrümeln, Gefühl, Ungetüm, gemütlich, Hünengräber, Kühlschrank, ermüdet, Geschwür, Kirschblüte, Windmühle, Vorübung, schwül, Gemüse, Gewühl, Dünen, mühsam, natürlich, Spürhund, Gebühr, Lügner

Lösung 33

Wörter mit ph (Schreibungen mit f): Grafit/Grafit, geographisch/geografisch

Lösung 34

Von Städtenamen abgeleitete Eigenschaftswörter: Dresdner Zwinger, Offenbacher Lederwaren, Dortmunder Bier, Münchner Frauenkirche, Wuppertaler Schwebebahn, Pariser Eiffelturm, Königsberger Marzipan, Bremer Roland, Frankfurter Apfelwein, Jenaer Glas, Danziger Bucht, Heidelberger Schloss, Lüneburger Heide, Kieler Bücklinge, Nürnberger Lebkuchen, Leipziger Messe, Mailänder Opernhaus, Berliner Mauer, Ulmer Münster, Duisburger Rheinhafen

Lösung 35

g oder k im Auslaut: Bergwerk, Schlingpflanze, Getränk, Buchfink, Sarg, stark, Angst, Anfang, Trinkwasser, arg, Messing, Schwung, Hengst, Essig, Blinklicht, Markt, Bug, Geisterspuk, Unfug, Flugzeug

Lösung 36

eu – äu (nicht ableitbare Wörter): Knäuel, sträuben

Lösung 37

mm oder m: Brombeeren, Kommandant, Dachkammer, Kameradschaft, verdampfen, Damm, Limonade, Himbeere, Gewimmel, nummerieren, Rum, Tümpel, sammeln, Gerümpel, Kamille, Kommentar, Kamera, Komödie, vermummen, Kompott, Kommission

Lösung 38
leeren – lehren: Lehrmeister, entleeren, Lehrgeld, Briefkastenleerung, Lehrvertrag, menschenleer, Lehrsatz, Lehrerstelle, leere Stelle, Lehrjunge, Belehrung, Luftleere, Schreinerlehre, Lehrwerkstätten, Lehrauftrag, leerer Stuhl, Lehrstuhl, gelehrig

Lösung 39
ent-, -ent, end-, -end: namentlich, entschlossen, helfend, Endsilbe, Endgeschwindigkeit, unentschieden, flehentlich, Endstufe, kämpfend, schleichend, Entstehung, unendlich, spielend, ordentlich, entlassen, Enttäuschung, Fußballendspiel, umfassend, entspannt, Präsident, Testament

Lösung 40
Der F-Laut (Wörter mit zwei möglichen Schreibweisen): Grafiker/Graphiker, Grammophon/Grammofon

Lösung 41
Wortfamilie „reißen" (nicht dazu gehörige Wörter): Reisfeld, Reissuppe, Tannenreis

Lösung 42
Bindungs -s: Schiffsjunge, Heringssalat, Zwillingsschwester, Lieblingssport, Gehaltszahlung, Schönheitsfehler, Urlaubsstimmung, Kalbszunge, Lebenslauf, Königsschloss, Wohnungstür, Schädlingsbekämpfung, Windstille, Gewichtsabnahme, Eigenschaftswort, Mannschaftssport, Frühlingswetter, Rathaus, Gesellschaftszimmer

Lösung 43
d oder t im Auslaut: jugendlich, Entlassung, seltsam, Leittier, Unhold, Faltboot, Zeltbahn, unwissend, blind, Abschied, wöchentlich, monatlich, todkrank, jenseits, mild, Endkampf, Kobold, Rückgrat, Konzert, Spalt, Gerhard, Wundfieber, Gewand, Gurt, heidnisch, Gewalt, grundlos, Quadrat

Lösung 44
a, ah oder aa: schmal, kahl, Kadaver, Paar, Schale, Dahlie, verstaatlichen, Kran, mager, Maat, Naht, Tat, waten, behaart, Fasan, Vorname, Annahme, Banane, Mineral, Mehrzahl, Pfahl, waagerecht,

ermahnen, Plan, Blumensamen, Taufpaten, Flussaal, Wahrheit, Saarbrücken, Wahlzettel, Saatbeet, Walfang, Mahlzeit

Lösung 45

Die Nachsilbe -ling: Neuling, Steckling, Prüfling, Säugling, Feigling, Günstling, Impfling, Liebling, Flüchtling, Findling, Eindringling, Rundling, Wildling, Häuptling, Zwilling, Rohling, Weichling

Lösung 46

Wörter mit bb (sowie mit pp, b oder p): krabbeln, grob, trippeln, Robbe, Ebbe, doppelt, Schrubber, Schubkarre, Hobby, hoppeln/hobeln, Krabben, Gestrüpp, Sabbat, zappeln, babbeln, hopsen, knabbern

Lösung 47

i oder ie: Detektiv, Verzierung, marschieren, appetitlich, ziemlich, Krise, Baustil, Blattstiel, Melodie, Gummi, liefern, Maschine, Schiene, Gardine, Kino, Flieder, klimatisch, triefend, Wiederholung

Lösung 48

ö oder öh: unhörbar, Kröte, Höhle, Krönung, stören, dröhnen, gewöhnlich, töricht, löten, Möhre, Öse, stöhnen, versöhnen, grölen, Nadelöhr, Vermögen, Zögling, Pöbel, Manöver, Köhler, strömen

Lösung 49

ß am Wort- oder Silbenende: Windstoß, Spaß, Strauß, weiß, Fraß, Fuß, Kloß, Spieß, Ruß, Gefäß, Gruß, Fleiß, bloß, Gießkanne, Grieß

Lösung 50

b oder p: Rezept, Sieb, Oberhaupt, Raubtier, Schnaps, Kaplan, Schwäbische Alb, derb, Laubbaum, taub, Klaps, Republik, Klempner, grob, Rollmops

Lösung 51

mm oder m: Kameradschaft, Kammer, Gerümpel, schimmlig, Kamin, Gesamtheit, Himbeeren, Kamera, kümmerlich, stammeln, Samt, Dromedar, Zimt, Autogramm, stumm, trampeln, Kommentar, Nummer, verschlimmern, jammervoll

Lösung 52
nn oder n: Erinnerung, Inn, inhaltlich, Innenseite, Indien, finster, Finnland, Verband, verbannen, manchmal, mannhaft, jemand, Fußballmannschaft, Kante, erkannt, Milchkanne, können, Künstler, Baumrinde, Wasserrinne, verbrennen, Brandstiftung, Spinne, Gespenst

Lösung 53
i oder ie: Kilometer, Betrieb, Kaninchen, Violine, garnieren, Niete, Flieder, verlieren, Ölsardinen, schmieren, Tarif, Benzin, Zwiebel, erwidern, Sieb, Juwelier, dir, Primzahl, Radieschen, Fantasie, Ventil

Lösung 54
Tod – tot: Todsünde, tot, tödlich, totfahren, todmüde, totschlagen, todgeweiht, totquetschen, totstechen, scheintot, todmatt, Totschläger, totgetreten, todbereit, todbleich, Herztod, todwund, totgesagt, totarbeiten

Lösung 55
Die Nachsilben -ig, -lich und -isch: reichlich, teuflisch, höllisch, sündig, weltlich, menschlich, göttlich, väterlich, traurig, tödlich, sterblich, gefährlich, heilig, grünlich, gewaltig, majestätisch, herrisch/herrlich, kränklich, kirchlich, irdisch/erdig, stürmisch

Lösung 56
s oder z im Auslaut: Prinz, vergebens, Fels, Konkurrenz, Gips, Quarz, Pilz, Klaps, Harz, Schnaps, rechts, Wirtshaus, Gewürz, Raps, kurz, Sturz, zeitlebens, Transport, Scherz, Gans, ergänzt, Malz, Glanz, als

Lösung 57
pp oder p: Wappen, Raps, Klippen, Lappland, Tempel, Schlips, umklappen, struppig, knapp, Pupille, Kapelle, Apotheke, Kapitän, Viehkoppel, Klumpen, schnappen, operieren, Propeller, Stöpsel, Kappe, Kapsel, stoppelig, Kapital, Pappe

Lösung 58
äu oder eu: Hasenkeule, Kräuter, verträumt, erneuern, überschäumen, Beleuchtung, Glockengeläut, Leutnant, Bedeutung, verstreut, seufzen, Betäubung, Spreu, Beschleunigung, Schleuse, Feuerwehr,

Euter, meutern, äußerlich, Vergnügungssteuer, erbeuten, gläubig, Versäumnis, bereuen, teuer

Lösung 59

end-, -end oder ent- und -ent: wöchentlich, endlos, unentschieden, lachend, unendlich, hoffentlich, entsetzlich, Präsident, Pokalendspiel, wissentlich, Enthaltung, kämpfend, flehentlich, Testament, entlassen, endlich, schreiend, Entschluss, Wochenendfahrt, bittend

Lösung 60

x, chs, cks, ks oder gs: Keks, verwechseln, Existenz, Hexe, Schicksal, Xylofon, Eidechse, Ochse, Lachs, kraxeln, unterwegs, boxen, Deichsel, Plexiglas, Drechsler, Axt, rücklings, zwangsweise, Sachsen, Maximum, Achse, Knicks, Linkskurve

Lösung 61

k, ck oder kk: Diktat, Balkon, Flickzeug, ungeschickt, Akkordeon, Likör, Rakete, Politik, ticken, Technik, Genick, Sakko, Fabrik, Plakat, geschmackvoll, fleckig, Akkordarbeiter, Gepäck, Schlacke, Marokko, Rektor, musikalisch, akkurat

Lösung 62

pp oder p: Komponist, Kapitel, tappen, verdoppelt, Gruppe, humpeln, Aprikose, zerlumpt, Tapete, Truppen, Kuppel, Schnaps, Kapelle, Appetit, Lippe, Kapital, appellieren, ankoppeln, abstoppen, rappeln, tapsen, Steppdecke

Lösung 63

ä oder äh: allmählich, während, Kapitän, hämisch, Ähre, Geräte, Gärung, Ähnlichkeit, gähnen, schämen, Mähne, Träne, Fährte, schälen, zähmen, strähnig, Währung, Schädel, nämlich, Sämann, Äther, Gefährten, Gebärde, Märchen, Schläfe, unfähig, Sägespäne, Verräter, Affäre, Rheinfähre, Fontäne, Prämie

Lösung 64

s, ss oder ß: Pastete, Pastor, Alpenpass, verpasst, Fassade, Weinfass, Verfassung, fast, gefasst, Fastnacht, wissbegierig, bewusstlos, Unwissenheit, Weisheit, Karosserie, rostig, russisch, rußig, Russland, Genossenschaft, genießen, Genuss, pusten, Kürbis, bisschen, Imbiss,

Krokus, Küster, Dressur, Sportdress, Dresden, griesgrämig, Grießbrei, Gros, Größenwahn, fristgemäß, gemästet, Messing, Messopfer

Lösung 65
nn oder n (die berichtigten Fehler): niemand, Kanister, Feuersbrunst

Lösung 66
tt, th, dt oder t: Gitarre, Brutto, Mathematik, Industriestadt, Gesandter, Klarinette, Nougat, kritisch, ermitteln, Rettich, Hagebutte, Schlittschuh, Kabarett, Wildbret, Attest, Literatur, Parkettfußboden, Witwe, verwandt, Werkstatt, Drittel, Zitherspieler, Kapitel, Katharina, Schottland, Kilowatt, Edith, Gewandtheit, Jütland

Lösung 67
d oder t vor der Nachsilbe -lich: abendlich, wissentlich, jugendlich, namentlich, flehentlich, unvermeidlich, öffentlich, befremdlich, endlich, vermeintlich, stündlich, gründlich, verständlich, wesentlich

Lösung 68
d oder t im Auslaut: Spind, leidlich, Branntwein, Geduld, endgültig, Hort, Gewalt, Brandstelle, Entfernung, jugendlich, niemand, blind, bald, Splint, öffentlich, seitlich, Endspurt, blond, seltsam

Lösung 69
Tod – tot: totschlagen, todmatt, Totgeburt, todkrank, todgeweiht, tödlich, scheintot, totlachen, totgeglaubt, mausetot, totarbeiten

Lösung 70
Städte – Stätte: Kleinstädte, Ruhestätte, Sportstätte, Schulungsstätte, Hafenstädte, Industriestädte, Kampfstätte, Gaststätte, Brandstätte, Handelsstädte, Geburtsstätte/Geburtsstädte, Pflegestätte, Opferstätte, Kreisstädte, Lagerstätte, Grenzstädte, Schlafstätte, Grabstätte, Hauptstädte, Garnisonsstädte

Lösung 71
ss, s oder ß: fesseln, Festung, flüssig, flüstern, Flosse, fließend, Streuselkuchen, Preußen, Rüssel, Gerüst, Weißblech, Verweis, Interesse, restlos, wässrig (oder: wässerig), vergesslich, Messgesang, Mesner, Vermessenheit, unablässig, Kreisel, rissig, verblassen, Süßigkeiten, meistens, Prisma, Meißel, kurzfristig, Kompasse

Lösung 72
ö oder öh (die berichtigten Fehler): löten, Felsenhöhle, ölig, ungehörig

Lösung 73
Schreibweisen des Z-Lautes: vorwärts, Heizung, Operation, zinslos, Matrize, nirgends, seufzen, Schweiz, Matratze, erhitzt, Kapuze, bereits, schluchzen, Aktionär, Brezel, Konkurrenz, vergebens, kritzeln, Portion, gereizt, glitzern, Ration, abseits, Halsschmerzen

Lösung 74
k oder ck (die berichtigten Fehler): Paket, Sekt, Hektoliter, Kontakt

Lösung 75
d, dt oder t: Geduld, Gestalt, verwandt, bekannt, Kinderhort, blind, Stadtrat, Radpanne, schuldbewusst, bald, nirgends, scheintot, todmüde, Gewandtheit, Gradzahl, Rückgrat, gemütlich, unermüdlich, Gewalt, Hochwald, Buntstifte, Schund

Lösung 76
a oder ah: kahl, Lokal, Scham, ideal, Granate, Ornat, Quadrat, Limonade, Schal, Pfahl, schmal, oval, Drama, Plage, Signal, klar, Parade, Mahlzeit, Porzellan, Orakel, planlos, Tran, Kathedrale, Stahl, Vorname, fahl, Abnahme

Lösung 77
th oder t: Therese, Portal, Thermosflasche, Terminkalender, Korinthen, Komet, Ruth, Hypothek, Prozent, Thüringen, Nikotin, Lothringen, Thomas, mutig, Zither, Methode, Patient, Edith, atmen, katholisch

Lösung 78
Schreibweisen des langen o: Bohnerwachs, Probe, Anemone, Solbad, Schonung, Briefbote, Moorgebiet, Bohrer, Koog, Pol, Eichenbohle, Pfirsichbowle, Weißkohl, Harmonium, ohnmächtig, Moos, Patrone, Ohr, Orakel, Chlor, Drohne, Choral, Mohnblumen, Tontopf, Zoo, Segelboot, unbewohnt, Telefon

Lösung 79

sst, ßt oder st: Kanister, restlos, verpasst, vermisst, Verlust, verblasst, Pflaster, belästigen, entblößt, verbüßt, Quaste, Rastplatz, bewusstlos, flüstern

Lösung 80

ö oder öh: Verhör, aushöhlen, Flöte, Tagelöhner, trösten, spröde, Blödsinn, töricht, verhöhnen, strömen, Versöhnung, gewöhnlich, Köder, römisch, Nadelöhr, fröhlich, tödlich, ungehörig, Föhnwind, löten, Vermögen

Lösung 81

ll oder l: Karussell, Kolonie, Helmut, Holstein, Kristall, Aluminium, Kastell, Ellipse, Porzellan, Wallfahrt, Medaille, Protokoll, industriell, Alkohol, Tunnel, Politur, Schatulle, Sellerie, Altar, Satellit

Lösung 82

Schreibweisen des Z-Lautes: ärztlich, Zinssatz, Schwitzpackung, Matratze, Finanzminister, Kapuze, nachts, Medizin, glitzern, vergebens, Seufzer, Munition, seitwärts, Schätzer, Marzipan, verdutzt, Akazie, Prozess, Metzgerei, Matrize, Revolutionär, Brezel, geizig

Lösung 83

mm oder m (die berichtigten Fehler): gesamt, Damhirsch, Promenade, Kamerad

Lösung 84

Eigenschaftswörter als Teile von Eigennamen: Britische Inseln, Westfälischer Frieden, Bayerische Alpen, polnische Hauptstadt, Sächsische Schweiz, Europäische Wirtschaftsgemeinschaft, französischer Botschafter, Deutsches Rotes Kreuz, Grüner Plan, westfälischer Schinken, italienische Regierungsvertreter, Burgundische Pforte, amerikanische Flugzeuge

Lösung 85

d, dt, t oder th: Kobold, Bewandtnis, Atmosphäre, Rückgrat, Panther, rhythmisch, unermüdlich, Industriestadt, Gemütlichkeit, zusehends, wissentlich, Gewandtheit, Hypothek, Gesandter, Wildnis, Labyrinth, gewandt, Zither, scheintot, Weidmann, städtisch, Bordstein, Branntwein, Kathedrale

Lösung 86
eu oder äu: Beschleunigung, Läutewerk, Beule, haarsträubend, träufeln, Scheusal, Erläuterung, leutselig, Seufzer, Spreu, ohrenbetäubend, Keule, bereuen, kräuseln, Versäumnis, neulich, geläufig, getreulich, räuspern, Enttäuschung

Lösung 87
Schreibweisen des langen e: seelisch, Lehne, Zebra, Frikassee, Sehnenzerrung, Thema, Livree, Kehlkopf, Allee, poetisch, Semikolon, Seelilie, Sehstärke, Klischee, Schema, lehrreich, Galeere, Pegel, Mehrheit, Meerrettich, Krem, Meteor, Weizenmehl, Bekehrung, stehlen, Klee, Frotteetuch, lehmig, Schiffsreeder, Abwehr, Wermut, Lorbeerblätter

Lösung 88
k, ck oder kk: Makkaroni, Quecksilber, Brikett, Fabrikdirektor, Baracke, Barrikade, dickfellig, Physik, Wrack, winkelig, zwicken, Mako, Akustik, Akazie, Keramik, Zwieback, Marokko, Biskuit, Likör, versickern, Akkord, Imker, Akkumulator, flackern, Akrobat, elektrisch, Nervenschock, Aktion

Lösung 89
t oder th: Kathedrale, Optik, Thermalbad, Elisabeth, Thüringen, Katheder, Platin, Tibet, Lothringen, Fantasie, Theodor, katholisch, Kinderhort, Rhythmus, Äther, Kröte, Panther, Theke, Sympathie, Granit, Apotheke, Hyazinthe, Tragödie, Termin, Korinthen, Literatur, Königsthron, Diphtherie, Asthma, ethisch, Tresor

Lösung 90
Fremdwörter mit der Endung -ie (die berichtigten Fehler): Gummi, Kolibri

Lösung 91
Eigenschaftswörter als Teile von Namen: Deutsche Bundesrepublik, deutsche Briefmarken, deutsche Bundesländer, Deutsche Bank – Großer Ozean, große Ferien, Großer Wagen, großer Staatsmann – Hohe Priester, Hohe Tauern, hoher Posten, hohe See – bayerisches Bier, Bayerischer Wald, bayerischer Ministerpräsident, Bayerische Alpen, bayerische Hauptstadt – sächsische Porzellanmanufaktur, Sächsische Schweiz, sächsische Mundart

Lösung 92
ai oder ei (die 8 Wörter mit ai): Kaiserreich, Laienspiel, Maisfeld, Maikäfer, Waisenhaus, Rainfarn, Hainbuche, Violinsaiten

Lösung 93
ent oder end: Endrunde, entgegnen, hoffentlich, eilends, eigentlich, endgültig, rufend, Enderfolg, Entscheidung, endlos, ergreifend, Endsilbe, entführen, wöchentlich, Entschuldigung, Endergebnis, bildend, Entlastung, Fußballendspiel, wissentlich, vollends, Wochenendfahrt, wesentlich, Entstehung, Endsieg

Lösung 94
g oder ch: Wüterich, Reisig, Essig, mehlig, weiblich, Habicht, verständigt, Kehricht, Predigt, beruhigt, ölig, Zwerchfell, Treibjagd, Segeljacht, Pfirsichbaum, Kranich, Pfennig, Teppich, Röhricht, Fittich, Bienenhonig, Plantage, bescheinigt, Manege, Enterich, Reportage, Rettich

Lösung 95
Der f-Laut: Paragraph (auch Paragraf), Flieder, Ankunft, geimpft, brav, Levkoje, zusammenschrumpfen, passiv, Fjord, Archiv, Kalif, Forderung, Vorstand, Typhus, Versform, Fersenbein, Empfehlung, Atmosphäre, Frevel, Katastrophe, Eisenfeile, verpulvern, Krampf, Vetternwirtschaft, sumpfig, Philosoph, Nerv, Baumstumpf, Larve, Efeu, Flanke, Cuxhaven, Pfarramt, Phosphor

Lösung 96
s und z im Auslaut (die berichtigten Fehler): konkurrenzlos, abseits, Adventskranz, Finanzamt, vergebens, Malz

Lösung 97
tz, zz oder z (die berichtigten Fehler): reizvoll, Spaziergang, ärztlich

Lösung 98
Der f-Laut: triumphieren, Stativ, Vers, krampfhaft, Empfehlung, Forderung, Mikrofon, Fertigkeit, brav, Senf, Trophäen, fahlhell, Katastrophe, völlig, Vogt, Asphalt, Cuxhaven, Friedrichshafen, Trumpf, Prophet, Larve, Paragraf (auch Paragraph), abfeilen, Frevel, Gefieder, Philipp, Fehde, gepflegt

Lösung 99

b oder p: Klops, Rebhuhn, Republik, Albtraum (auch: Alptraum), Raubtier, Raps, Propst, Manuskript, Hauptmann, Kapsel, Obdach, Duplikat, Rezept, erwerbstätig, Schnaps, Schublade, Klempner, Gelübde, leblos, Rebstock, Stöpsel, Schraubstock, Gips, derb, Papst, Trabrennen, Schlips, gewölbt, Häubchen

Lösung 100

e oder ä: Krempe, vormerken, Dämmerung, brenzlig, Kalender, Schärpe, Terpentin, einkerkern, widerspenstig, rückwärts, Hermelin, gerben, Schelle, ansässig, vielfältig, Glasscherben, verderblich, schwätzen

Lösung 101

Der s-Laut: preiswert, nachlässig, Reißbrett, Kürbis, Karussell, Passierschein, Quaste, wissbegierig, meistens, griesgrämig, Grießpudding, Nutznießung, Kohlengrus, Fliesenleger, Streuselkuchen, verpassen, Bussard, Muskeln, Firnis, Bistum, Preiselbeeren, Professor, russisch, rußig

Lösung 102

Schreibweisen des langen a: Paar, klar, Haar, Maar, Star, Notar, Jahr, Honorar, Gefahr, Bar, Saar, rar (Talar, Zar, sogar, Seminar, Jubilar, Januar, Dromedar, Exemplar, sogar, Kommissar, Inventar, Altar, sonderbar, Kaviar, Ar, wahr, er war, Mobiliar)

Tal, Aal, kahl, Pokal, Pfahl, Strahl, Merkmal, Zahl, Festmahl, Kanal, Portal, Karneval (Kapital, sozial, oval, Qual, Schal, Signal, Stahl, Wahl, Wal, Vokal, Mineral, Material, neutral, Kardinal, Choral, Admiral, General, ideal, national)

Staat, Draht, Ornat, Naht, Salat, Zitronat, Saat, Bad, Aggregat, Plakat, privat (Akrobat, Format, Maat, Grad, Rückgrat, Magistrat, Fahrrad, Schulrat, Quadrat, Fabrikat, Apparat, Internat, Soldat, Diplomat, Diktat, Referat, Mandat)

Wahn, Tran, Orkan, Hahn, Marzipan, Holzspan, Bahn, Kran, Porzellan, Fasan (Plan, Ozean, Organ, Baldrian, Dekan, Cellophan, Enzian, Kaplan, Pavian, Roman, Sopran, Lebertran, Uran, Vatikan, Zahn)

zahm, Scham (Kram, Rahm, arbeitsam, ehrsam)

Sandale, Ahle, Pedale, Saale, Kathedrale (Diagonale, Filiale, Finale, Kannibale, Orientale, Rivale, Schale, Spirale, Zentrale)

Fahne, Sahne, Banane, Urahne, Liane, Karawane (Germane, Membrane, Platane, Schikane)

Lösung 103
Schärfung mit pp (die berichtigten Fehler): Krabbe, Tapete, Sirup

Lösung 104
tt oder t: Kapitel, spöttisch, Tablett, Schnittlauch, Natur, Erstattung, Gitarre, Kilowatt, Attentat, Kritik, Zigarette, Batterie, Attrappe, Atoll, Karotten, Konfetti, Material, Quittung, Metall, Kutsche, Kutte, Etage

Lösung 105
b oder p: sterblich, Gips, verderblich, Rebhuhn, hübsch, Raps, Erbse, betäubt, Sieb, Häuptling, Gelübde, Schubkarre, Obdach, Polyp, Optiker, Schwäbische Alb, Republik, Zepter, Terpentin, Klaps, belaubt, gesträubt, schubsen

Lösung 106
ff oder f: Infektion, offensiv, Beschäftigung, Erschaffung, Geschäft, Treffpunkt, Öffnung, Pfefferkörner, Angriff, vergreifen, Eiswaffeln, Giraffen

Lösung 107
äu oder eu: versäumen, Bedeutung, Leuchter, Säugling, Verleumder, räuspern, heucheln, Meuterei, Säure, Täuschung, verstreuen, Häuptling, ohrenbetäubend, Keuchhusten, Schleuder, Wollknäuel, verscheuchen, Räuber, Gesträuch, anfeuern, Seufzer, Kräuter, Kreuzer, säubern, deutlich

Lösung 108
ll oder l: Aluminium, Kristall, Walnuss, Gesellschaft, Geschwulst, Melodie, Nachtigall, Gefälligkeit, Kolonie, Alkohol, Gorilla, Alarm, Tunnel, Modell, Schellfisch, Almosen, Molkerei, grell, Politik, Helmut, Militär, Milligramm

Lösung 109
i oder ie: Kompanie, erwidern, Wiederholung, Mediziner, Blütenstiel, Baustil, Primel, Detektiv, Vertiefung, Kamin, Gesichtsmiene, Bleistiftmine, Kaliber, Augenlid, Reptil, Fibel, Ventil, Gardine

Lösung 110
pp oder p: Teppich, Lappland, Krepp, Tapete, Häppchen, zappelig, Appetit, Kapsel, Appell, verdoppeln, Raps, Pappel, Mops, Gerippe, üppig, Apotheke, hypnotisieren, Attrappe, Optiker, Apostel, stoppelig, Propeller, Trupp

Lösung 111
d oder t (die berichtigten Fehler): Branntwein, todwund, wöchentlich, endgültig, unermüdlich

Lösung 112
Schreibweisen des langen ä: während, spärlich, Mähre, Märchen, Verspätung, Kapitän, Gefährdung, Ähnlichkeit, Vermählung, hämisch, säen, auswählen, gähnen, strähnig, erwähnen, Fontäne, Lähmung, Träne, quälen

Lösung 113
Schreibung des x-Lautes: Textilien, Häcksel, Drechsler, schnurstracks, Fixstern, Blechbüchse, Koks, existieren, Knicks, Deichsel, kraxeln, Export, glucksen, Gewächs, Lexikon, Eidechse, Achse, Axtstiel, Plexiglas, Buchsbaum, taxieren, sächsisch

Lösung 114
ei oder ai: Kaimauer, vereidigen, Maisfelder, kaiserlich, Wegweiser, beizen, Rainfarn, Blaumeise, Violinsaite, seitwärts, Laienspielschar, keimen, aufspeichern, Froschlaich, Leichnam, Korbweide, Weizenkleie, Reisig, Vollwaise, Weissagungen, Lakai, Heidelerche, Hainbuche, teilweise, Weidmann, Reisezeit, Bai, Weihrauch, Brotlaib, Eingeweide, Hai, Meineid, Versteigerung, Maischbottich, Rheinwein, Verteidigung, eifersüchtig, maigrün

Lösung 115
Fremdwörter mit der Endung -on (Pluralformen): Luftballons, Balkons/Balkone, Waggons, Kokons, Kanons, Bonbons, Kantone, Elektronen, Patrone, Personen, Barone, Garnisonen, Kartons, Hormone, Saxofone (auch Saxophone), Pavillons

Lösung 116

Mal – Mahl: Erkennungsmal, Malbuch, Gastmahl, Grabmal, Mittagsmahl, Merkmal, Festmahl, Mahlwerk, Schandmal, Brandmal, Malstifte, Hochzeitsmahl

Lösung 117

wieder – wider: Wiederbelebung, Widerstand, Widerhall, Wiederaufnahme, wiederholen, widerborstig, Widerhaken, wiedergeben, Widerspruch, Wiederwahl, Widerruf

Lösung 118

Die Vorsilbe ent- (die berichtigten Fehler): Unendlichkeit, Endziel, Endstation

Lösung 119

mm oder m: Kommode, Amboss, Trommler, Komet, Bräutigam, Versammlung, Gesamtheit, Zimt, Kommandant, Himbeere, gekrümmt, Kameradschaft, trampeln, Brombeere, Rampe, rumoren, Emigrant, Bumerang, Kumpan, schimmlig, Krempe, komponieren, Kompott

Lösung 120

Die Vorsilbe ent-: Sie passt nicht zu lachen, Kampf, Station, arbeiten.

Lösung 121

e oder ä: krächzen, englisch, heftig, gären, Gerte, Verhängnis, abspens-tig, Dämmerung, kentern, Sänfte, Gebärde, hartnäckig, merkwürdig, Krempel, träge, vergällen, verächtlich, Schneeschmelze, Felge, Schnürsenkel, verhärmt

Lösung 122

rr oder r: Konkurrenz, beherbergen, Verwirrung, heraus, Barrikade, Baracke, Hermann, Terrasse, Zigarette, Zigarre, Karawane, Orient, Katarrh, unbeherrscht, verdorrt, Korridor, Karussell

Lösung 123

v oder w: Universität, Pavian, Juwelen, eingravieren, Adventszeit, Witwe, Lawine, Veranda, Ventilator, Forsteleve, Möwe, Olivenöl, nervös, Wrack, violett, Kurve, Diwan, Vulkan, Volontär

Lösung 124

Schreibweisen des langen ä (die berichtigten Fehler): Gärung, während, Haarsträhne, spärlich

Lösung 125

z oder tz: Pelz, schwitzen, glitzern, Schweiz, Blitz, Arzt, Heizung, März, witzig, Kanzler, trotzig, ritzen, nützlich, Klotz, Pfefferminz, Tatze, Kerze, Kauz, zerplatzt, flitzen, Grütze, Matratze, abbeizen

Lösung 126

Schreibweisen des langen e: Herzog, Problem, Zebra, Armeeführer, selig, Himbeersaft, Schiffsreeder, Rebe, Gelee, Lehrling, Schemel, Fehde, Beschwerde, Lorbeerblätter, Klischee, unbequem, predigen, Geestland, Entbehrung, Leeseite, Briefkastenleerung, Ausdehnung, Wehrdienst, scheel, Empfehlung, Sehne, Teleobjektiv

Lösung 127

s oder z im Auslaut: Bestandsaufnahme, Glanz, Schmalz, nachts, bereits, Gips, Schwanz, Konsequenz, Filzhut, Sturzhelm, Arbeitstag, anfangs

Lösung 128

Schreibweisen des langen a: Aasgeier, Rauchschwaden, Abendmahl, Kaplan, Portal, Saatbeet, Orkan, gefahrvoll, Holzspan, Draht, Maat, Tomate, fahl, Kran, Sklave, waagerecht, wagemutig, prahlerisch, qualvoll, Kapital, Karfreitag, Wahnsinn, haarig, ahnungslos

Lösung 129

rr oder r (die berichtigten Fehler): Korrektur, Zigarette, Karabiner, Garage, Korridor